LA ETERNIDAD EN UNA CONVERSACIÓN

DE LA DUALIDAD A LA NO DUALIDAD

SHANTI NILAYA
EDITORIAL

LA ETERNIDAD EN UNA CONVERSACIÓN

D.R. © 2025 | Rosa Orozco Mojica y Ariadna Salazar León
México 2025 | Editorial Shanti Nilaya®

ISBN | 978-1-970263-18-3
eBook ISBN | 978-1-970263-19-0

www.editorial.shantinilaya.life

LA ETERNIDAD EN UNA CONVERSACIÓN

DE LA DUALIDAD A LA NO DUALIDAD

ROSA OROZCO MOJICA
ARIADNA SALAZAR LEÓN

SHANTI
NILAYA
EDITORIAL

Contenido

7 Introducción

1ª parte
17 Nuestras raíces
17 Historia de Ariadna
38 Historia de Rous
58 El encuentro y el libro

2ª parte
65 Acerca de Un Curso de Milagros
75 Conceptos de UCDM desde la perspectiva de Rous y Ari
 Dios
75 Lo verdadero
75 El espíritu
76 La creación
76 La Santidad
76 La voluntad de Dios
76 La separación
78 La mente
80 El pecado
81 El origen de los sistemas de pensamiento
81 La percepción
82 La proyección
83 El mundo
85 La visión
86 El ego
87 Un ídolo
91 Las fantasías
92 El juicio
92 La culpa
93 Amor y Miedo: El Espíritu Santo
95 La expiación
96 La salvación
97 El perdón
97 El otro
98 El Cielo

100 Introducción
101 Mente-Espíritu
102 El ego-Milagro
104 La percepción verdadera – El conocimiento
107 El perdón – la faz de Cristo
110

3.ª parte
115 Las dos visiones: dualismo y no dualismo
115 Visión dualista
120 Visión No dualista
130 Intención desde la visión no dualista

4.ª parte
137 La locura de la vida
138 ¿Cómo vivimos esta experiencia humana?
168 Los conceptos
168 El juicio inicial: la creencia en la separación (la Ilusión)
172 La mente
173 Los pensamientos
193 La observación del contenido mental
204 La manifestación física
228 Pasado y futuro
233 El ego
242 Lo que das, recibes
245 La rendición
270 El perdón
280 Libre Albedrío
291 Los cuerpos
294 ¿Para qué estoy aquí?

5.ª parte
311 Reflexiones y aprendizajes después de 3 años
327 Notas extras

333 Biografía

INTRODUCCIÓN

Ari:

La primera vez que escuché que todo lo que había vivido nunca pasó y que todo lo que creía ser no era realmente la verdad sobre mí, no entendí nada. Incluso el día que leí que todo era un sueño, mis lágrimas rodaron por mis mejillas. "¿De verdad es así?", pensaba mientras lloraba. En otros tiempos, quizás hubiera tildado de locura todo esto, pero ya tenía algunos años leyendo información sobre qué somos, cómo funciona la vida y, sobre todo, había tenido experiencias que me confirmaban la información. Las cosas suceden, queramos o no, lo entendamos o no; simplemente ocurren. No sabemos cómo se sostiene esta experiencia, ni cómo o por qué pasa todo. Tampoco sé cómo llegué aquí. La vida transcurre. Lo que ES, simplemente ES. ¿Y yo? Yo lo observo. Con mi decisión o sin ella, acontece. Aunque no quiera respirar, respiro. Aunque no quiera pensar, pienso.

Rous:

Al día llegan 60,000 pensamientos. No soy yo, Rosa, quien los está eligiendo, sino que soy como una antena a la que le llegan esos pensamientos.

Nuestro único libre albedrío es elegir cómo queremos ver esos pensamientos y lo que acontece.

A: Al principio quería entender cómo es que funcionaba todo, pero después comprendí que no hay respuesta que me satisfaga intelectualmente. Hoy sigo sin entenderlo, pero, aun así, decidí poner a prueba este conocimiento que vamos a compartirte, mi amiga Rosa y yo, y que a ambas nos ha cambiado la vida.

R: El principal objetivo de este libro es compartirte dos maneras de ver el mundo: una que ya conoces y otra que deseamos que cambie tu vida para siempre, tal como nos sucedió a nosotras.

Como mencioné en la introducción, la vida sucede queramos o no; el cómo la vemos determina la forma en que la vivimos. Y si bien cada persona ve de diferente modo el mundo, teniendo cada una su experiencia, nosotras hemos descubierto que detrás de ese aparente mundo de múltiples acontecimientos, al final todas se pueden resumir en dos tipos de visión. Si aprendes a identificarlas y a elegir de forma consciente aquella que te brinda la paz y el amor que buscas, te ayudará a vivir una mejor experiencia.

¿Cómo experimento esto que observo? ¿Cómo vivo esto que sucede?

A: En mi familia y en la escuela me enseñaron una manera de verlo, juzgarlo e interpretarlo; pero en el 2018 descubrí que hay otra manera de ver lo que sucede, y lo mejor es que esta nueva visión me trae mucha paz y mejores resultados a mi vida.

El libro lo hemos dividido en cinco partes:
» **Primera parte.**

Nuestras raíces: Descubrirás nuestra historia personal contada desde la visión con la que nacimos, es decir, los dramas, problemas y soluciones que nos contábamos. Al leerlo, comprenderás la segunda visión que queremos compartirte.

» **Segunda parte.**

Acerca de *Un Curso de Milagros*: Se mencionan conceptos básicos del libro *Un Curso de Milagros* (UCDM) que sirven como introducción a la visión que queremos compartirte. Muchos autores han influido en nosotras, pero este específicamente ha sido el que más rápido nos ha brindado lo que buscamos. En este andar buscando respuestas y soluciones a nuestros problemas, llegó a nuestra vida el libro que en la actualidad tiene más influencia sobre mí, y puedo decir lo mismo sobre Rous.

» **La tercera parte.**

Las dos visiones: Es la exposición y explicación de las dos visiones, sus características y diferencias.

» **La cuarta parte.**

La locura de la vida: Es la charla donde exponemos cómo hemos vivido la aventura y la locura de la vida entre una y otra visión.

» **La quinta parte.**

Reflexiones y aprendizajes después de 3 años: Una vez que terminamos de escribir el libro, pasó el tiempo y aquí presentamos las nuevas cosas que nos fueron sucediendo pasados 3 años.

La práctica de la información que aquí te exponemos es lo que nos ha permitido ir viviendo cada vez más tiempo en nuestro centro de paz, amor, armonía y abundancia. Esto es lo que deseamos a nuestros lectores: que encuentren aquello que buscan, desde otra manera de ver lo que acontece.

R: Todo lo que exponemos en este libro no es algo que hayamos inventado, sino que nos ha llegado a través de libros, seminarios e información que fue llegando a nosotras. La intención NO ES la investigación científica de los conceptos que aquí se mencionan, sino más bien, compartir el cómo cada una ha experimentado, constatado y vivido estas ideas. Haber conocido una nueva manera de ver lo que sucede ha sido un antes y un después en mi experiencia de vida.

Hemos decidido escribir este libro como una forma de disfrutar, revivir y recordar esta información tan trascendente en nuestra vida; al ir compartiendo el proceso que cada una ha vivido y cómo fue cambiando nuestras vidas para bien.

Ha sido un verdadero placer platicar cada semana para construir este proyecto.

A: Breve contenido del libro

Si hemos de resumir el libro, sería bajo estos puntos:

La vida sucede

Hay dos maneras de ver lo que acontece: a través del amor o a través del miedo

Mi único libre albedrío es al momento de elegir una de estas dos visiones.

Si desconocemos que existe otra manera de ver lo que sucede, entonces no ejercemos nuestro libre albedrío. Puedo pensar que sí, y pareciera que sí, pero la realidad es que la elección que hacemos es automática, basada en lo que aprendimos acerca de lo que soy y el mundo.

Nuestras emociones son la brújula que nos indica si estoy eligiendo la visión que va acorde con lo que realmente soy. Si no me gusta lo que veo, o lo que siento, me perdono por elegir la visión errónea. Entrego y pido corrección al Ser Superior que me creó y que me sostiene a cada instante.

Se escucha sencillo y fácil, podrás creerlo o no, nosotras sólo te invitamos a que lo pruebes y desde tu experiencia lo vivas.

Elige la visión que te brinde paz, y sólo de esa manera disfrutarás y te disfrutarás a cada instante. Habrás encontrado lo que tanto buscabas. Habrás llegado al CIELO, que no es sino un estado mental de dicha constante.

1ª
Parte

NUESTRAS RAÍCES

Historia de Ariadna

A: Quiero compartir cómo era, cómo me educaron, qué pensaba y qué sentía antes de conocer la información que más adelante compartiremos.

Fue un 24 de enero de 1984 cuando nací en una de las ciudades más calientes del norte de México: Mexicali. Hija única de dos docentes, trabajadores y honestos. El noviazgo de mis padres fue una parte presencial cuando estudiaban preparatoria y la otra fue por carta, cuando les tocó estudiar la universidad en diferente estado de la República Mexicana. Además de vivir un amor romántico, también vivieron diferencias importantes en la sexualidad, siendo esta la razón principal para separarse cuando yo tenía 4 años.

Así que, después de vivir los tres en familia en la Ciudad de México, me fui con mi mamá a vivir a Tecate, Baja California.

Antes de cumplir 16 años, mi papá decide regresar a vivir a Tecate para estar cerca de mí.

Este escenario implicó que en esos primeros años comenzara a formar una imagen de "quién era Ari", misma que aprendí de mis tíos, amigas y mi mamá.

Viví una separación con mi mamá, pues mis primeros años sólo se dedicaba a mí y, después de la separación, tuvo que ponerse a trabajar, quedándome gran parte del tiempo sola. Mis amigas fueron mi mayor refugio de amor y comunicación. Mi mamá tuvo otra pareja, lo cual me hizo sentir menos importante en su vida.

Mis tíos me decían que era una niña inquieta y latosa. Incluso, le exigían a mi mamá que me pegara para que me calmara, pero mi mamá nunca lo hizo, salvo en 2 ocasiones que me extravié a modo de travesura. Yo crecí creyendo que era una niña superhiperactiva y con la que nadie quería estar. Cuando mi mamá tenía que salir y necesitaba que alguien me cuidara, ninguna de mis tías quería hacerlo y eso me hacía sentir no amada. Una de mis tías, por parte de mi mamá, me decía que era Tazmania.

Entonces, como nadie quería cuidarme, más que una tía paterna, llegué a la primaria pensando que no era tan amada y de alguna manera buscaba pertenecer y sentir que importaba.

Siempre hacía todo por sobresalir, pero era tan grande mi inseguridad que, aunque pertenecía al grupo de las populares, no me sentía tan aceptada ni querida. Éramos 6 mejores amigas. Siempre estuve con ellas, pero sentía que no era la favorita de ninguna.

Por otro lado, la experiencia con los niños que me gustaban tampoco era tan positiva, al menos no en primaria, ya que tenía amores que yo veía como imposibles. Uno en especial era 3 años más grande que yo, por lo que era mi amor platónico.

Escribía "Ari y el nombre del niño" en la puerta de mi clóset y soñaba con algún día ser su novia. Algo que más adelante (en secundaria) sí se me concedió.

En primaria mis calificaciones eran regulares, mientras mi mamá poco a poco fue creciendo profesionalmente, hasta volverse docente de tiempo completo.

Mi papá seguía en México apoyando económicamente a mi mamá, pero no era suficiente y por eso ella trabajaba. En vacaciones visitaba a mi papá, pero en época de clases sabía poco de él, ya que era muy ausente.

Cada que viajaba a México de vacaciones a visitarlo, era lo mejor que podía pasarme en la vida. Él siempre muy enfocado en mí, hacíamos mil actividades, salíamos juntos para todos lados, éramos uña y mugre en el juego, en la comunicación; en todo. Lo amaba muchísimo; sin embargo, esa luna de miel siempre terminaba en una triste despedida en un aeropuerto, luego largos periodos sin saber de él y una fuerte ausencia en mi corazón. Entonces sólo lo veía en vacaciones, y sus cartas no eran tan constantes como hubiera querido. Esta ausencia marcó durante mucho tiempo mi vida en las relaciones.

En primaria pasaba poco tiempo con mi mamá porque trabajaba casi todo el día, más su novio, casi no la veía. Me refugiaba mucho en mis amigas, y ellas me brindaban ese refugio o pertenencia que necesitaba.

Realmente la separación de mis padres no fue clara. No sabía bien si andaban o no, o si éramos familia o no. La razón es que sí pasamos tiempo juntos en familia; pero luego mi mamá comenzó a tener parejas y ahí es cuando ya no entendía bien el asunto.

Mi mamá me decía que sí éramos familia, pero que no estaba con mi papá porque a ella no le gustaba México y a mi papá no le gustaba Tecate.

Pero cuando mi mamá me presentó a su primer novio, yo quedé en shock. Estaba en primaria. Yo no entendía nada. Hasta que mi papá habló conmigo. Recuerdo que me dijo: "Hija, así como las flores necesitan agua, también tu mamá necesita una pareja".

La verdad es que mi papá es feliz soltero, la mayor parte de su vida ha sido de muchos amigos y amores, pero nada que lo amarre por años. Mientras que mi mamá, su lema es: "Necesitas estar en pareja para ser feliz".

Con el tiempo comprendí que la manera en cómo había aprendido a amar era ambivalente. Por un lado, de fuerte apego y control como mi mamá hacia sus parejas; y por otro lado de intensidad y ausencia, como mi papá conmigo.

Cada vacación íbamos juntas a ver a mi papá, a pesar de que ella tenía su novio, lo cual también me confundía. Porque decía: "¿Qué, no se supone que ella tiene novio?". Fui testigo muchas veces de mentiras, infidelidad y doble vida. Ella no le decía a su novio que iba con mi papá (porque me decía que no le dijera nada) y no sé si mi mamá le decía a mi papá de su novio. Pero el chiste es que no fue clara para mí la separación de mis padres, porque mi mamá me decía una cosa y yo veía otra. Mucha incongruencia.

Mi mamá fue la maestra que tuve para mis relaciones. Ella me enseñó que los hombres son súper importantes, tal como su mamá también se lo enseñó. En varias ocasiones me tocó acompañar a mi mamá a vigilar qué hacía su pareja y cómo no era valorada. Nunca fueron los mejores partidos para ella, al menos así lo veía yo. El novio con el que vivimos estaba casado y nunca se divorció, razón por lo cual muchos años después tuvo el valor de dejarlo.

En general, las mujeres de mi familia no tienen buena habilidad para elegir parejas. Maltrato, infidelidad y no ser valoradas son temas comunes.

Entonces mi primaria fue así: mi mamá lejana trabajando, mi papá en México ausente y yo con el grupo más popular de la escuela, pero no sintiéndome tan aceptada.

Después de pasar esos años relativamente oscuros, mi suerte cambió en la secundaria.

A mis 12 años me di cuenta de que comenzaba a manifestar ciertas imágenes que había vivido previamente de forma consciente. Fue el descubrimiento de la magia de manifestar mis deseos.

Recuerdo que antes de estudiar en la secundaria, como mi mamá trabajaba en esa misma escuela, cada que subía las escaleras principales, yo me imaginaba a mí misma ya en secundaria, sintiéndome como la adolescente más popular, amada e inteligente de la secundaria; algo que, cuando ya me tocó ingresar como estudiante, sí comenzó a pasar sin que yo lo esperara.

Simplemente lo imaginé, sentí y viví en mi interior; y cuando menos pensé, ya lo estaba viviendo en mi día a día.

Al principio no lo entendía, pero mi mamá me pagó un curso que se llama Método Silva, donde me enseñaron que yo soy la que genera cambios en mi vida; y entonces comprendí que era tal el contraste del "antes en primaria" y "después en la secundaria" que dije: "¡Claro!, yo lo manifesté".

Así que me sentía la adolescente más popular, inteligente y de gran atractivo al sexo opuesto. La imagen de mí fue más positiva y, a mis 12 años, yo era una chica que se sentía valiosa y que siempre sobresalía en todo.

Me sentía la más inteligente, guapa y popular; y la vida me brindaba esa experiencia. Me gustaba involucrarme en múltiples actividades como porrista, sargento en la escolta, presidenta en el salón de clases, cuadro de honor con excelentes calificaciones, y también pertenecer al grupo de las chicas "populares" con quienes hacíamos muchas travesuras de todo tipo.

Este grupo de amigas fueron como mis hermanas. Nos hacíamos llamar "Las LAR", señalando la inicial del nombre de cada una de nosotras.

Me sentía muy segura por tener a mi grupo de amigas. Al tener mayor seguridad, se incrementó mi autoestima y también comencé a tener muchos chicos interesados en mí.

Mi mamá al notar que tenía más relación con niños y que me gustaban varios, comenzó a juzgarme. Así que ahí nació la imagen de la Ari inestable, y de alguna manera me hacía sentir mal. Ella lo hacía con un afán de asustarme y que viera que es lo peor del universo que te gusten tantos niños y quieras andar con varios.

En el fondo yo pensaba que me juzgaba por mi papá, ya que ella no quería que fuera "igual de inestable que él". Lo comento porque esta frase me la repitió en muchas ocasiones a lo largo de mi vida.

Dios, en este momento de mi vida, aunque la escuela era católica, no recuerdo que haya tenido una enseñanza y experiencia hermosa como he sabido de otras personas; que se refugian en la religión ante sus problemas.

La manera en cómo acostumbraba lidiar con las situaciones difíciles era cambiando de novio (que sólo era de "manita sudada", es decir, sin involucrarme con ellos físicamente), olvidando rápido las cosas. No me metía mucho en las emociones, sino que más bien huía de mí misma buscando a personas o libros.

Estando a finales de secundaria, mi mamá trabajaba y estudiaba. Seguía sin verla mucho. Comía sola y mi papá se volvió más lejano. Sí lo veía, pero ya no era el amor de niña enamorada.

Mi mamá se vuelve más apegada a sus parejas conforme pasa el tiempo y yo, pues a buscar novio y a buscar más a mis amigas.

La relación con mis padres no era buena, sino más bien lejana. Cada uno en su mundo. Incluso ni siquiera comía con mi mamá porque salía tarde de trabajar.

Entonces, no fue sino hasta que tuvo otro novio, que fue con el que se casó, cuando por fin comíamos juntas. Él fue una buena persona conmigo y tenía más comunicación con él que con mi mamá.

En resumen, la relación con mi mamá fue llena de incongruencias, poca o nula comunicación. Esto generó que mi trato hacia ella no fuera el mejor; así que durante mucho tiempo no nos sentíamos queridas una de otra. No me nacía tratarla con amor, cercanía, respeto o brindarle algo yo a ella. Y ella estaba muy entretenida con su novio, que siempre tuvo prioridad por sobre mí. Algo que hasta la fecha no sé bien cómo debió ser, pero al menos no la pasé tan bien.

Acerca de mi papá, él siempre ha sido muy respetuoso conmigo. Nunca me ha reclamado tiempo; aunque he de confesar que sí me hubiera gustado más un papá que pidiera estar más tiempo con su hija.

Con mayor preparación, mi mamá logra ser subdirectora y más tarde directora durante los últimos 10 años de su carrera profesional.

Yo admiro mucho a mi mamá profesionalmente por su perseverancia, fortaleza, enfoque, valentía, muy trabajadora y ganas de crecer. Siempre estudiando para ser mejor. Fue de las primeras mujeres en ser directora de una secundaria en Tecate y de las primeras en tener una maestría y doctorado.

Tanto mi mamá como mi papá gozaban de esa calidad profesional. Los dos siempre preparándose, sobresaliendo, admirables y enfocados al logro de objetivos.

Siempre sentí que me faltaba mucha atención, comunicación y amor. Quizás porque estaba acostumbrada a tenerla 100 % de su tiempo cuando era bebé; y de repente ya no la tenía porque se la pasaba fuera de casa. Entonces, su ausencia era por la necesidad de traer el sustento a casa y más tarde por su necesidad de tener una pareja.

Cuando salí de secundaria, tuve la maravillosa oportunidad de estar en una extraordinaria escuela privada y de mucho prestigio en Baja California, llamada CETYS Universidad. Con mucho esfuerzo de mis papás, pues no éramos de una familia adinerada, y beca por buenas calificaciones, pude estar mis 3 años en esa preparatoria. Esto implicaba viajar en camioncito, ida y vuelta todos los días, de Tecate a Tijuana.

En esta etapa, al ser una escuela cara y estar acostumbrada a ser de las populares, tuve que ingeniármelas para ser del nuevo grupo popular. Así que ahorraba para comprarme ropa de marca y, al pasar el tiempo, terminé siendo del grupo de chicas que yo quería.

En esta etapa comencé a leer mucho, bastante diría yo. Me daba el tiempo de ir a la biblioteca a leer. Me sentía feliz y motivada estando en las bibliotecas y librerías. Mi mamá me decía: "Hija, deja ya de comprar tanto libro". Pero el conocimiento me atrapaba y me emocionaba saber del universo, filosofía, historia del mundo y de México. En las portadas de mis cuadernos de preparatoria, pueden encontrar aún todas las frases que anotaba de todos los libros que leía.

Entonces, la imagen que tuve de mí fue de una chica inteligente y popular.

De tanto leer, comencé a cambiar mucho mi forma de ver y pensar sobre Dios, la vida y la sociedad.

A pesar de que estuve en un colegio católico, dejé de creer en Dios y comencé a cuestionar los ideales sociales como el dinero y el poder.

En su lugar, descubrí mi gusto inmenso por los valores humanos. Uno de ellos fue ayudar a la humanidad a despertar del consumismo exagerado y del que somos presa todos, en menor o mayor medida. Aún recuerdo el proverbio de los Indios Cree: "Cuando el último árbol sea cortado, el último río envenenado y el último pez pescado; sólo entonces el hombre descubrirá que el dinero no se come".

En mí vibraban estas palabras y un intenso deseo por ayudar al mundo a cambiar las ideas de poder, guerras y dinero; por amor, paz y armonía.

Con familia en EUA, mi mamá me mandó un mes cerca de San Francisco para aprender inglés. Dejé toda mi ropa de marca que había estado adquiriendo para pertenecer al grupo popular; y llegué con mis tías siendo simplemente yo. Sin marcas.

Hacer esto me permitió descubrir el valor de la amistad desinteresada, algo que me gustó mucho y, al regresar, decidí dejar de pertenecer al grupo popular y mejor ser una estudiante más de la preparatoria. Emprendí el viaje hacia mi propio descubrimiento, refugiándome mucho más en el conocimiento y los libros.

Así que en el último año de preparatoria pasé de ser la chica popular, a ser simplemente yo. Natural y sin necesidad de tener que pertenecer a un grupo. Esto me permitió que, en la universidad, me mantuviera igual: como una chica sencilla, inteligente con amigas y amigos variados. Para este momento había decidido no creer en Dios porque había leído que "sólo era un invento creado por nosotros"; sin embargo, yo sentía que faltaba algo en mi vida. Y justo en mi búsqueda por encontrar esa respuesta, llegó a mi vida el primer libro que cambiaría radicalmente la forma en cómo veía las cosas: Amistad con Dios, de Neale Donald Walsch.

Ese libro fue el primero que leí, pero terminé por leer toda su colección de 5 libros en la universidad donde decidí estudiar Psicología en ITESO Guadalajara.

Al principio caí en shock porque cuestionaba todo lo que alguna vez me dijeron de la vida. Entonces me encontré de repente en el limbo. Creo que estaba muy inmadura para entender semejante conocimiento; pero lo que sí me quedó claro era que TODOS SOMOS UNO. Y fue tal el impacto de estos libros, que yo veía a todas las personas como parte de mi familia. Desde el camionero que terminaba regalándome el pasaje, hasta cualquier persona que me topaba en la calle. Pensaba "Todos somos uno" y así lo sentía y lo vivía.

Cuando decidí estudiar Psicología, lo hice por la curiosidad de saber:

- ¿Qué somos?,
- ¿Cómo conocemos el mundo?
- ¿Cómo funcionamos los seres humanos?

Así llegué a la universidad: libre de marcas y leyendo libros. El primer semestre sentía que todos eran mi familia y tuve **la visión** de que en algún momento de mi vida ayudaría a las personas dando luz y conocimiento.

Elaboré una hoja que describo a continuación:

En el centro estoy yo, mi cara recortada y puesta sobre un cuerpo de una modelo recortada de revista.

Debajo de mi cuerpo: "Portadora de luz al mundo".

Alrededor de mí, diversos títulos que comienzan con la palabra "Mejor ____":

Mejor mamá, mejor profesional, mejor amiga, mejor esposa, etc.

Arriba la leyenda 2010-2040.

Abajo agradeciendo todo el éxito que tengo y que sólo es cuestión de tiempo para vivirlo.

Con el tiempo, más o menos a partir del 2do semestre de universidad, algo ocurrió que olvidé todo lo que había leído. Siento como si haberlo olvidado hubiera sido parte del plan. Como si me hubiera dicho a mí misma: "Bien Ari, ya sabes tu misión y qué vas a hacer de grande, ahora sigue tu vida porque falta mucho tiempo para llegar a ese momento, así que guárdalo y seguro lo sabrás cuando llegue su momento".

Olvidé que todos somos uno para entrar a un problema de inseguridad. A veces estaba bien, a veces mal. Para mejorar esto, descubrí la meditación con OSHO. Meditaba tanto como podía. En los recesos y entre clase y clase porque nos daban 20 minutos, y entonces yo aprovechaba para ir a la capilla a meditar.

Surgió en mí el sueño de que todas las escuelas del mundo enseñaran a meditar desde niños y que cada familia por la mañana, antes de salir de casa, meditara para entrar en contacto con su verdadero ser.

En esta etapa universitaria de mi vida tuve muchas amigas de todo tipo; y algunos novios, con los que sufría mucho y otros que me aburría fácilmente. Siempre los elegía por una razón y luego los dejaba por otra. O bien, me enamoraba y luego desaparecían. Sufría muchos desamores y en medio del drama más complicado, volví a acordarme, por segunda ocasión, de Dios. Recuerdo que le hice una carta diciéndole: "No puedo más, te entrego esta situación".

Esta fue la primera entrega que hice de forma natural e intuitiva a mi ser superior. Como una solución en medio de la gran frustración, dolor y locura que traía. No saben qué paz sentí después de mi carta. Fue lo mejor que haya podido hacer.

A finales de la universidad, me enamoré de un chico que conocí en mi clase de arte. Un ingeniero eligiendo aprender una disciplina totalmente diferente a la suya. La primera vez que lo vi, llevaba una camiseta que decía *"PORNO STAR"*.

Serio, enigmático y con una camiseta tan atrevida; no pude evitar que Daniel me llamara la atención.

La primera salida que tuvimos fue a La Barranca de Huentitán, un domingo a las 7am. ¿Qué ingeniero normal sacrificaría sus horas de sueño en domingo para bajar corriendo una barranca de 1,136 hectáreas con una profundidad promedio de 600 metros de diferencia?

Sólo él, que ni siquiera supo el porqué lo hacía.

Y justo porque hacía cosas diferentes y raras por mí; fue que comenzó a interesarse en mi persona y yo en él.

La primera parte de nuestra relación fue amor y dulzura. Al mes, como lo veía tan perfecto, comencé a tener miedo, pero después de varias visitas al psicólogo, un día salí muy empoderada y le dije: "Tú serás el papá de mis hijos".

Después de muchos años (8 para ser exactos) él terminó por ser el papá de mi hija.

Pero antes, siendo novios en la universidad, estuvimos bajo una relación de codependencia, donde experimentábamos una montaña rusa de emociones. Los problemas comenzaron porque sus amigos le decían que yo tenía a otros y que salía con muchos. Lo cual era correcto, pero ANTES de que Daniel fuera mi novio.

Daniel buscaba una mujer diferente a lo que podía ofrecerle, por lo que llegué a sufrir insultos y juicios. Entonces la imagen de mí en ese momento era de: codependiente, inestable emocionalmente, insegura, sin valía, etc.

Vivíamos una historia de amor apasionado, pero al mismo tiempo lleno de drama, miedo, apego, dolor y llanto.

Como sentía que lo amaba y él a mí, decidí ir a terapia y a cursos, pero con todo lo que hacía no lograba salir del drama y la montaña rusa de emociones.

Por todo lo anterior, decidí terminar la relación y regresarme a vivir a Tijuana para enfocarme en mi vida profesional. Mi carrera comenzó como analista de Recursos Humanos en Soriana de Guadalajara; y al cambiarme de ciudad, pedí mi transferencia a la sucursal de Tijuana.

Ya estando en tierras norteñas, decidí dejar atrás todos los problemas de pareja, que no logré resolver, sino más bien esconder de mi vista; y comencé a leer muchos libros para ser exitosa en lo que hiciera.

De los libros que más me impactaron fue: Las leyes del éxito, de Napoleón Hill.

Con la inspiración y visión de este autor, pronto salí de ser analista de lunes a sábado, de 9 a 7pm; a ser docente en una preparatoria pública de Tecate, medio tiempo de lunes a viernes.

Ahí duré poco, creí tener la habilidad de mis padres docentes, pero descubrí que lidiar con adolescentes no era lo mío. Y eso que comencé a estudiar la maestría en Educación que sí me gustó mucho, pero no es lo mismo la carrera de docente que una maestría.

La vida me movió pronto a ser docente de Universidad y al mes me ofrecieron la coordinación académica donde disfruté mucho de evaluar docentes y generar cursos para una mejor enseñanza.

Sin embargo, mi buen trabajo y entusiasmo hizo que muy pronto dejara la universidad para comenzar mi carrera nuevamente en Recursos Humanos de Rancho la Puerta, uno de los mejores SPA del mundo.

En esta etapa tuve el honor de conocer a una gran amiga, Lucina Gómez, quien actualmente es una psicóloga exitosa y reconocida en Baja California. Fuimos uña y mugre durante mucho tiempo y hoy aún conservo su amistad como un tesoro.

Con todo mi entusiasmo, pronto me invitaron a trabajar como consultora en procesos organizacionales en una cooperativa que reunía varias empresas de diferentes giros.

Así que aquí me tocó aprender y leer mucho sobre el funcionamiento de las empresas, motivación, liderazgo, planeación organizacional, logro de objetivos, etc. Libros y libros aprendiendo cómo hacer que una empresa fuera exitosa a través de su personal.

Las cosas no salieron bien con la empresa y a los meses me quedé sin trabajo.

Por primera vez, después de estar creciendo y ser cada vez más feliz con cada trabajo, llegó el día en que me encontré sin qué hacer, escribiendo en un Starbucks: "¿Por qué me pasó todo esto? Iba tan bien, tan bien. ¿Qué pasó?".

Mi conclusión fue que iba creciendo muy rápido, no hice raíces en ningún lado; por lo que concluí que debía buscar una empresa sólida donde pudiera hacer historia y raíces.

Así fue como, metiendo currículums, me marcan de Recursos Humanos Banorte y me ofrecen trabajar en Tijuana como analista de Recursos Humanos. Me gustaba mucho lo que hacía, pero me interesaba crecer. Así que, mientras hacía mi trabajo y delegaba actividades a mis practicantes, yo estudiaba para certificarme como Asesora en Estrategias de

Inversión (Fig 3 AMIB). Me llamaba la atención estar frente a los clientes, y no sólo en el área de recursos humanos. Yo también quería ayudar a clientes y ser reconocida por logros de ventas.

Algo que practiqué mucho desde secundaria, fue hacer ejercicio. Mi mamá y yo compartíamos la actividad de ir a clases de aerobics, y más tarde en universidad descubrí el spinning y el gym. Siempre he sido muy disciplinada en todo lo que hago, así que mientras trabajaba en Banorte, estaba inscrita en un gimnasio que estaba a dos cuadras.

En una ocasión, llegando al gimnasio como cada mañana, me topé con un joven delgado, pelo medio chino y de piel blanca. Me llamó la atención y poco a poco fuimos platicando más y más conforme pasaban los días; hasta que llegó el punto donde me invitó a salir.

Me invitó a Big Bear con su grupo de amigos, un lugar en Estados Unidos donde hay nieve. Y algo chistoso que recuerdo del viaje de Big Bear, es que me llevé un libro que se llama: ¿Qué es el amor? O algo así. Era para entender más el amor y las relaciones, ya que no entendía nada.

Todos mis aprendizajes me llevaron a creer que no debía enamorarme de la persona, hasta que primero lo conociera bien. Así que a este chico lo traté tal cual sólo como amigo durante todo el viaje.

Pero no pasaron más de 6 meses cuando mi mamá propuso a ambos la idea del matrimonio. Así que decidimos casarnos en Tecate un 10 de diciembre del 2009.

La boda por el civil, más organizada por mi mamá que por nosotros, se llevó a cabo rápidamente. Supongo antes de que nos arrepintiéramos, porque en verdad era el sueño de mi mamá verme casada y luego con hijos.

También era mi sueño casarme. Desde niña era algo que deseaba tanto en mi vida, ya que en las novelas y cuentos lo hacen ver tan hermoso; que claro que yo quería vivir ese sueño y hacerlo realidad.

Pero ¿qué creen? El sueño se desvaneció al siguiente día que amanecí casada al darme cuenta de que todo seguía igual. No había chispitas de colores en el aire ni mucho menos. Sino más bien, mucho que hacer, cocinar al marido y él ni siquiera quería ayudarme a sacar la basura de nuestro departamento.

Fue una terrible decepción. Luego supe que tenía deudas que tuve que ayudarle a pagar, ya que todas las deudas eran de las salidas con las que me había conquistado.

En fin, ya casados, a los meses recibe una oferta para irse a trabajar a México.

Yo ya traía la idea de separarme, pero una amiga querida me dijo: "Ari, es una decisión importante que no debes tomar tan a la ligera. Mejor vete con él y allá tomas la decisión". Se me hizo pertinente y así lo hice. Pedí mi cambio en Banorte para irme al corporativo de México, llegando como coordinadora. Por mi trabajo y esfuerzo, al año logro una gerencia teniendo bajo mi responsabilidad los proyectos de cambio más importantes del banco, a nivel nacional, en temas de Recursos Humanos, así como la gestión con directores de su nómina y prestaciones.

Fue una gran experiencia. Di mi vida a Banorte. Amaba Banorte. Era fiel y me veía retirada en Banorte ¡claro que sí!

Desde las 5am salía de mi departamento, mismo que se ubicaba atrás de la embajada gringa, cerca del Ángel de Reforma para trasladarme a Santa Fe y comenzar mi día en un gran gimnasio de esos edificios hermosos. Regresaba hasta las 9pm a mi casa.

Entre el tráfico y el trabajo, yo casi no veía el sol. Y muchas veces en mi traslado al trabajo me preguntaba: "¿Así será siempre toda mi vida? ¿En el tráfico, ida y vuelta? ¿Así?".

Me la vivía en el edificio. Inmersa en un sueño de crecimiento y estabilidad como las personas que trabajan en un horario establecido todos los días para un patrón. Me sentía supervaliosa para la institución. Orgullosa de pertenecer.

Con el tiempo, la poca convivencia con el que era mi esposo hizo que cada vez lo quisiera menos.

Y cuando menos lo esperé, ante un suceso supertonto, él decide pedirme el divorcio. Y yo, ¡muy feliz, acepté! En un mes ya estábamos divorciados dado que no teníamos nada en común. Ni patrimonio ni hijos.

Cosas buenas comenzaron a pasarme: soltera, me compro mi primer carro del año, tramito el crédito de un departamento en Santa Fe (una hermosa zona), me mandan a una capacitación muy buena a Monterrey y me incrementan mi sueldo. Todo se veía maravilloso hasta que un día me entero de que liquidan a mi jefe. Él siempre fue muy bueno conmigo, yo lo quería y admiraba mucho. Y por algo tan tonto (desde mi punto de vista) deciden liquidarlo. Este fue el inicio de varias liquidaciones, porque justo cuando estaba recogiendo mi carro del año me marca el que tenía semanas de ser mi jefe para decirme que pasara a su oficina. Al llegar me informa que la empresa ha decidido prescindir de mis servicios.

Así es. Me tocó vivir la realidad de muchos que trabajan para grandes empresas. Después de dar tanto a Banorte, ahora decidían decirme adiós.

Ya divorciada, sin trabajo y triste, me preguntaba otra vez: "¿Qué pasó? Iba tan bien, tan bien, tan bien. ¿Qué pasó?".

Ante esta situación, mi exesposo me rescata y me pide que me vaya con él a Tuxtla Gutiérrez, Chiapas. Yo, sin rumbo ni cabeza, acepto.

Fue una maravillosa experiencia haber vivido un año en ese hermoso estado. Sus tacos de cochinita, sus tamales de pollo, las personas tan nativas y únicas; más sus hermosos paisajes y costumbres, te llenan el alma de amor y alegría.

Ahí trabajé en una casa de Bolsa, aprovechando que tenía mi certificación para invertir. Estuve en banca patrimonial ofreciendo Fondos de Inversión.

No me fue bien. No conocía casi a nadie y la casa de bolsa era poco conocida en la ciudad. No alcancé las metas de venta para firmar el contrato definitivo; así que a los 4 meses me puse a invertir en directo en Bolsa Mexicana de Valores, a través de un contrato bursátil que hice con Grupo Bursátil Mexicano.

Me la pasé leyendo de finanzas, economía, historia e inversiones. Desde la mañana me levantaba a ver cómo estaban cerrando los mercados europeos, y cómo se estimaba abrir en México. Leía muchas noticias financieras y económicas. Fueron grandes lecciones y muy interesantes.

Lo disfruté mucho, sin embargo, al pasar mi depresión, comencé a ya no querer estar con mi exesposo.

En una ocasión Daniel, después de no saber nada de él durante 7 años, nos escribimos por Facebook. Él también se había casado, sin hijos y ahora estaba divorciado; así que me invita a una boda en Guadalajara y yo acepto.

Esa boda terminó siendo el pretexto para dejar a mi exesposo y quedarme a vivir en Guadalajara.

¿Por qué Guadalajara?

No regresé con mi familia ya que mi mamá siempre ha reprobado que deje a una pareja. Su lema es: "Debes estar en la relación pase lo que pase; y si hay algo malo en la relación, seguro el problema eres tú, hija".

Con el paso del tiempo, fuimos queriéndonos más hasta que me pidió ya formalizar y vivir con él.

Después de unos meses, decidimos tener a nuestra hija, misma que salió al primer intento de embarazarnos.

Para esto, cuando yo llego a Guadalajara sin trabajo, sin casa, sin amigos, sin familia. Comencé a meter currículums y me llaman de una Consultora Financiera especializada en Seguridad Financiera.

Me llamaba muchísimo la atención, así que, a pesar de que el papá de mi hija no aceptaba ese trabajo, yo acepté el reto.

Pero no fue nada fácil aceptarlo teniendo en contra todo: pues no tenía el apoyo de mi pareja, ni conocía a nadie, ni tampoco tenía gran experiencia en ventas.

De hecho, un día fui con el dueño de la oficina y le dije que quería renunciar. Que era muy complicado llegar a casa y ver caras largas de mi pareja que no aceptaba que yo estuviera trabajando aquí.

Mi promotor, sabiamente, me dijo que respetaba mi decisión, pero que era muy pronto para tomarla; que esperara a ver las mieles de la profesión antes de partir.

Por alguna razón, en los primeros 2 meses yo buscaba otro trabajo a la par y, gracias a Dios, nadie me dio trabajo. De hecho, en la última entrevista donde no fui tan bien tratada, es que decido abortar la misión de buscar un trabajo; y mejor enfocarme en la asesoría en seguridad financiera. Como bien saben, entre libros, previos conocimientos, empuje, constancia, entrega a lo que hago y que en verdad me encantaba el trabajo, pronto logré destacar y comencé a romper récords importantes.

Pronto alcancé muchos de los premios que para otros es difícil de lograr. Uno de ellos, fue un viaje en crucero por el Caribe a los mejores 15 asesores del país, que tuvieran más de X cantidad de pólizas. De todo el país, sólo 12 logramos la meta. Nunca pensé que en este viaje tendría el honor de conocer a mi gran y estimada amiga Rosa Orozco.

Historia de Rous

Nací en Guadalajara, Jalisco, México. Viví con mis padres y tres hermanos: dos mujeres y un hombre.

Cuando me pongo a reflexionar sobre mi historia, me doy cuenta de que muchas cosas se me han olvidado; han pasado demasiados eventos (46 años de historia) y tendría que explicar trescientas mil cosas para expresar todo lo que ha sido Rous.

La imagen que tengo de mí en la infancia es la de una niña con mucha ansiedad, miedo y depresión. No tenía conciencia de qué eran esas emociones, simplemente las sentía y eran parte de mi vida. Vivía con un eterno miedo a mi papá, ya que su forma de educarme siempre fue a través de fajazos (lastimarnos muy duro con un cinturón) y muchas veces de forma injusta.

Desde mi niñez fui muy sensible y no me gustaba ser así porque sentía DEMASIADO y no me agradaba la sensación que experimentaba. Sentía la energía de lo que me rodeaba, sin saber de qué se trataba; era como una vibración que etiquetaba como algo no grato. Me sentía enferma e incluso hipocondríaca. A la edad de diez años llegué a tener cuarenta mezquinos en las manos y algunos en la boca. Recuerdo sentirme siempre "mal" porque esto de "sentir MUCHO" lo etiquetaba con miedo, no sabía por qué ni para qué. Me llevaban al doctor para hacerme exámenes médicos y el diagnóstico siempre era "ansiedad o estrés". Otro padecimiento con el que llegué a lidiar fue con migrañas intensas; eran tan fuertes que decidieron operarme los ojos para descartar que fuera un problema de la vista.

Me caracterizaba también por ser muy nerviosa, estresada, obsesiva en hacer las cosas bien, autoexigente y vivía MUY CANSADA. Yo sabía que tenía que estudiar, eso me dijeron mis papás, que esa era mi única responsabilidad: "estudiar". En mi edad adulta me mantuve siempre muy enfocada en el tema de estar preparada.

También era una niña inquieta. Sentía que no me cabía el alma en el cuerpo. Veo las fotos y en algunas donde estoy junto con mi hermana, ella se ve tranquila mientras yo estoy como en pose del Hombre Araña; lo recuerdo como si fuera hoy.

Recuerdo ser muy inquieta, pero con muchos nervios. No me gustaba estar enfrente de las personas, ni sentirme expuesta, aún ahora en mi etapa adulta.

Si me tocaba hacer una tabla gimnástica o participar en un bailable (algo que implicara estar frente a muchas personas), me daba mucho miedo y experimentaba vómito, migraña, estómago revuelto. Aún me recuerdo acostada en el sillón de mi casa con mucho dolor de cabeza, que ni siquiera podía ver la luz.

Nunca me gustó llamar la atención. Si llamaba la atención porque le gustaba a un niño en la primaria, yo me iba al baño a esconder. Y con tal de no llamar la atención con aquellos chavos que se atrevían a insinuar que yo les gustaba, al enterarme me volvía muy sangrona con ellos.

Con uno de mis hermanos nunca tuve una buena comunicación; nunca hubo una relación cercana, siento como una barrera impenetrable para poder llegar a su corazón.

Un recuerdo que tengo de niña es en la casa de Vasco de Gama (así se llamaba la calle), estaba en la cochera y este hermano llegó a jalarme las patillas diciéndome que parecía Vicente Fernández y hasta echaba gritos (como Vicente). A mí me dolía muchísimo el jalón, pero más me dolía el sentirme vulnerable, siempre me sentí fea, nunca bonita.

En general, el principal temor lo tenía en casa; miedo y agobio a mi papá hasta los veintidós años, que fue la última fajiza que me dio (fueron once fajazos). Constantemente vivía con miedo a que me fuera a pegar, o que se fuera a enojar por algo que no le pareciera bien hecho.

A los seis años de edad yo quería irme de mi casa. En una ocasión tomé un palo de escoba, envolví mis cosas en un trapo que luego amarré a la orilla del palo (porque lo vi en un programa de televisión) y pasé por la cocina con mis cosas atadas al palo, y ahí estaban mi mamá y dos de mis hermanos que se morían de risa.

En esencia, yo realmente quería irme de la casa porque no me sentía a gusto, tenía mucho miedo y angustia. En ese momento no tenía la valentía y era una niña; además, sabía que hacerlo no era algo bien visto por la sociedad y yo tenía la creencia de que tenía que soportar lo que fuera hasta salir casada de mi casa.

Mi papá iba y venía al rancho. Yo escondía el fajo (cinturón) por el miedo de que cuando llegara mi mamá pudiera decirle algo que no hice bien y, como consecuencia, pudiera pegarme; ya que muchas veces lo hacía de manera injusta.

Mi padre es una persona a la que le cuesta trabajo expresarse; así que solucionaba los problemas con violencia. A todos mis hermanos también les llegó a pegar y cada uno sentía que era al que más le pegaban. En una ocasión le preguntamos a mi papá a quién le había pegado más de sus cuatro hijos y yo reconfirmé que era a mí.

Mi mamá no se metía a defendernos cuando mi papá nos pegaba. No recuerdo bien si mi papá le pegaba a ella, no tengo esas imágenes, sólo recuerdo que si quería defendernos, él no la dejaba. Como que no aparecía en el radar para ayudarnos. En una ocasión en que me pegó mi papá, mi mamá les decía a todas las personas que podía cómo me había pegado; esto sucedió cuando nos estábamos quedando en la casa de mi madrina Lupita en Estados Unidos. Tenía unas barras de gimnasio y con eso me puso una golpiza en las pompis, que se veían las venas salteadas. La razón por la que me pegó fue porque el hijo de mi madrina dijo que yo lo había jalado de los pies y que lo había tirado de una litera, situación que no fue así y mi papá lo sabía, pero por atención a mis padrinos fue que reaccionó y me pegó con esa brutalidad.

Hay un momento importante en mi vida, que es cuando mi mejor amigo de aquel entonces, y a quien aún aprecio y quiero mucho, Mauricio Moreno (el buen Mauricillo), me presenta a mi compañero de vida en la preparatoria cuando yo tenía diecisiete y él dieciocho años. Aún recuerdo que lo vi y pensé: "qué guapo muchacho". Comenzamos una relación de noviazgo, y al conocerlo me di cuenta de que él ya traía un proceso de terapia para trabajar sus temas personales.

Me enamoré tanto de él, que yo no veía el sol, sino a través de los ojos de mi compañero de vida. Era muy celosa. mi papá no me dejaba tener novio, porque mi obligación era estudiar. Nunca descuidé el estudio, simplemente era de buenas calificaciones. Tenía semestres de puro cien de calificación. No había motivo para sacar menos, pues no trabajaba. Siempre se me hizo saber que era mi única responsabilidad y no había pretexto para no poder enfocarme totalmente al estudio.

Mi compañero de vida y yo estuvimos juntos un tiempo a escondidas de mi papá. Hasta los veintiún años fue cuando me dio permiso de tener novio, que fue cuando terminé mi carrera. Mientras tanto, lo veía en la escuela porque iba a saludarme a la universidad.

El día que fue mi compañero de vida a pedir permiso para ser mi novio, mi papá no quería salir del cuarto. Pasó tiempo hasta que por fin salió y platicaron, entonces ya iba a visitarme a la casa. Durábamos horas y horas platicando por teléfono.

Cuando mi compañero de vida iba a mi casa y era hora de despedirse, yo no quería que se fuera. Yo quería que me llevara con él.

Mi compañero de vida tenía neurosis. Ahora lo veo, pero en aquel momento no era consciente. Para mí era normal, pues lo tenía en casa con mi papá. De hecho, mi compañero de vida una vez me pegó en la pierna y me gritó, estábamos por López Mateos; me lastimó y luego me pidió perdón, prometiéndome que no volvería a pasar. Y yo siempre le creía.

Pasaron los años y cuando ocurren los últimos fajazos que me dio mi papá a mis veintidós años, mi compañero de vida me dijo que debería ir al psicólogo y atender ese tema. Aquí inició mi camino de búsqueda, con la psicóloga Martha Luna, que ya falleció y que me ayudó muchísimo. En realidad, yo no quería ir porque me daba pavor que me dijera que tenía que salirme de mi casa y yo no tendría el valor para hacerlo, pero fui porque mi compañero de vida me dijo que si no iba lo más seguro era que nos separaríamos y yo no concebía la idea de no ser novia de Mi compañero de vida.

Después de Martha Luna aparece en mi vida una bella persona: la terapeuta Margarita González, experta en homeopatía y constelaciones para conocer mis raíces (mi historia). En estas terapias, por primera vez pude ver mis miedos, observarlos de frente y contactar con lo que sentía, detectando lo que yo traía por dentro.

Nunca me fui de mi casa porque siempre trataba de atender todo lo que mi papá esperaba de mí, tener su aprobación, para que no se enojara. En una ocasión, cuando regresé de una terapia, me quedé en las escaleras de mi casa llorando y llorando de enojo, coraje y le pegaba a la pared, diciéndole a mi papá cómo me sentía. Yo estaba a la mitad de la escalera, por si mi papá reaccionaba con enojo yo pudiera correr a encerrarme a mi cuarto, porque no me atrevía a hablar con él. Ahí fue la primera vez que me atreví a expresar lo que sentía.

Al ir avanzando en mis terapias, entendí que todo lo que mi papá hacía conmigo era su forma de amarme; sin embargo, yo pensaba: "No, pues no me quieras tanto", porque finalmente para mí era injusto, ya que trataba de cumplir todas las reglas impuestas en casa.

Hubo un suceso importante en la graduación de Mi compañero de vida, donde fuimos invitados mis papás y yo. En aquel entonces, el esposo de mi suegra, el Sr. Alejandro, era una persona que siempre me trató muy bien, tenía detalles conmigo, me compraba regalos (lentes, bolsas, etc.), pero me sentía incómoda con los presentes porque pensaba que no era merecedora; de hecho, me costaba mucho trabajo aceptarlos. Y ya estando en el evento de graduación, hay un momento donde el Sr. Alejandro le dice a mi papá: "¡Qué bárbaro! Lo felicito por tener una hija tan maravillosa, muy buena muchacha". Se lo dijo estando yo presente y mi papá le contestó: "Pues uno sólo puede hablar de lo que bien conoce, uno no puede hablar cuando está viendo el toro desde la barda". En ese momento sentí una profunda tristeza porque en mi mente pensaba: "Todo lo que he hecho para ser la buena hija, siempre haciendo todo lo que mis papás me pedían y cumplir con todo, adicional a tener que aguantar el maltrato. ¿Cómo puede decirle eso mi papá al Sr. Alejandro?".

Terminando el evento, llegué a mi cuarto y me puse a empacar mis cosas para irme de la casa; moría de miedo, pero pensaba en que no era justo que mi papá se haya expresado así de mí. En ese entonces tenía un carro Celebrity modelo 1988, automático, color azul plumbago, que me compré con el dinero que gané por haber participado en un concurso de belleza, en el que mi mamá me metió a participar, también me inscribió al concurso de los Ojos Tapatíos que hacían en el contexto de las Fiestas de Octubre en Guadalajara. En los eventos me sentía expuesta, experimentaba nervios y vomitaba del miedo. Cada vez que tenía que hablar, yo temblaba porque no quería estar enfrente.

Pero bueno, el punto es que cuando decidí irme de la casa, no dejé de llorar toda la noche y cuando amaneció agarré mis cosas, las empecé a subir a mi carro y mi mamá estaba muy angustiada y le decía a mi papá que no me dejara ir, que me detuviera para que no me fuera. Mi papá, por su orgullo, no se atrevía a hablar, hasta que llegó el punto en que explotó en llanto. Nunca lo había visto llorar y ¡me di cuenta de que lloraba igual que yo! Y me dijo: "No, pues, perdón, no se vaya" y hasta ahí. Con eso, decidí quedarme otra vez. Le expresé a mi papá todo el sentimiento que vivía en ese momento, le dije que yo estaba cumpliendo con todo lo que me pedían, y que no era justo que se hubiera expresado de mí de esa manera.

Mi compañero de vida siempre llevó la batuta de la relación. Cuando yo cumplí veinticinco años, yo estudiaba la maestría y ya llevábamos siete años de novios. Como no veía que tuviera compromiso o ganas de formalizar y casarse conmigo, decidí terminar la relación. Fue un par de horas lo que duró ese "cortón"; cuando por fin me buscó, me propuso matrimonio y nos casamos en ese mismo año, 2000.

Ya casados, vivimos tres años de proceso en terapia con Margarita González de la Parra; aun así, mi tema de ansiedad seguía presente. Hice trabajos muy profundos a través de hipnosis, regresiones, sanación de mis raíces. Recuerdo que lloraba y lloraba sin parar. En una ocasión, Margarita me oprimió un punto entre mis pechos; me dolió horrible (hasta la conciencia me dolió), lloraba y lloraba como si hubiera guardado muchísima agua dentro de mí. No podía dormir sola cuando mi compañero de vida salía de trabajo, por el miedo que sentía. Ahora lo veo diferente, pero en aquel entonces no lo entendía.

Entonces comencé a conocer la historia de mis padres, mis abuelos, tías, tíos; fui conociendo la forma de ser de mis ancestros, mi árbol genealógico. Gracias a que tuve la oportunidad de platicar con mis dos abuelitas (abuelita Nena y abuelita María), me doy cuenta de que el tema de ansiedad lo tenían muchos de mi familia. Pude observar de dónde venía.

Empecé a vivir más liviana y consciente; sin embargo, seguía experimentándome ansiosa e inquieta, a veces tranquila, pero luego mal, subidas y bajadas sin entender el porqué. Era literal una montaña rusa de emociones. Deseaba sentir armonía y equilibrio. Llegué a pensar: "Me voy a morir y no voy a lograr esto que quiero" porque sin más ni más, me volvía a asaltar el miedo.

Ya siendo papás, por la neurosis de Mi compañero de vida, en una ocasión que Natalia (mi hija) lloró por la noche (tenía una semana de nacida) la agarró de su moisés, la levantó y la sacudió fuertísimo, le decía que se callara. Y le gritaba que por qué lloraba. Y yo estaba muy asustada, viví una depresión posparto que no se la deseo a nadie, una tristeza inmensa, un vacío en el pecho espantoso, que también me preguntaba por qué me sentía así. Pensaba: ¿de qué se trata esta vida? Cuando Natalia tenía alrededor de dos meses de nacida, mi compañero de vida le pegó unas nalgadas porque estaba llorando, porque él sentía que nuestra bebé le estaba tomando la medida (así me lo expresó).

Mi compañero de vida y yo vamos por separado a terapia. Él inició cuando tenía dieciocho años y yo veintidós. Cuando íbamos a terapia de pareja, al llegar con el terapeuta, Mi compañero de vida decía que todo estaba bien, yo lo volteaba a ver y no podía creer que él lo viera bien y como si no estuviera pasando nada; yo por dentro sintiendo que me estaba partiendo en mil pedazos.

Fuimos con una terapeuta llamada Jazmín (buenísima, por cierto), me hizo ver que yo era una niña más en la casa (codependiente de Mi compañero de vida), y que le tenía miedo a Mi compañero de vida. Un neurótico primero te lastima, te aplasta, te hiere y después (casi inmediatamente) te dice que te ama, te pide perdón y llora de lo mal que se siente por haberte hecho daño y que las dos caras son reales y sinceras.

Jazmín nos recomendó tomar un tiempo fuera como pareja; para mí, ese acto era imposible, porque me enseñaron que tu pareja es para toda la vida, así que en ese momento no acepté. Poco tiempo después, se da un suceso donde Mi compañero de vida, estando en casa de su mamá (yo no estaba presente), por el hecho de que nuestros dos hijos estaban teniendo una pelea de niños, estaban gritando y llorando (Natalia de ocho años y Alan de cuatro años). Mi compañero de vida agarró a Alan de un brazo y una pierna, lo aventó al sillón y le pegó unas nalgadas; a Natalia la jaloneó del pelo. Cuando llegaron conmigo, los niños me abrazaron asustados. Mi compañero de vida me platicó lo sucedido y yo quería que se fuera de la casa ese día en la noche. Sin embargo, no le dije nada, pero no podía con la ansiedad de que hubiera hecho eso, y al día siguiente por la mañana, que amanecí con mi pierna moreteada de tanto rascarme durante la noche por la ansiedad desbordada que sentía, le dije que, por favor, se fuera de la casa. Negociamos cómo nos organizaríamos con Alan, y Natalia no se dio cuenta porque la mandé con mi hermana Luz Alicia a San Antonio a un campamento.

Durante nuestro tiempo fuera (que duró dos meses aproximadamente) tuve cero contacto con Mi compañero de vida. Llegaba a mi casa y sentía una paz y armonía, que era lo que en toda mi vida había deseado. Al pasar de los días comienzo a experimentar nuevamente la ansiedad; de nuevo se venía a mi cabeza el preguntarme: "¿Por qué me siento así? Si ya no está Mi compañero de vida en la casa, ¿por qué estoy volviendo a sentir depresión y tristeza?". Aquí es cuando tengo un ligero atisbo de que quizás el problema era yo y no Mi compañero de vida.

Analizo pros y contras de mi relación con Mi compañero de vida y me preguntaba: "¿Sí lo amo?". Y mi respuesta era: "Sí... sí lo amo, aunque siga siendo así". Entonces decidí volver con él sin un papel de víctima y codependiente, decidida a dar lo mejor de mí, hacer un borrón y cuenta nueva para apoyarle en su neurosis y yo trabajar en la ansiedad y depresión. Mi compañero de vida me compartió que sintió horrible cómo se le iba de las manos su familia y él estaba con toda la disposición de reiniciar de nuevo y trabajar al cien por ciento para recuperar a su familia. Fue un proceso difícil, pero no imposible; utilizábamos técnicas recomendadas por la terapeuta y mi psiquiatra. Mi compañero de vida asistía a sesiones de neuróticos anónimos y poco a poco se fue dando el cambio y logramos estar en una dinámica familiar deseada por mí. ¡LO LOGRAMOS!

Hablamos con nuestros hijos y les dijimos que Mi compañero de vida tenía una enfermedad, que cuando se enojaba era como si se le "botara el chango", es decir, que perdía el control de su estado emocional. Cuando ocurría, aplicábamos una técnica en la cual ellos sabían que si yo volteaba a verlos con la mirada de "váyanse a su cuarto" era para que no los lastimara porque su papá se salía de sí. Mi compañero de vida cada día fue haciéndose más consciente de la situación y lograba calmarse. Esta fue una dinámica de cómo ayudarle con su neurosis.

Yo asistía a reuniones de personas que sus parejas eran neuróticas, y Mi compañero de vida a reuniones de parejas codependientes. Era algo impresionante cuando comencé a escuchar a todos los esposos de neuróticos compartiendo las reacciones de sus parejas y eran las mismas historias, cómo se comportaban y cómo intentaban solucionar las cosas después de haber pasado por la crisis de neurosis. Sientes que no eres la única y que es un tema por resolverse; sin embargo, en mi mente seguía el cuestionamiento: "¿De qué se trata esta vida?".

La psiquiatra nos da medicamento a Mi compañero de vida y a mí. Él duró poco tiempo y salió adelante. En mi caso fue complicado, porque durante dos o tres meses no encontrábamos la dosis ni el medicamento. Eran días sumida en mi cama, dormida; desechaba cajas de pastillas completas porque mi cuerpo no reaccionaba adecuadamente. En ese periodo fui una mamá ausente porque me la pasaba en mi cuarto dormida y Mi compañero de vida no dejaba que se me acercaran los niños. Y tengo que decir que cuando encuentro la dosis exacta del medicamento (de tres diferentes), dije: "¡No inventes!, ¡viva el medicamento!". Cero depresiones, por primera vez en mi vida me sentí funcional, literal fue un salvavidas en ese momento.

Además del medicamento, fueron terapias y terapias; Alan en terapia, Natalia también. Toda la familia en terapia, pero siempre desde la visión que nos ha enseñado el mundo, porque siempre se buscaba el problema afuera, justificando lo que había pasado en la niñez, el tema de nuestros ancestros y que estábamos sanando.

Yo no me explicaba por qué me pasaba todo lo que me pasaba. En una ocasión pensé: "Si me estoy portando bien y aun así me está pasando lo que me está pasando, entonces no es un tema acerca de lo que yo haga en mi actuar. Porque, por más correcta que quiera ser en mi actuar, las cosas no están bien. Entonces debe ser que simplemente así tenía que pasar por estar cargando creencias en el inconsciente".

Las terapias me servían para llorar y desahogarme. Y podía decir: "Es que Mi compañero de vida aquí y Mi compañero de vida allá", mientras lloraba y lloraba; pero luego había momentos donde yo ya no entendía nada. Decía: "Yo aquí no entiendo nada. ¿De qué se trata esto? Yo ya no sé. Yo aquí me rindo. ¿Cuál es el camino? Pues la iglesia".

Cuando inicié mi preparación en el catecismo para poder hacer mi primera comunión; sólo recibía información y pensaba que así era la vida, sin más cuestionamientos. No me preguntaba nada en aquel entonces. Así estaba aconteciendo. Para mí sólo era sacar buenas calificaciones, acatar las órdenes en mi casa y si hacía esto me iba a ir bien en la vida. Pero ahora de grande, la iglesia parecía una buena opción para entender todo aquello que me agobiaba.

En mis inicios de matrimonio y cuando tuve a mis hijos, Natalia y Alan, íbamos a retiros organizados por la iglesia de la comunidad cercana, asistíamos a misa los domingos, pero siempre me faltaba algo, esos cuestionamientos de ¿por qué tanto miedo en mí? y ¿por qué esos ataques de ansiedad? Entonces íbamos a misa, pero había algo dentro de mí que no me checaba. Algo que no hacía clic conmigo o me chocaban. En general no me estremecían. En una ocasión fuimos a un retiro de silencio religioso. Estando frente a una biblia, entra el aire fuertemente y se abre el libro dejando abierta una página. Me detuve a leerlo y decía: "La vida es eterna". Ese fue el primer momento que sentí cómo me estremeció la información.

De ahí en fuera, la religión terminó siendo algo que no logró impactarme, a diferencia de Mi compañero de vida que sí comenzó a ser su bastón fuerte. Yo lo veía y decía: "Wow, realmente sí lo está cambiando, sí le está ayudando". Mi compañero de vida se mete profundamente con la predicación de jóvenes. Comienza a predicar con los jóvenes y comienza a meterse muchísimo en el tema de la religión. Mi compañero de vida los viernes tenía que ir a dar su predicación e incluso trabajar hasta los domingos. En este punto le tuve que decir: "A ver, o le paras a tu carro o le paras. Porque aquí en la casa sigues con tu neurosis con los niños y allá afuera con tu predicación: ¡no hay congruencia!". Yo decía: "Qué incongruencia de este hombre". Y ahora con mi fuerza y seguridad pude exigirle y le dije: "Aquí te alineas o te alineas". Porque de lunes a domingo estás con la iglesia y la casa la estás descuidando. A raíz de eso, él ya le bajó como tres rayitas.

El tiempo pasó y existió un evento muy fuerte en mi vida: nos hicieron un fraude financiero que nos movió todo. Era agobiante lo que vivíamos. Mi compañero de vida estaba desesperado y al límite. Se nos vino el mundo encima; la persona que nos hizo el fraude (que por cierto hoy en día la bendigo todas las noches, a él y a su familia) se desapareció con nuestros ahorros y con los ahorros de las personas que más queríamos y que confiaban en nosotros.

El fraude fue hace doce años. Invitan a Mi compañero de vida a participar en una inversión muy atractiva y comienza a invitar a más personas (familiares y amigos). Todo iba muy bien hasta que un día, comencé a ver a Mi compañero de vida muy raro, preocupado, tenso. Sentía la energía de Mi compañero de vida, veía que hablaba por teléfono, que se iba al jardín a hablar, pero no me decía nada, tratando de no angustiarme, hasta que de repente comenzaron a llamarme las personas que habían metido dinero también al negocio. En una ocasión fui a la tienda por los víveres de la casa, y no pasó la tarjeta bancaria, lo cual se me hizo muy raro, regresé a la casa, me topé con un estado de cuenta de la tarjeta de crédito y estaba hasta el tope de deuda, debiendo 350,000 pesos de dinero que Mi compañero de vida sacaba para poder hacer frente a los gastos. En mi casa nunca me he preocupado por el dinero, de hecho, hasta la fecha no me preocupo, siempre he tenido la confianza de que no nos falte lo necesario. Mi compañero de vida era el encargado de administrar nuestros recursos (y lo sigue siendo), en ningún momento le he perdido la confianza, además, aunque el fraude se lo hicieron a él, siempre le digo que nos lo hicieron a los dos y que yo estaré con él en las buenas y en las malas y que saldríamos de esta sí o sí.

Al darme cuenta de que algo no estaba bien financieramente, hablo con Mi compañero de vida y le pregunto: "¿Qué estaba pasando?". Él totalmente minimizado, hecho pedazos, desesperado, volviéndose loco, queriendo encontrar una solución y diciéndome que su intención era que nosotros tuviéramos una mejor calidad de vida, pero que la persona no estaba respondiendo y que no le estaban regresando nuestro dinero ni el de nuestros conocidos.

Yo me preguntaba: "¿Por qué me está pasando esto a mí? ¿Qué hice para merecer esto?". Eran noches sin dormir, pensando si nos pagaría la persona que había invertido el dinero en diferentes negocios. Después de demandarlo, ir y venir, esperando a que nos pagara, caímos en cuenta que eso no pasaría. Un día que salimos a darle la vuelta al coto para tomar aire, buscar opciones de solución, ventilar los pensamientos y Mi compañero de vida me dijo: "Rous, tenemos que ver esta situación como si hubiéramos realizado una inversión, que llegó una helada y se perdió todo". Era muy desgastante el estar deseando que nos devolvieran el dinero la persona que se lo llevó. De esta experiencia puedo decir que lo que más miedo me dio, fue todo lo que sentía hacia la persona que nos había hecho el fraude. Nunca había sentido algo tan feo por alguien. Me salía como fuego, enojo y rabia que no sabía que existía en mí, se me hacía algo injusto. Estuvimos en terapia con Rosa Pérez, quien nos ayudó muchísimo. Ella nos decía: "No se enganchen en la situación; el dinero no va a regresar de con la persona que les hizo el fraude. Suéltenlo, el dinero regresará de otro lado". Yo estaba enojada y quería que él nos regresara el dinero, era nuestro dinero, que habíamos hecho con nuestro trabajo, fue un desgaste emocional y físico total.

Decidimos hablar con mi papá y contarle lo que estábamos pasando porque yo quería regresar a todos su dinero y que no se vieran afectados; cuando hablamos con mi papá sobre todo lo sucedido, él me dijo: "Ahí está todo lo que tengo. Lo que necesites". Fue un acto de amor inmenso de mi papá, él no suele ser así, de hecho, al siguiente día en la mañana me marcó y me volvió a decir: "Rosita, ¿qué necesitas?,

¿qué requieres que se haga?, ¿cómo le hacemos?". Recuerdo que pensé: "Mi papá sí me quiere", lloré y lloré, por la manera en que mi papá había reaccionado. Hipotecamos una casa y pagamos a todos los que le habían dado dinero a Mi compañero de vida, nos quedó una hipoteca de veinte años con una mensualidad altísima, pero ya podíamos dormir tranquilos porque nuestra gente ya tenía su dinero de vuelta.

En ese tiempo yo estaba trabajando en seguridad financiera y Mi compañero de vida, además de estar trabajando en una empresa cementera, entra a trabajar a una financiera, empezamos a pagar la hipoteca, a generar ingresos, a trabajar como locos, y dentro de la financiera metíamos nuestros ahorros para que nos generara un rendimiento del dieciocho por ciento anual y que de ahí saliera la mensualidad de la hipoteca, pero pues resulta que: ¡sorpresa! ¡Un nuevo fraude! El responsable de la financiera se declara en quiebra y reporta que se había perdido el dinero, nos dejó totalmente en ceros, no podíamos creerlo. Se metió demanda y el abogado que pagamos entre todos los afectados encarceló a quien fue el responsable del acto, aún sigue en la cárcel, pero no pagó nada a nadie. Otro balde de agua fría, perdimos de nuevo todos nuestros ahorros; nos quedamos con la hipoteca y los gastos del día a día.

Para terminar de aderezar el pastel de estrés, a los pocos meses liquidan a Mi compañero de vida de la empresa cementera, y se queda totalmente desempleado, así que su liquidación se nos fue como agua.

No podía creer lo que estaba pasando. ¿Cómo era posible que nos estuviera pasando otra vez? Sentía un peso en la espalda que no podía dormir, era demasiado agobio, siempre positivos y con mucha fe en Dios de que íbamos a salir de nuevo de esta situación, pero Mi compañero de vida metía y metía currículums y nada. Empecé a trabajar sin descanso, como desquiciada por la presión que tenía encima.

Y otra vez las preguntas que me acechaban: "¿Qué hice para merecer esto? ¿Por qué me pasa esto? Por favor, ¡que alguien me lo explique! ¿Qué he hecho yo de malo?". Sentía una depresión horrible. No podía dormir. Noches de infierno y ansiedad impresionante.

Mi compañero de vida había conseguido un trabajo que no alcanzaba para las colegiaturas de los niños. Pasaban los días y los gastos estaban constantes, aunque recortamos el gasto familiar al mínimo, estábamos al borde. En ese momento pusimos en venta la casa, pero no se vendió; la pusimos en renta y a los diez días ya estaba rentada.

Al sacar mis cosas de la casa para cambiarnos a una que medía la mitad de donde estábamos, sentía una inmensa tristeza, pero al cerrar la puerta me dije: "Vamos a regresar a nuestra casa". Algo muy coincidente fue que la casa a la que nos cambiamos tenía la misma distribución que la nuestra, hasta la misma piedra de la entrada; pero todo a la mitad.

Nuestros hijos no eran ajenos a todo lo que estábamos viviendo. Ellos tuvieron estragos de lo que se experimentaba en casa. De la escuela de Alan nos marcaron porque se peleaba con sus compañeros. La terapeuta de la escuela nos pidió que le mandáramos un cojín pequeño para que, cuando tuviera esos arranques de frustración, pudiera desahogarse en el cojín. De Natalia también nos marcaron de la escuela para ir a platicar con la maestra porque se dispersaba en clases. Mi compañero de vida era neurótico y con todos estos problemas los niños eran su blanco. Yo trataba de intervenir, pero también le tenía miedo a Mi compañero de vida en esos momentos. Finalmente, de niña viví la neurosis de mi papá, y de grande atraje a un esposo con el mismo tema; en los momentos de explosión de Mi compañero de vida, yo era como otra niña en casa. En muchos momentos de mi vida me he preguntado:

¿Por qué no llegas a esta vida con un manual amarrado bajo el brazo donde te digan qué tienes que hacer sobre cómo funciona la vida? ¿Por qué vives sólo aquello que te va tocando? ¿Por qué no importa el hecho de que, si eres buena y haces todo lo que te dicen, aun así, las situaciones que vives no son las mejores? Le hacen el fraude a Mi compañero de vida, tengo un esposo neurótico, me siento triste, estoy medicada, caminando sin saber a dónde. Y con la esencia del hacer, hacer y hacer.

A pesar de todo, y así sin más ni más, nos enfocamos en salir adelante, en recuperarnos y salir de esta situación. Mi compañero de vida en lo suyo y yo en lo mío, con trabajo y gracias a Dios, todo empezó a caminar de una hermosa manera. Me empezó a ir muy bien, de hecho, le pedí a Mi compañero de vida que se metiera a apoyarme de lleno en 2019 por situaciones que se dieron que me llevaron a esto.

Además, llegó a mi vida una persona, que en paz descanse, que impactó mi forma de trabajar y me llevó a hacerlo de una forma diferente. Empiezo a salir de mi cueva, mi cuarto. Tuve un cambio radical en mi vida. Él era de los top. Él me *decía:* "Es que eres bien picuda", pero yo no lo veía ni lo creía. Y a raíz de todos estos tips, comencé a generar ingresos de manera extraordinaria, y en un mes llegó la comisión que necesitaba para liquidar la hipoteca de mi casa, y un viaje en crucero en el que conocí a mi queridísima Ariadna.

Pudiera seguir escribiendo más y más de mi historia, sin embargo, creo que queda claro mi nivel de ansiedad con el que vivía la vida y que siempre he estado en la búsqueda de por qué acontece lo que acontece, pero lo que he comprendido es que todo empieza y termina con uno mismo, y que la respuesta es que no hay respuesta. Parto de aceptar lo que sucede y seguir el instante que la vida nos pone, aquí está el reto, y puedo expresar que es tener la disposición de entrenar la mente para que recuerde en esencia lo que se le olvidó realmente ES. Comprendo que LA VIDA misma se está experimentando.

El encuentro y el libro

A: Fue en abril de 2017 cuando, muy emocionada por subirme por primera vez a un crucero, tuve la fortuna de coincidir con Rous. La magia y la energía que sentimos era muy intensa porque no parábamos de hablar como si nos conociéramos de años.

Cada una con sus diferentes historias, nos encontramos en medio del mar para comenzar una nueva historia. Con el paso del tiempo, nos dimos cuenta de que teníamos muchas cosas en común. Primero compartimos la profesión y más tarde la filosofía de vida. Nuestras coincidencias nos unían y nuestras diferencias nos fortalecían, haciéndonos mejores personas.

El cariño fue creciendo, a pesar de que no nos escribíamos ni veíamos mucho. En momentos clave e importantes, estuvimos apoyándonos y dándonos el consejo que más necesitábamos.

Hasta aquí, las dos llevábamos la vida como podíamos, con las creencias que heredamos de nuestra historia. Si bien nos iba bien en el trabajo, había ciertas áreas que no entendíamos bien. Así que, tanto Rous como yo, siempre nos caracterizamos por estar en una búsqueda constante de información para saber cómo solucionar nuestros problemas y llegar a la paz. ¡Ambas anhelábamos ser felices siempre! No nada más a veces, sino siempre. Yo quería tener buenos resultados siempre y ella también. Ambas buscábamos el sueño feliz como lo entendíamos en aquel entonces, porque algo dentro de nosotras decía que sí era posible. Por más libros y cursos que tomábamos, algo pasaba que, al aplicar la información recibida, no veíamos los resultados anhelados. "Debe de existir otra manera" era lo que nos mantenía en esa búsqueda de información.

Rous, ¿recuerdas cómo fue que comenzó a cambiar tu vida? *R*: Sí, lo recuerdo perfecto. Fue a partir de que tomé el curso de Neuroevolución. Tengo grabada la conversación que tuve con una amiga que es asesora, a quien quiero y admiro mucho, donde me escribió: "Oye, Rous, como escucho que te gusta este tipo de información, te comparto el curso llamado 'Neuroevolución', impartido por Pablo Merino. Deberías de ir. No dejes de ir". Y como ella es una persona muy exitosa en mi giro profesional, entonces sin pensarlo me inscribí. No sabía a lo que iba, ni de qué se trataba. Ese primer día del curso, simplemente yo no entendía nada; pero me vibraba desde la punta del pelo hasta la punta del pie cada vez que escuchaba la información que nos era impartida. El maestro daba los conceptos y, al explicarlos, mi cuerpo vibraba. Se me ponía la piel chinita y decía: "¡Wooow! No sé qué sea esto, pero es por aquí". Me sentía viva, en lugar de triste.

Entonces tomé el curso de Neuroevolución, no sólo una vez, sino ocho veces. Cada vez que me daban la información, la podía comprender mejor. Y alguna vez me dijeron que a Dios no se le conoce, sino que se le comprende. Entonces yo sentía que cada vez comprendía más.

Desde la primera vez que tomé el curso, no dudé en invitarte.

A: En mi caso, yo también recuerdo que cuando tomé el curso no entendía nada. Mi cabeza estaba por explotar por toda la información tan diferente que me estaban dando. No entendía mucho; hasta que, por fin, el segundo día pude salir con una idea clara.

R: Para mí fue una transformación radical. A inicios de mayo del 2018, después de tomar el curso, decidí dejar de ingerir el tratamiento que tenía contra la ansiedad y depresión. Llevaba seis años de manera continua y decidí dejarlo de un día para otro, así, sin más ni más. Fue muy difícil para mí atravesar esa desintoxicación de medicamento.

Ari: Sí recuerdo que fui a tu casa para ayudarte con técnicas de respiración.

R: Ah, pues justo ahí me llegó la idea de que escribiríamos un libro juntas. Cuando terminamos la técnica, me recosté y, mientras me cobijaba, lo supe.

A: Sí, recuerdo que me lo dijiste y en ese momento me pareció muy padre la idea, pero ahí no concretamos nada. De hecho, lo olvidé. Pasó el tiempo y en octubre de 2021 me llegó la idea de reunirnos para evaluar la opción de hacer un pódcast. Por una u otra razón, no pudimos reunirnos en noviembre ni en diciembre de ese año; pero cuando comenzamos el 2022 por fin retomamos el tema y nos reunimos en un cafecito. Como teníamos rato sin platicar y sin vernos, conversamos de todo, menos del pódcast.

R: Sí, yo pensé que ya me había salvado; pero tú volviste a pedirme que nos volviéramos a reunir; y así lo hicimos a los 15 días para retomar el tema.

A: Fue el 18 de enero de 2022 cuando, platicando sobre los temas del pódcast, te dije en voz alta: "Rous, con estos temas no podemos hacer un pódcast, sino más bien un libro", a lo que Rous sólo sonrió y recordó el pensamiento que había tenido aquella tarde recostada en la cama, después de la sesión de respiraciones.

R: Para mí siempre fue claro el mensaje de que escribiríamos un libro juntas.

A: Y justo en ese café yo también lo recordé.

2ª
Parte

ACERCA DE *UN CURSO DE MILAGROS*

Nuestro libro favorito, UCDM, maneja muchas palabras tomadas de la religión católica-cristiana que no significan lo que normalmente nos enseñaron de niñas. Al ser este libro tan importante para nosotras, utilizaremos muchas de sus palabras en la explicación de las dos visiones y en nuestra charla. Por ello, la intención de compartir este apartado es que tengas claridad a la hora de leernos más adelante y sepas a qué nos referimos. Palabras como Dios, Espíritu Santo, pecado, perdón, etc., quizás tú ya tengas un significado para ellas (como lo aprendimos en un diccionario y en la sociedad); sin embargo, es importante decirte que existe otra manera de percibirlas. Primero te platicaremos cómo llegó el libro a nuestras manos y después compartiremos los principales conceptos.

A: ¿Cómo fue que el libro de *Un Curso de Milagros* llegó a tu vida?

R: Me llegó ocho veces. Lo rechacé siete porque no le entendía. Tomaba el libro, lo leía y decía: "¿De qué se trata esto?". Hasta me dolía la cabeza. Pensaba: "¿Cómo que sólo veo mis pensamientos?". Me cuestionaba, lo leía, lo cerraba y aventaba. Y luego me volvía a llegar. La vida te va dando experiencias y, de acuerdo con tu nivel de consciencia, es la forma en cómo reaccionas a ellas. Por decir "nivel de consciencia" porque realmente no hay niveles. ¿Cómo saber si estás en el 6, el 7 o en el 10?

Recuerdo que en una ocasión invitaron a una asesora colega a la oficina y, al momento de estar escuchando su voz, me inspiró mucho. Pensé: "Esta chava tiene algo". Más tarde me enteré de que practicaba *Un Curso de Milagros* y me invitó a su casa a comenzar a leerlo juntas y con otros compañeros. Acepté y mi esposo también se apuntó. Así que comenzó a explicarnos, y quedamos en reunirnos en diferente casa cada semana. Llegué a ir a la casa de una señora experta en el tema, pero después ya no fui, lo solté y adiós, bye.

Posteriormente, me ocurría que, a donde volteara, casi casi se me aparecía el libro.

El colmo fue cuando, en la octava vez, en Facebook me apareció que iban a dar el curso mis amigos Frida y Juan Pablo Godínez. Ahí fue cuando dije: ¡Ya! Con gente que confías que es puro amor. Era presencial y cuando llegamos fue muy claro lo que dijo Juan Pablo: "No necesitas entender, sólo necesitas disposición. Tú dale".

Mi mente racional me decía: "¿Cómo vas a leer algo que no entiendes?". Yo quería volverlo a leer, subrayar y entender cada parte del libro. Pero no funciona así.

Hellen, quien recibió y escribió la información del libro, era escéptica de creer en Dios. Aun así, ella sirvió de canal para escribirlo; ella menciona que Jesús es el que está hablando a través de ella. Que nada que ver con la religión, sino que, de hecho, es al revés. Mismas palabras, pero con interpretación totalmente diferente. Cuando lo lees te das cuenta de que la información se vale por sí misma.

Y así es como comienzo a leer *Un Curso de Milagros*.
¿Y a ti cómo te llegó?

A: Yo lo conocí en la universidad. Fui a una sesión presencial, no le entendí mucho y lo dejé.

R: Pero ¿cómo te llegó?

A: No recuerdo. Sólo sé que me dijeron que tenía que comprar el libro y así lo hice sin pensar. Pero no sé quién me lo recomendó, ni tampoco sé por qué no le seguí. Me imagino que se me hizo cansado, raro y por eso lo dejé.

Después, en unos años, lo vi en mi librero, lo comencé a leer, lo subrayé y, a pesar de que se me hizo interesante, nuevamente no sé qué pasó, que no terminé ni el primer capítulo. Digo que se me hizo interesante por lo subrayado y mis notas. Pero creo que se me hacía demasiado denso para leerlo.

No lo sentía un libro fácil de leer, sino más bien cansado.

Pasó mucho más tiempo sin saber del libro, hasta que tú me dijiste que ibas a comenzar a leerlo y, como eres una persona valiosa para mí, consideré tu recomendación bastante pertinente y entonces compré una aplicación donde vienen las lecciones por día.

Ya sabes cómo soy de disciplinada, así que yo muy aplicada mi rutina diaria er*a*:

- Escuchar en YouTube 10 minutos diarios de teoría
- Escuchaba la lección del día también en YouTube para aplicarla
- Escuchaba a Jorge Pellicer, facilitador de UCDM, para la explicación de la lección del día

Eran como 20 o 30 minutos diarios. Y hasta la fecha es algo que hago, nada más que ya no escucho a Pellicer. Durante la mañana escuchaba de forma bastante desprendida; yo creo que esto ayudó a ir asimilando cada vez mejor. La verdad, no pensé que me fuera a clavar tanto y que fuera a hacer un parteaguas en mi vida. Ya llevo dos vueltas completas de 365 lecciones cada una.

R: Yo estoy en la cuarta vuelta (4 años).

En mi caso, recuerdo que también me llegó un diplomado que se llama "Prosperidad a través de la física cuántica". Y como llegó de una y mil formas, no había manera de decir que no. Así que, al tomarlo, era demasiada información; me dolía la cabeza y hasta ganas de vomitar me daban de tanto contenido que no comprendía, pero que sí me hacía sentido.

Con el diplomado me di cuenta de que, ahora, la ciencia empata con la espiritualidad. Todo es lo mismo, pero visto desde un punto diferente. Por eso he comprendido que todos los caminos llevan a lo mismo, a la Divinidad.

De hecho, me da risa que *Un Curso de Milagros* comienza diciendo que es un curso voluntario, pero obligatorio. Es decir, que será cuando la mente quiera tomarlo, pero es obligatorio porque en realidad la mente va a recordar lo que se le olvidó que era.

A: ¿Por qué te ha gustado tanto *Un Curso de Milagros*?

R: Ha transformado mi vida.

A: Creo que si nos quedamos leyendo el libro es porque obtuvimos información previa en Neuroevolución que nos ayudó a comprenderlo mejor. De hecho, diría que *Un Curso de Milagros* y Neuroevolución es lo mismo, pero el libro te lo va dando de poco en poco para que lo vayas asimilando y practicando con el pasar del tiempo. Para mí, *Un Curso de Milagros* ha sido un instrumento para recordarme quién soy y saber identificar la locura que existe en la mente. En muchas ocasiones he pensado: "¿Cómo es posible que no me haya dado cuenta de semejante demencia de pensamientos?".

Recuerdo que cuando comencé el libro estaba saliendo con un arquitecto que me generaba emociones de nervios y miedo. Con el curso comprendí que nada de lo que veo tiene significado, sino que soy yo quien se lo otorga. Por lo que pude dejar el miedo gracias a que aprendí a ver al otro como mi espejo. Entonces recuerdo que me decía: "Ari, ¿por qué te pones así con él? Él eres tú. Conócelo. ¿Por qué le temes?, ¿cuál es el tema? ¿Por qué te pones así de estresada por hablar con él? Si él no significa nada. Es conocerte a ti misma. Es como si entablaras una conversación contigo misma".

Gracias a esta comprensión, logré quitar mis miedos y verlo como lo que era: una proyección de mí misma solamente.

Al llegar a esa comprensión, él se fue de mi vida. Y yo quedé tranquila.

He comprendido que las personas llegan a tu vida para enseñarte tu contenido mental. Si te quita la paz, lo perdonas y entonces la lección se completa.

R: Fuiste más a la paz por la observación.

Ahorita que hablas de que comprendiste que era conocerte a ti misma, en realidad sólo es una mente. No existe el cuerpo y no existe el mundo.

Claramente lo dice el libro. Te lo dice sin más ni menos. No es "voy a marearte poquito la píldora", no. Es como va: el cuerpo no existe y el mundo no existe. Sólo veo el pasado y nada de lo que veo en el mundo es real, sino que sólo es una percepción de la mente.

De hecho, al principio del libro te dice que, si tú logras comprender que nada irreal existe, que nada real puede ser amenazado, y que en eso radica la paz de Dios; entonces puedes cerrar el libro y continuar con tu vida.

Te habla que no es buscar un resultado en la forma. He comprendido que aparentemente hay una sociedad que nos ha inculcado que debemos lograr la meta para poder sentirme exitosa. Sin embargo, he experimentado que, aunque lograba el objetivo, no sentía paz, seguía sintiendo ese vacío interno, por lo que el objetivo no está en la forma.

Un Curso de Milagros es muy claro con aquello que tiene forma y lo que no lo tiene. Te das cuenta de que vas por la vida siendo la paz que eres, y la vida se va desdoblando físicamente de una mejor manera. Muy mágico.

Porque podría decirte: ¡Sí! Me gusta UCDM porque, al aplicar la información ahí aprendida, me hizo ganar grupo 0 en mi compañía (máximo de ingresos), gran diamante (máxima clasificación anual de asesor en el país), tengo el carro, etc., pero no es así. Es decir, sí he logrado todo eso, pero no es el fin. Es más bien comprender que afuera es una ilusión, y que mis cinco sentidos es lo que me hace ser humana. En realidad, es generar consciencia en lo que YO SOY. El Yo Soy es la respuesta. Como abundancia interna. Re-conocerte, de recordar quién eres. De regreso otra vez a nuestra esencia.

Pero no desde la forma física.

De hecho, un milagro (según UCDM) no es en la forma física tampoco. No es "Ay, que Dios me haga el milagrito y me gane la lotería". En realidad, el milagro es darte cuenta de que lo que estás viendo afuera es resultado del pasado, y lo que estás viendo ahí ni siquiera es.

Y yo me preguntab*a*: "¿Cómo? ¿Nada de lo que estoy viendo afuera es real?". Es correcto. Todo. Hasta tu mismo cuerpo no es real.

¿Tampoco Rosa?

Tampoco porque no existe el cuerpo ni el mundo.

Es comprender, aunado con la física cuántica, que la vida es una ilusión óptica. Y lo dijo Einstein.

Entonces, *Un Curso de Milagros* es una comprensión de lo que YO SOY. Literalmente, YO SOY.

Y tu ego (falsa identidad) te dice a través de tus pensamientos: "¿Cómo es imposible que tú y todo lo que ves físicamente pueda ser una ilusión?".

Y UCDM te dice: "ES UNA ILUSIÓN".

Una ilusión es falsa, irreal, cambiante, diferente, incierta y ¡es la locura!

¿Acaso no es así el mundo que ves?

¡Por eso es la ansiedad de la incertidumbre, de que no sabes lo que va a pasar! Porque no tenemos control de nada, sólo el libre albedrío de elegir cómo lo vemos: si desde el amor o el miedo.

Pero el ego, que es el sistema de pensamiento y creencias, tiene aturdida a la mente. De hecho, una lección del libro es: "La mente está aturdida por pensamientos del pasado".

¿Qué es lo que sucede? Es desde la comprensión que ahora sé que los pensamientos simplemente llegan, darles la bienvenida, dejarlos pasar, entregarlos a la Divinidad que nos sostiene y recordar la paz que soy.

Tú, ¿cómo lo aplicas en la vida diaria?

A: Me guío mucho por lo que siento y así voy descubriendo los pensamientos que están detrás de mis emociones. Y luego voy empatando con lo que me dice *Un Curso de Milagros.*

Si descubro que estoy culpando al de enfrente, me recuerdo que en realidad no hay nadie afuera. A mí me ha ayudado mucho en el tema emocional. El descubrir las razones de por qué no estoy feliz y plena. Y cualquier cosa que llegue a mi mente, no hay pretexto para no estar en esa paz.

R: Yo cuando estoy en el campo de batalla, me agarra el drama, pero "me tardo menos" (entre comillas porque no existe el tiempo) en salir de esta dinámica. Simplemente lo observo y lo entrego.

Y las personas se preguntarán: "Oye, ¿y si tomo *Un Curso de Milagros* ya no me voy a enfermar, ni a morir?". Y la respuesta es: la vida seguirá pasando, no tenemos control de nada.

Un Curso de Milagros te dice que sólo hay un plan que tendrá éxito para la salvación y es el plan de Dios. Múltiples formas físicas, pero todos los caminos conducen a la unicidad.

A: Flojita y cooperando.

R: Sí, y la vida te va poniendo el camino.

¡Ojo con el fanatismo!, porque el libro de UCDM también tiene forma, es un "librito" azul. Si se te quita la paz porque no hiciste la lección, otra vez vuélvete a observar y pregúntate ¿Qué te está quitando la paz?

A: ¡Claro!, lo único que importa es la paz que sientes en el momento presente. No hay más.

R: Expando el amor de Dios que me ha llegado a través de la información, porque he comprendido que Dios es información.

Un Curso de Milagros te dice que todo lo que das es lo que recibes. Y si todo es un pensamiento, y yo estoy brindándolos, entonces soy yo quien está sintiendo el valor de ellos.

También comenta que no hay maestros, sino sólo el Espíritu Santo, que es esa parte de ti que está en conexión con la verdad.

A: Yo, cada que algo me quita la paz, el libro me brinda herramientas para entender, desde otro punto de vista, el motivo de por qué no la tengo; y cómo encontrarla donde SÍ ESTÁ.

Porque el curso claramente te dice: "No busques la felicidad donde no está".

El libro ha sido un buen compañero, porque gracias a su información me ayuda a salir más rápido de los problemas. Simplemente al afirmar que, de hecho, no hay problemas.

R: Sí. La promesa es que estaremos en esa unidad con Dios, que ya estamos, pero que lo viviremos de forma consciente.

Aquí la invitación es a perdonar y recordar que mi único propósito es recordar el amor que soy. Yo estoy encantada por todo lo que me ha servido.

Invito a las personas a que lo experimenten.

Los conceptos son como personajes dentro de una obra de teatro, que, como bien saben, siempre hay un lado oscuro (el malo, el problema) y, por otro, la luz (el héroe, la solución).

Con el manejo de conceptos es muy similar.

Por un lado, tenemos a los conceptos del miedo y, por otro lado, los del amor.

Miedo:	Amor:
La separación	Dios
El mundo	Lo verdadero
La percepción	El cielo
El ego	La creación
La proyección	El espíritu
Las fantasías	La santidad
Los juicios	La voluntad de Dios
Los ídolos	La salvación
La culpa	**HERRAMIENTAS**
El otro	El Espíritu Santo
	La visión
	El perdón

Primero expondremos con nuestras palabras la explicación de los conceptos arriba señalados, y después los conceptos tal cual vienen en el apartado de clarificación de términos del libro UCDM.

¿Por qué es tan importante conocerlos y entenderlos?

Porque la manera en cómo los usamos no tienen el significado que en la escuela o diccionario nos enseñaron, sino que nos invitan a ver las cosas de otra manera, misma que nos lleva la paz.

Simplemente con tener claridad de conceptos, nos da un aliento de paz.

Conceptos de UCDM
desde la perspectiva de Rous Y Ari

» **Dios**

Dios es la única causa.

Dios es amor, y al ser amor, es también felicidad.

Dios es lo que yo deseo y no puedo fracasar, porque lo que busco es lo que soy, lo que me pertenece y es la verdad.

Dios no es cruel y ni Dios ni su hijo, pueden herirse a sí mismos.

Lo que Dios da siempre ha sido.

» **Lo verdadero**

Todo lo que es verdadero, es eterno, y no puede cambiar ni ser cambiado.

Lo único que existe es la verdad.

Lo único que la mentalidad recta puede ver es perfección.

Sólo lo que Dios crea, o lo que tú creas con la misma voluntad, existe realmente.

Lo que es verdaderamente bendito, no es susceptible de ser alterado debido a la plenitud de la que goza. La verdad es inalterable, eterna e inequívoca. Es posible no reconocerla, pero es imposible cambiarla. Esto es así respecto a todo lo que Dios creó, y sólo lo que Él creó es real. Cualquier intento de negar lo que simplemente es, tiene necesariamente que producir miedo; y si el intento es fuerte, producirá pánico.

» El espíritu

El espíritu ya es perfecto, y por lo tanto no requiere corrección. El espíritu es inalterable, porque es perfecto.

» La creación

La creación es plena.

Si bien, en la creación de Dios, no hay carencia, en lo que tú has fabricado es muy evidente. De hecho, esa es la diferencia fundamental entre lo uno y lo otro. **La idea de carencia implica que crees que estarías mejor en un estado, que de alguna manera fuese diferente, de aquel en el que ahora te encuentras.**

» La Santidad

La santidad se refiere a un estado de compleción y abundancia (que ya tenemos).

En la paz de Dios no necesito nada ni pido nada. Lo pleno no tiene forma, porque es ilimitado.

Buscar una cosa o persona especial para añadir a lo que tú eres, y alcanzar así la compleción, sólo quiere decir que crees que te falta algo, y que crees que una forma física puede proporcionártelo, y que, al encontrarla, encontrarás tu compleción en una forma que a ti te gusta (lo cual es un error de pensamiento).

» La voluntad de Dios

La voluntad de Dios es lo único que existe y su voluntad es que tú eres su hijo. Si niegas esto, niegas tu propia voluntad y, por lo tanto, no puedes saber lo que es. Negar equivale a no saber.

Debes preguntar: **¿Cuál es la voluntad de Dios? Respecto a todo.** Porque su voluntad es también tu voluntad.

Tú no sabes, pero puedes preguntarlo al Espíritu Santo y Él te dirá.

No hay confusión alguna en la mente de un hijo de Dios, cuya voluntad no puede sino ser la voluntad de su padre. Toda vez que la voluntad del padre es la de su hijo.

Si eres la voluntad de Dios, y no aceptas su voluntad, estás negando la dicha.

Todo placer real procede de hacer la Voluntad de Dios. Esto es así porque no hacer Su voluntad es una negación del Ser. La negación del Ser da lugar a ilusiones, mientras que la corrección del error nos libera del mismo.

Si lo que la voluntad de Dios dispone para ti es paz y dicha absoluta, y eso NO es lo único que experimentas, es que te estás negando a reconocer su voluntad.

Su voluntad no fluctúa, es eternamente inmutable.

Al creer que tu voluntad está separada de la de Dios, te excluyes de su voluntad que es lo que eres.

Cuando no estás en paz, eso se debe únicamente a qué crees que no estás en Dios. Mas Él es el todo en todo. Su paz es absoluta y tú no puedes sino estar incluido en ella. Sus leyes te gobiernan porque lo gobiernan todo. No puedes excluirte a ti mismo de sus leyes, si bien puedes desobedecerlas. Si lo haces, no obstante, y sólo en ese caso, te sentirás solo y desamparado porque te estarás negando todo.

El que tu voluntad sea estar completo, es la voluntad de Dios, y por tal razón se te concede. Pero Dios no sabe de formas. Él no te puede contestar utilizando términos que no tienen sentido. Y tú voluntad no se puede satisfacer con formas vacías, concebidas exclusivamente para llenar una brecha que no existe.

Crees que hacer lo opuesto a la voluntad de Dios va a ser más beneficioso para ti. Crees también que es posible hacer lo opuesto a la voluntad de Dios, por lo tanto, crees que tienes ante ti una elección imposible, la cual es temible y deseable.

Dios dispone, no desea.

Recuerda, pues, que:

La voluntad de Dios es posible ya que nada más lo será nunca. En esto reside la simple aceptación de la realidad, porque sólo eso es real. No puedes distorsionar la realidad y al mismo tiempo saber lo que es. Si la distorsionas, experimentarás ansiedad, depresión y finalmente pánico, pues estarás tratando de convertirte a ti mismo en algo irreal.

Cuando sientas esas cosas, no trates de buscar la verdad fuera de ti mismo. La verdad sólo puede encontrarse dentro de ti.

La verdad es la voluntad de Dios. Comparte su voluntad y estarás compartiendo su conocimiento.

Niega que su voluntad sea la tuya y estarás negando su reino y el tuyo.

» La separación

La separación es la negación de la unión.

Antes de la "separación", no se carecía de nada. No había necesidades de ninguna clase. Las necesidades surgen debido únicamente a que tú te privas a ti mismo. Actúas de acuerdo con el orden particular de necesidades que tú mismo estableces. Esto, a su vez, depende de la percepción que tienes de lo que eres.

La única carencia que realmente necesitas corregir es tu sensación de estar separado de Dios.

Esa sensación de separación jamás habría surgido si no hubieses distorsionado tu percepción de la verdad, percibiéndote a ti mismo como alguien necesitado.

Lo único que es real es el amor de Dios y es lo único que puede satisfacerle a un hijo de Dios.

Los que creen en la separación tienen un miedo básico a las represalias y al abandono. Creen en el ataque y en el rechazo, de modo que eso es lo que perciben, lo que enseñan y lo que aprenden.

Estas ideas descabelladas son claramente el resultado de la disociación y la proyección. Pero es evidente que puedes enseñar incorrectamente, y, por consiguiente, enseñarte mal a ti mismo.

Somos de una misma mente, y esa mente es nuestra. Contempla sólo esa mente en todas partes y en todas las cosas. Dicha mente lo es todo porque abarca a todas las cosas dentro de sí.

Eres bendito en la medida en la que percibas únicamente esto, porque estás percibiendo únicamente lo que es verdad.

Ama a Dios y a su creación.

Sólo puedes apreciar a la afiliación como una sola. Esto es parte de la ley que rige a la creación y, por lo tanto, gobierna todo pensamiento.

Tu mente está dividiendo su lealtad entre dos reinos, y tú no te has comprometido completamente con ninguno de ellos. Tu identificación con el reino de Dios es incuestionable, y sólo tú pones en duda este hecho cuando piensas irracionalmente.

Curar es brindar plenitud. Curar es unirse a los que son como tú. Percibir esta semejanza es reconocer al Padre. Si tu perfección reside en Él, y sólo en Él, ¿cómo podrías conocerla, sin reconocerlo a Él?

Reconocer a Dios es reconocerte a ti mismo. No hay separación entre Dios y su creación.

Te darás cuenta de esto cuando comprendas que no hay separación entre tu voluntad y la de Dios. Deja que el amor de Dios irradie sobre ti, sobre tu aceptación del Espíritu Santo. La realidad de Dios es tuya y suya. Cuando unes la mente a la suya, estás proclamando que eres consciente de que la voluntad de Dios es una. La unicidad y la nuestra no están separadas porque su unicidad incluye la nuestra. Unirte a Dios es restituir su poder en ti, toda vez que es algo que compartimos. Tener el reconocimiento de su poder, en ti, allí radica toda la verdad.

» La mente

La mente puede elegir a quien desea servir, el único límite es que no puede servir a dos amos. La mente, si así lo elige, puede convertirse en el medio a través del cual el espíritu crea en conformidad con su propia creación. De no elegir eso libremente, retiene su potencial creativo, pero se somete a un control tiránico en lugar de uno autoritativo. Como resultado de ello, aprisiona, pues tales son los dictados de los tiranos.

Cambiar de mentalidad significa poner tu mente a disposición de la verdadera autoridad.

Si una mente percibe sin amor, percibe tan sólo el armazón vacío y no se da cuenta del espíritu que mora en él.

La mente NO puede hacerse daño a sí misma. Las creaciones falsas de la mente, en realidad no existen.

Es importante pedir discernimiento, porque la mente no puede discernir. No necesito hacerlo yo, el espíritu santo lo hará por mí:

Espíritu Santo, te entrego este instante porque mi mente no tiene la habilidad. Muéstrame la verdad.

La mente es demasiado poderosa como para estar sujeta a ninguna exclusión. Nunca podrás excluirte a ti mismo de tus pensamientos.

Sólo tú puedes limitar tu poder creativo, aunque la voluntad de Dios es liberarla. No es su voluntad que te prives a ti mismo de tus creaciones, de la misma manera en que no es su voluntad privarse a sí mismo de las suyas.

» **El pecado:**
El pecado es la idea de que te encuentras solo y aparte de lo que es pleno.

» **El origen de los sistemas de pensamiento**
Del conocimiento y de la percepción surgen dos sistemas de pensamiento distintos que se oponen entre sí en todo.

En el ámbito del conocimiento no existe ningún pensamiento aparte de Dios, porque Dios y su creación comparten una sola voluntad.

El mundo de la percepción, por otra parte, se basa en la creencia en opuestos, en voluntades separadas y en el perpetuo conflicto que hay entre ellas y Dios.

Lo que la percepción ve y oye parece real porque sólo admite en la consciencia aquello que concuerda con los deseos del perceptor. Esto da lugar a un mundo de ilusiones, mundo que es necesario defender sin descanso, precisamente porque no es real.

Una vez que alguien queda atrapado en el mundo de la percepción, queda atrapado en un sueño. No puede escapar sin ayuda porque todo lo que sus sentidos le muestran da fe de la realidad del sueño.

Dios nos ha dado la respuesta, el único medio de escape: el Espíritu Santo.

» La percepción

El mundo de la percepción es el mundo del tiempo, de los cambios, de los comienzos y finales. Se basa en interpretaciones, no en hechos. Es un mundo de nacimientos y muertes, basado en nuestra creencia en la escasez, en la pérdida, en la separación y en la muerte. Es un mundo que aprendemos, en vez de algo que se nos da. Es selectivo en cuanto al énfasis perceptual, inestable en su modo de operar e inexacto en sus interpretaciones.

La proyección da lugar a la percepción. Primero miramos en nuestro interior y decidimos qué clase de mundo queremos ver; luego proyectamos ese mundo afuera y hacemos que sea real para nosotros tal como lo vemos.

No puedes ser consciente sin interpretar porque, lo que percibes, es tu propia interpretación. Lo que crees determina tu percepción.

Diferentes experiencias conducen a diferencias en las creencias, y, a través de estas, a diferentes percepciones. La percepción se construye sobre la base de la experiencia, y la experiencia conduce a las creencias. La percepción no se estabiliza hasta que las creencias se cimientan.

De hecho, pues, lo que ves es lo que crees.

» La proyección

El propósito fundamental de la proyección es siempre deshacerse de la culpabilidad.

Proyectas la culpabilidad para deshacerte de ella, pero en realidad estás simplemente ocultándola. Experimentas culpabilidad, pero no sabes por qué. La asocias con un extraño surtido de "ideales del ego" en los que, según él, le has fallado. Sin embargo, no te das cuenta de que a quien le estás fallando es al hijo de Dios al considerarlo culpable. Al creer que tú ya no eres tú, no te das cuenta de que te estás fallando a ti mismo.

Repudias lo que proyectas, por lo tanto, no crees que forma parte de ti.

Te excluyes a ti mismo al juzgar que eres diferente de aquel sobre el que proyectas, puesto que también has juzgado contra lo que proyectas; continúas atacándolo porque continúas manteniéndolo separado de ti. Al hacer esto de manera inconsciente, tratas de mantener fuera de tu consciencia el hecho de que te has atacado a ti mismo, y así te imaginas que te has puesto a salvo.

La proyección, sin embargo, siempre te hará daño. La proyección refuerza tu creencia de que tu propia mente está dividida, creencia cuyo único propósito es mantener vigente la separación. La proyección no es más que un mecanismo del ego para hacerte sentir diferente de tus hermanos, y separados de ellos.

El ego justifica esto basándose en el hecho de que ello te hace parecer mejor que tus hermanos, y de esta manera empaña tu igualdad con ellos todavía más. La proyección y el ataque están inevitablemente relacionados, ya que la proyección es siempre un medio para justificar el ataque. Sin proyección, no puede haber ira. El ego utiliza la proyección con el sólo propósito de destruir la percepción que tienes de ti mismo y de tus hermanos.

El proceso comienza excluyendo algo que existe en ti, pero que repudias y conduce directamente a que te excluyas de tus hermanos. Hemos aprendido, no obstante, que hay una alternativa a la proyección. Todas las capacidades del ego se pueden emplear para un propósito mejor, ya que sus capacidades las dirige la mente, que dispone de una voz mejor.

El Espíritu Santo sencillamente la desvanece mediante el sereno reconocimiento de que nunca ha existido.

Sin proyección no puede haber ira. Sin extensión no puede haber amor.

Ley fundamental de la mente, y por consiguiente una ley que siempre está en vigor.

Es la Ley mediante la cual creas y mediante la cual fuiste creado. Es la ley que unifica el reino y lo conserva en la mente de Dios.

El ego percibe dicha ley como un medio para deshacerse de algo que no desea.

Para el Espíritu Santo es la Ley fundamental del compartir, mediante la cual das lo que consideras valioso, a fin de conservarlo en tu mente. Para el Espíritu Santo es la Ley de la extensión. Para el ego es la de la privación. Produce, por lo tanto, abundancia o escasez. Dependiendo cómo eliges aplicarla.

La manera en cómo eliges aplicarla depende de ti. Pero no depende de ti decidir si vas a utilizar la ley o no; toda mente tiene que proyectar o extender porque así es como vive. Y toda mente es vida. El uso que el ego hace de la proyección tiene que entenderse plenamente antes de que la inevitable asociación entre proyección e ira pueda por fin erradicarse.

» **El mundo**

El mundo que ves no es más que la ilusión de un mundo. Dios no lo creó, pues lo que Él crea tiene que ser tan eterno como Él. En el mundo que ves, no hay nada que haya de perdurar para siempre. Algunas cosas durarán en el tiempo más que otras, pero llegará el momento en el que a todo lo visible le llegue su fin.

Los ojos del cuerpo no son, por lo tanto, el medio a través del cual se puede ver el mundo real, pues las ilusiones que contempla sólo pueden conducir a más ilusiones de la realidad. Y eso es lo que hacen. Todo lo que los ojos del cuerpo ven no sólo no ha de durar, sino que, además, se presta a que se tengan pensamientos de pecado y culpabilidad. Todo lo que Dios creó, por otra parte, está siempre libre de pecado y, por ende, siempre libre de culpabilidad.

El conocimiento no es el remedio para la percepción falsa. La única corrección posible para la percepción falsa es la percepción verdadera. Esta no durará, pero, mientras dure, su propósito será sanar. La percepción verdadera se conoce por muchos nombres: el perdón, la salvación y la expiación. Todas son el comienzo de un proceso cuyo fin es conducir a la Unicidad que los trasciende a todos.

El mundo que vemos refleja nuestro marco de referencia interno: las ideas predominantes, los deseos y las emociones que albergan nuestras mentes.

» **La visión**

Puedes ver de muchas maneras debido a que la percepción entraña interpretación y eso quiere decir que no es íntegra ni consistente.

Cuando mires dentro de ti y veas amor, será porque habrás decidido manifestar la verdad. Y al manifestarla, la verás tanto afuera como adentro. La verás afuera porque primero la viste dentro.

Todo lo que ves afuera es el juicio de lo que viste dentro. Los inocentes no adolecen de una visión distorsionada. Los inocentes son aquellos que saben que nunca pecaron, porque nunca existió la separación. Lo que ves fuera de ti, si lo juzgas, será erróneo, pues tu función no es juzgar, sino más bien, perdonar la ilusión de separación. Recuerda, pues, que cada vez que miras fuera de ti y no reaccionas favorablemente ante lo que ves, es que te has juzgado a ti mismo como indigno y te has condenado a muerte.

Tienes miedo de Dios y del amor, porque miraste dentro de ti y lo que viste te dio miedo. Pero lo que viste no pudo haber sido la realidad, pues la realidad de tu mente es lo más bello de todas las creaciones de Dios.

Sólo el mundo real existe y es lo único que se puede ver: tu decisión determinará lo que veas. Y lo que veas dará testimonio de tu decisión.

Puedes ver de dos maneras: una de ellas te muestra una imagen o un ídolo al que tal vez veneres por miedo, pero al que nunca amarás.

La otra te muestra sólo la verdad, a la que amarás porque la entenderás. Entender es apreciar, porque te puedes identificar con lo que entiendes, y al hacerlo parte de ti, lo aceptas por amor.

» **El ego**

El ego es la parte de la mente que cree en la división, pero ¿cómo una parte de Dios podría separarse de él sin creer que lo está atacando?

Debajo de los cimientos del ego, se encuentra tu intenso y ardiente amor por Dios y el suyo por ti.

El ego está seguro de que el amor es peligroso, y esta es siempre su enseñanza principal.

Nunca lo expresa de este modo. Al contrario, todo lo que él cree que es la salvación parece estar profundamente inmerso en la búsqueda del amor, sin embargo, aunque alienta con gran insistencia la búsqueda del amor, pone una condición: que no se encuentre.

Sus dictados, por lo tanto, pueden resumirse simplemente de esta manera: "Busca, pero no halles".

Esta es la única promesa que él te hace y la única que cumplirá. Pues persigue su objetivo con fanática insistencia, y su juicio, aunque seriamente menoscabado, es completamente demente.

Forzado a separarse de ti, está dispuesto a unirse a cualquier otra cosa; pero no hay nada más. La mente, no obstante, puede tejer ilusiones, y si lo hace, creerá en ellas; porque creyendo en ellas fue como las tejió.

Algunas características del ego son:
- Piensa que los inocentes son culpables, y que los que no atacan son sus enemigos.
- Exige derechos recíprocos, ya que es competitivo en vez de amoroso.
- Sus decisiones son siempre erróneas, porque están basadas en el error de la separación.
- No interpreta correctamente nada de lo que percibe.
- Cuando el ego alcanza un objetivo, te deja insatisfecho, por eso es por lo que el ego se ve forzado a cambiar de un objetivo a otro; para que sigas abrigando la esperanza de que todavía te puede ofrecer algo.
- El ego es absolutamente incapaz de entender, porque no entiende lo que fabrica, ni lo aprecia ni lo ama. Incorpora a fin de arrebatar. Cree que cada vez que priva a alguien de algo, él se engrandece.

La mente siempre se reproduce tal como fue producida. El ego, que es un producto del miedo, reproduce miedo. Le es leal a este y esa lealtad le hace traicionar al amor porque tú eres amor. El amor es tu poder, que el ego tiene que negar. Tiene que negar también todo lo que este poder te confiere porque te lo confiere todo.

Nadie que lo tenga todo desea al ego. Su propio hacedor no lo quiere, por lo tanto, la mente que lo fabricó, si se reconociera a sí misma, lo único que podría encontrar sería rechazo y si esa mente reconociese a cualquier parte de la afiliación, se conocería a sí misma.

No trates de entenderlo, porque si tratas de entenderlo es que crees que se puede entender, y por lo tanto, que se puede apreciar y amar. Eso justificaría su existencia, la cual es injustificable. Tú no puedes hacer que lo que no tiene sentido, lo tenga. Eso no sería más que un intento demente. Si permites que la locura se adentre en tu mente, es que has juzgado que la cordura no es algo enteramente deseable; si deseas otra cosa, fabricarás otra cosa; pero, al ser otra cosa, atacará tu sistema de pensamiento y dividirá tu lealtad. En ese estado de división no te será posible crear y tendrás que ponerte alerta ante dicho estado, porque lo único que se puede extender es la paz.

Cuando crees en algo, haces que sea real para ti.

El ego cree que puede atacar a Dios y trata de convencerte de que eso es lo que has hecho. Si la mente no puede atacar, el ego, con perfecta lógica, arriba a la conclusión de que tú no puedes ser otra cosa que un cuerpo. Al negarse a verte tal como eres, puede verse a sí mismo como él quiere ser. Consciente de sus debilidades, el ego quiere que le seas leal, pero no como realmente eres. Desea, por lo tanto, involucrar a tu mente en su propio sistema ilusorio, ya que de otra manera la luz de tu entendimiento lo desvanecería. No quiere tener nada que ver con la verdad, porque **él en sí, no es verdad.**

Si la verdad es total, lo que no es verdad, no existe.

La imagen que el ego tiene de ti es la de un ser desposeído, vulnerable e incapaz de amar. No puedes amar semejante imagen, sin embargo, puedes escaparte muy fácilmente de ella, abandonándola. Tú no formas parte de esa imagen, ni ella es lo que tú eres. No veas esa imagen en nadie o la habrás aceptado como lo que eres tú. Todas las ilusiones acerca de la afiliación se desvanecen al unísono, tal como fueron forjadas.

El ego no entiende lo que es la mente y, por lo tanto, no entiende lo que eres tú.

Su existencia, sin embargo, depende de tu mente, porque el ego es una creencia tuya. **El ego es una confusión respecto a tu identidad**, al no haber tenido nunca un modelo consistente, no se desarrolló nunca de manera consistente. Es el resultado de la aplicación incorrecta de las leyes de Dios.

No le tengas miedo al ego, él depende de tu mente, y lo inventaste creyendo en él. Puedes, asimismo, desvanecerlo entregándolo al Espíritu Santo, dejando de creer en él. No proyectes sobre otros la responsabilidad por esa creencia, o de lo contrario prolongarás su existencia si quieres seguir viendo afuera. Cuando asumas total responsabilidad por la existencia del ego, habrás dejado a un lado la ira y el ataque. Pues estos surgen como resultado de tu deseo de proyectar sobre ellos la responsabilidad de proyectar tus propios errores.

El ego es una creencia inverosímil. El ego es algo increíble y siempre lo será. Tú, que lo inventaste al creer lo increíble, no puedes emitir ese juicio por tu cuenta. Los deseos del ego no significan nada, porque el ego desea lo imposible (la separación).

» Un ídolo

Los ídolos no se reconocen como tales y nunca se ven cómo realmente son. Ese es su único poder. Su propósito es turbio, y son a la vez temidos y venerados precisamente porque no sabes para qué son ni para qué se concibieron. No dejes que las formas que adoptan te engañen, pues los ídolos no son sino substitutos de tu realidad. De alguna manera crees que completan tu pequeño yo, ofreciéndote así seguridad en un mundo que percibes como peligroso, en el que hay fuerzas que se han aglutinado a fin de quebrantar tu confianza y destruir tu paz. Crees que los ídolos tienen el poder de remediar tus deficiencias y de proporcionarte la valía que no tienes. Todo aquel que cree en ellos se convierte en esclavo de la pequeñez y la pérdida. Y así, tiene que buscar más allá de su pequeño yo la fuerza necesaria para levantar la cabeza y emanciparse de todo el sufrimiento que el mundo refleja. Esta es la sanción que pagas por no buscar en tu interior la certeza y la tranquilidad que te liberan del mundo y que te permiten alzarte por encima de él, en quietud y en paz.

No es nunca el ídolo lo que realmente quieres. Mas lo que crees que te ofrece, eso ciertamente lo quieres, y tienes el derecho a pedirlo, e incluso es imposible que te sea negado.

Es necesario, por lo tanto, que la búsqueda de plenitud se lleve a cabo más allá de los límites que tú mismo te has impuesto.

¿Qué es un ídolo? ¡Un ídolo no es nada! Se necesita creer en él para que parezca cobrar vida y se le tiene que dotar de poder para que pueda ser temido. Su vida y su poder son el regalo que le da el que cree en él. Un ídolo se establece creyendo en él, pero cuando la creencia se abandona, el ídolo "muere". La forma de un ídolo no está en ninguna parte, pues su fuente está en aquella parte de tu mente de la que Dios está ausente.

» Las fantasías

Las fantasías son un intento de controlar la realidad de acuerdo con necesidades falsas. Mas si bien puedes percibirlas, nunca podrás hacerlas reales, excepto para ti. Esto es así, porque crees en lo que inventas.

Las ilusiones son inversiones y perdurarán mientras les sigas atribuyendo valor. La única manera de desvanecer las ilusiones es retirando de ellas todo el valor que les has otorgado. Al hacer eso, dejarán de tener vida para ti, porque las has expulsado de tu mente. Mientras sigas incluyéndolas en tu mente, le estarás infundiéndoles vida. El mundo irreal es desesperante, pues nunca podrá ser real. Y tú, que compartes el Ser de Dios con Él, nunca podrás sentirte satisfecho sin la realidad. Detrás de cada ilusión está la realidad y está Dios.

» El juicio

La mente que juzga se percibe a sí misma como separada de la mente a la que juzga, creyendo que, al castigar a otra mente, puede ella liberarse del castigo.

Todo esto no es más que un intento ilusorio de la mente de negarse a sí misma y de eludir la sanción que dicha negación conlleva.

"No juzgues lo que no entiendes", es ciertamente un buen consejo. Es imposible que no recibas el mensaje que envías, pues ese es el mensaje que quieres. Tal vez piensas que juzgas a tus hermanos por los mensajes que ellos te envían a ti; pero por lo que los juzgas es por los mensajes que tú les envías a ellos.

No les atribuyas a ellos tu propia negación de tu alegría o no podrás ver en ellos la chispa que te haría dichoso. Negar la chispa conduce a la depresión; pues siempre que ves a tus hermanos desprovistos de ella, estás negando a Dios.

Mantenerse fiel a la negación de Dios es la doctrina del ego.

Sólo hay una forma sensata de interpretar motivos, y por tratarse del juicio del Espíritu Santo, no requiere ningún esfuerzo por tu parte.

Por juzgar se tiene que pagar un precio, porque juzgar es fijar un precio. Y el precio que fijes es el precio que pagarás.

La condenación es el juicio que una mente hace contra otra de que es indigna de amor y merecedora de castigo. Y en esto radica la división.

» La culpa

La culpabilidad es algo ajeno a Dios, es el símbolo del ataque contra Dios. Sólo te puedes condenar a ti mismo y hacer eso te impide reconocer que eres el hijo de Dios. Pensar con Dios es pensar como Él y eso produce dicha y no culpabilidad.

La función del pensamiento procede de Dios y reside en Dios. Y puesto que formas parte de su pensamiento, no puedes pensar separado de Él.

Dios mismo pone orden en tu pensamiento, porque el pensamiento fue creado por Él.

Los sentimientos de culpabilidad son siempre señal de que desconoces esto, muestran asimismo que puedes pensar separado de Dios y que deseas hacerlo.

Todo pensamiento desordenado va acompañado de culpabilidad desde su concepción.

El pensamiento irracional es pensamiento desordenado.

La culpabilidad siempre altera. El ego es el símbolo de la separación, y es también el símbolo de la culpabilidad. La culpabilidad es un símbolo de que tu pensamiento no es natural.

La culpabilidad da lugar a la creencia de que algunas personas pueden condenar a otras como resultado de lo cual, se proyecta separación en vez de unidad.

Elijes estar en el tiempo en lugar de estar en la eternidad; pero no te corresponde estar en el tiempo, sino en la eternidad. Los sentimientos de culpabilidad son los que perpetúan el tiempo.

La culpabilidad es una forma de conservar el pasado y el futuro en tu mente para asegurar de este modo la continuidad del ego. Pues si se castiga el pasado, la continuidad del ego queda garantizada. La garantía de tu continuidad depende de Dios, no del ego. La inmortalidad es lo opuesto al tiempo. El tiempo pasa, mientras que la inmortalidad es constante.

El ego cree de forma demente que el ataque es la salvación.

El ego te enseña a que te ataques a ti mismo porque eres culpable, lo cual no puede sino aumentar tu culpabilidad, pues la culpabilidad es el resultado del ataque.

De acuerdo con las enseñanzas del ego, es imposible escaparse de la culpabilidad. Pues el ataque confiere realidad. Y si la culpabilidad es real, no hay manera de superarla.

» **Amor y Miedo:**
Sólo hay dos emociones: amor y miedo

El amor es inmutable, aunque se intercambia continuamente al ser ofrecido por lo eterno a lo eterno. Por medio de este intercambio es como se extiende, pues aumenta al darse. El miedo adopta muchas formas, ya que el contenido de las fantasías individuales difiere enormemente, pero todas tienen algo en común: son todas dementes.

Están compuestas de imágenes que no se pueden ver y sonidos que no se pueden oír.

Nunca podrás controlar por ti mismo los efectos del miedo porque el miedo es tu propia invención, y no puedes sino creer en lo que has inventado.

Todos los aspectos del miedo son falsos porque no existen en el nivel creativo, y por lo tanto, no existen en absoluto.

Siempre que tienes miedo es señal inequívoca de que le has permitido a tu mente crear falsamente y de que no me has permitido guiarla.

Cada vez que tienes miedo es porque has tomado una decisión equivocada.

Todo conflicto es una expresión de miedo. Crees que no puedes controlar el miedo porque tú mismo lo inventaste. El miedo es nada y el amor lo es todo. No se puede creer en la nada y el todo al mismo tiempo. No pueden coexistir.

El miedo es un síntoma de tu profunda sensación de pérdida. El miedo y el amor son las únicas emociones que eres capaz de experimentar. Una es falsa, porque procede de la negación y la negación depende, para poder existir, de que se crea en lo que se ha negado.

» El Espíritu Santo

El objetivo del Espíritu Santo es ayudarnos a escapar del mundo de los sueños, enseñándonos cómo cambiar nuestra manera de pensar y corregir nuestros errores.

El perdón es el recurso de aprendizaje que el Espíritu Santo utiliza para llevar a cabo ese cambio en nuestra manera de pensar.

El Espíritu Santo desvanece las ilusiones sin atacarlas, ya que no puede percibirlas en absoluto. Por consiguiente, no existen para él, resuelve el aparente conflicto que estas engendran, percibiendo cualquier conflicto como algo sin sentido. El Espíritu Santo percibe el conflicto exactamente como es: algo que no tiene sentido. El Espíritu Santo no quiere que entiendas el conflicto, quiere, no obstante, que, al no tener sentido, sepas que no es comprensible.

Una vez que hayas aceptado tus propios errores, no te detengas ahí. Entrégales al Espíritu Santo para que él los deshaga completamente, de manera que todos sus efectos desaparezcan de tu mente y de la afiliación en su totalidad.

El Espíritu Santo te enseñará a percibir más allá de tus creencias porque la verdad está más allá de tus creencias. Extender el ser de Dios es la única función del espíritu, su plenitud no puede ser contenida, de la misma manera en que la plenitud de su creador no se puede contener. La plenitud es extensión; el sistema de pensamiento del ego obstaculiza la extensión y así obstaculiza tu única función.

Obstaculiza el fluir de tu gozo y como resultado te sientes insatisfecho.

Dios no conoce la insatisfacción.

Cuando le pides al Espíritu Santo lo que te podría hacer daño, no puede contestarte porque no hay nada que te pueda hacer daño y por lo tanto no estás pidiendo nada. Cualquier deseo que venga del ego es un deseo de algo que no existe y solicitarlo no constituye una petición; es simplemente una negación en forma de petición. El Espíritu Santo no le da importancia a la forma, sólo es consciente de lo que tiene significado.

» **La expiación**
La expiación deshace todos los errores que de otro modo tú no podrías corregir, y de esta forma extirpa las raíces del temor.

» **La salvación**
La salvación es trascender el pecado: el error de la mente.

Recuerda que la Filiación es tu salvación, pues la Filiación es tu Ser. Al ser la creación de Dios, es tuya. Y al pertenecerte a ti, es suya. Tu ser no necesita salvación, pero tu mente necesita aprender lo que es la salvación. No se te salva de nada, sino que, se te salva para la gloria. La gloria es tu herencia, que tu creador te dio para que la extendieras.

» **El perdón:**
El perdón es el medio que nos lleva a Dios y que nos permite alcanzarle, mas es algo ajeno a Él. Es imposible concebir que algo creado por Él pueda necesitar perdón.

Tú que quieres la paz, la puedes encontrar perdonando completamente.

Perdonar es pasar por alto. Mira entonces más allá del error, y no dejes que tu percepción se fije en él; de lo contrario, creerás lo que tu percepción te muestre.

» El otro

Tu hermano reaccionará con dolor o con alegría dependiendo del maestro que tú estés siguiendo.

Será aprisionado o liberado de acuerdo con tu decisión, al igual que tú.

Nunca olvides la responsabilidad que tienes hacia él, ya que es la misma responsabilidad que tienes hacia ti mismo.

Concédele el lugar que le corresponde en el reino y tú ocuparás el tuyo.

Siempre que estás con un hermano, estás aprendiendo lo que eres, porque estás enseñando lo que eres. Recuerda siempre que tu identidad es una identidad compartida, y que en eso reside su realidad.

Cuando te encuentres con alguien, recuerda que se trata de un instante santo.

Tal como lo consideres a él, así te considerarás a ti mismo. Tal como lo trates, así te tratarás a ti mismo. Tal como pienses de él, así pensarás de ti mismo. Nunca te olvides de esto, pues en tus semejantes, o bien te encuentras a ti mismo, o bien te pierdes a ti mismo.

Cada vez que dos hijos de Dios se encuentran, se les proporciona una nueva oportunidad para salvarse. No dejes de darle la salvación a nadie, para que así la puedas recibir tú.

Acepta como verdadero sólo lo que tu hermano es, si es que quieres conocerte a ti mismo. Percibe lo que él no es, y no podrás saber lo que eres, porque lo estarás viendo falsamente.

El hijo de Dios es inocente. Él siempre ha estado en búsqueda de su inocencia, y la ha encontrado, pues reside en él. Cada hermano con quien te encuentras se convierte en un testigo del ego o del Espíritu Santo, dependiendo de lo que decidas percibir en él.

Todo el mundo te convence de lo que quieres percibir y de la realidad del reino, en favor del cual has decidido mantenerte alerta.

Todo lo que percibes da testimonio del sistema de pensamiento que quieres que sea verdadero.

Cada uno de tus hermanos tiene el poder de liberarte si tú decides ser libre. No puedes aceptar falsos testimonios acerca de un hermano, a menos que hayas convocado falsos testigos contra él.

Si no te habla de Cristo, es que tú no le hablaste de Cristo a él.

No oyes más que tu propia voz y si Cristo habla a través de ti, le oirás.

No te engañes respecto a tu hermano, considera sus pensamientos amorosos como lo único que constituye su realidad, pues al negar que su mente esté dividida, sanarás la tuya.

Acéptalo como su Padre lo acepta y cúrale en Cristo. No aceptes la percepción variable que tu hermano tiene de sí mismo, pues su mente dividida es la tuya; y no aceptarás tu propia curación sin la suya. La curación de tu hermano es tu curación. Amarte a ti mismo es curarte a ti mismo, y no puedes percibir una parte de ti mismo como enferma.

» **El Cielo**

El cielo es un estado de consciencia mental, no es un lugar físico (nada lo es). No necesitas ayuda para entrar al Cielo, pues jamás te ausentaste de él. Pero sí necesitas ayuda que proceda de más allá de ti, pues te encuentras limitado por falsas creencias con respecto a tu Identidad, la cual, sólo Dios estableció en la realidad.

» **Introducción**

Este (UCDM) no es un curso de especulación filosófica, ni está interesado en terminología precisa. Se orienta únicamente hacia la Expiación o corrección de la percepción. El medio de la Expiación es el perdón.

Todos los términos son potencialmente polémicos, y, quienes buscan controversia, la encontrarán. Mas quienes buscan clarificación también la encontrarán. Los argumentos teológicos son polémicos porque dependen de creencias; por lo tanto, pueden ser aceptados o rechazados. Una teología universal es imposible, mientras que una experiencia universal no sólo es posible, sino necesaria. Alcanzar esa experiencia es lo que el curso se propone. Sólo cuando se alcanza la experiencia es posible la consistencia, porque sólo entonces se acaba la incertidumbre.

Este curso opera dentro del marco de referencia del ego, pues ahí es donde se necesita. No se ocupa de lo que está más allá de todo error, ya que está planeado únicamente para fijar el rumbo en dirección a ello. Por lo tanto, se vale de palabras, las cuales son simbólicas y no pueden expresar lo que se encuentra más allá de todo símbolo. El ego es el único que pregunta, puesto que es el único que duda. El curso simplemente ofrece otra respuesta una vez que se ha planteado una pregunta. Dicha respuesta, no obstante, no recurre a la inventiva o al ingenio: esos son atributos del ego. El curso es simple. Tiene una sola función y una sola meta.

Sólo en eso es totalmente consistente, pues sólo eso puede ser consistente. El ego exigirá muchas respuestas que este curso no provee.

El curso no reconoce como preguntas aquellas que sólo tienen la apariencia de preguntas, pero que son imposibles de contestar.

El ego puede pregunta*r:* "¿Cómo sucedió lo imposible?", "¿A qué le ocurrió lo imposible?", y lo puede preguntar de muchas maneras. Mas no hay una respuesta para ello; sólo una experiencia. Busca sólo esta y no permitas que la teología te retrase.

» Mente-Espíritu

El término mente se utiliza para representar el principio activo del espíritu, el cual le suministra a la mente su energía creadora. Cuando el término va con mayúscula, se refiere a Dios o a Cristo (es decir, a la Mente de Dios o a la Mente de Cristo).

El Espíritu es el Pensamiento de Dios que Él creó semejante a Sí Mismo. El Espíritu unificado es el único Hijo de Dios o Cristo.

En este mundo, puesto que la mente está dividida, los Hijos de Dios parecen estar separados. Sus mentes, asimismo, no parecen estar unidas. En ese estado ilusorio, el concepto de una "mente individual" parece tener sentido.

En el curso, por lo tanto, se describe a la mente como si se tratara de dos partes: el espíritu y el ego.

El espíritu es la parte que aún se mantiene en contacto con Dios a través del Espíritu Santo, quien, aunque mora en esa parte, también ve la otra. No se usa el término "alma", excepto en citas directas de la Biblia, por ser un término sumamente polémico. En cualquier caso, sería un equivalente de "espíritu", entendiéndose que, al formar parte del ámbito de Dios, es eterno y nunca nació.

La otra parte de la mente es completamente ilusoria y sólo teje ilusiones.

El espíritu conserva su potencial creador, pero Su Voluntad (que es la de Dios) parecerá estar cautiva mientras la mente no esté unificada.

La Creación continúa imperturbable, porque esa es la Voluntad de Dios.

Dicha Voluntad está siempre unificada; por lo tanto, no tiene significado en este mundo.

No tiene grados ni opuestos. La mente puede gozar de rectitud o estar errada, dependiendo de la voz que escuche. La mentalidad recta escucha al Espíritu Santo, perdona al mundo y, en su lugar, ve el mundo real a través de la visión de Cristo.

Ésta es la visión final, la última percepción, la condición en la que Dios Mismo da el paso final.

Ahí, al tiempo y a lo ilusorio, les llega su fin.

La mentalidad errada escucha al ego y teje ilusiones; percibe el pecado, justifica la ira y considera que la culpabilidad, la enfermedad y la muerte son reales.

Tanto este mundo como el mundo real son ilusorios, pues la mentalidad recta simplemente pasa por alto o perdona lo que nunca ocurrió. Por lo tanto, la mentalidad recta no es la Mentalidad-Uno de la Mente de Cristo, cuya Voluntad es una con la de Dios. La única libertad que aún nos queda en este mundo es la libertad de elegir, y la elección es siempre entre dos alternativas o dos voces.

La Voluntad no está involucrada en la percepción a ningún nivel y no tiene nada que ver con el proceso de elegir. La consciencia es el mecanismo receptor y recibe mensajes tanto del plano superior como del inferior, del Espíritu Santo o del ego.

La consciencia tiene niveles y puede cambiar drásticamente de uno a otro, pero no puede trascender el dominio de lo perceptual. En su nivel más elevado, se vuelve consciente del mundo real y puede ser entrenada para que lo haga cada vez más. Sin embargo, el hecho mismo de que tenga niveles y de que pueda ser entrenada demuestra que no puede alcanzar el conocimiento.

» **El ego-Milagro**

Las ilusiones no perdurarán. Su final es indudable y eso es lo único que es seguro en su mundo. Por eso es por lo que es el mundo del ego.

¿Qué es el ego? El ego no es más que un sueño de lo que en realidad eres: un pensamiento de que estás separado de tu Creador y un deseo de ser lo que Él no creó.

El ego es un producto de la locura, no de la realidad. Es tan sólo un nombre para lo innombrable; un símbolo de lo imposible, una elección de opciones que no existen.

Le damos un nombre sólo para que nos ayude a entender que no es más que un pensamiento ancestral según el cual aquello que se ha inventado es inmortal.

Mas ¿qué podría proceder de ello, excepto un sueño que, al igual que todos los demás sueños, tan sólo puede terminar en la muerte?

¿Qué es el ego? El ego no es nada, pero se manifiesta de tal forma que parece ser algo. En un mundo de formas no se puede negar al ego, pues sólo él parece real. Mas ¿podría el Hijo de Dios, tal como su Padre lo creó, morar en una forma o en un mundo de formas? Si alguien te pide que definas al ego y expliques cómo se originó, es porque cree que el ego es real e intenta, por definición, asegurarse de que su naturaleza ilusoria quede oculta tras las palabras que parecen otorgarle realidad.

Ninguna definición que se haya hecho de una mentira puede hacer que ésta sea verdad.

Ni tampoco puede haber una verdad que las mentiras puedan realmente ocultar.

La irrealidad del ego no se niega con palabras, ni su significado se vuelve claro por el hecho de que su naturaleza parezca tener una forma.

¿Quién puede definir lo indefinible?

Sin embargo, incluso para esto hay una respuesta.

No podemos formular realmente una definición de lo que es el ego, pero sí podemos decir lo que no es.

Y esto lo podemos ver con perfecta claridad.

Basándonos en eso, podemos deducir lo que es.

Observa su opuesto y verás la única respuesta que tiene sentido. A lo opuesto al ego, desde cualquier punto de vista —origen, efectos y consecuencias— le llamamos milagro.

En él encontramos todo lo que no tiene que ver con el ego en este mundo.

El milagro es lo opuesto al ego, y sólo en él podemos observar lo que era el ego, pues en el milagro vemos lo que parecía hacer. La causa y sus efectos no pueden sino seguir siendo una misma cosa.

Donde antes había oscuridad, ahora vemos luz.

¿Qué es el ego? Lo que antes era la oscuridad. ¿Dónde está el ego? Donde antes estaba la oscuridad.

¿Qué es ahora y dónde puede encontrársele? No es nada, y no se le puede encontrar en ninguna parte. Ahora la luz ha llegado y su opuesto se ha ido sin dejar ni rastro. Donde antes había maldad, ahora hay santidad.

¿Qué es el ego? Lo que antes era la maldad. ¿Dónde está el ego? En una pesadilla que sólo parecía ser real mientras la estabas soñando.

Donde antes había crucifixión, ahora está el Hijo de Dios. ¿Qué es el ego? ¿Quién tiene necesidad de preguntar?

¿Dónde está el ego? ¿Quién necesita ir en busca de ilusiones ahora que los sueños han desaparecido? ¿Qué es un milagro? Un milagro es un sueño también. Pero si observas todos los aspectos de ese sueño, jamás volverás a dudar. Observa el bondadoso mundo que se extiende ante ti mientras caminas envuelto en mansedumbre.

Observa a los ayudantes que encuentras a lo largo del camino que recorres, felices ante la certeza del Cielo y la garantía de paz. Y observa también, por un instante, lo que por fin dejaste atrás y finalmente pasaste de largo.

Esto es lo que era el ego: el odio cruel, la necesidad de venganza y los gritos de dolor; el miedo a la muerte y el deseo de matar; la ilusión de no tener hermanos y el yo que parecía estar solo en el universo.

El milagro corrige este terrible error con respecto a ti mismo con la misma dulzura con la que una madre amorosa adormece con su canto a su criatura. ¿No preferirías escuchar un canto así? ¿No contestaría ese canto todo lo que pensabas preguntar, haciendo incluso que cualquier pregunta no tenga sentido?

Tus preguntas no tienen respuesta, ya que han sido planteadas para acallar la Voz de Dios, la cual nos hace a todos una sola pregunta: "¿Estás listo ya para ayudarme a salvar el mundo?". Pregunta esto en vez de preguntar qué es el ego y verás un súbito resplandor envolver al mundo que el ego fabricó.

Ahora no se le niega a nadie ningún milagro. El mundo se ha salvado de todo lo que tú pensabas que era. Y lo que es, ha sido siempre absolutamente puro y jamás ha sido condenado. El milagro perdona; el ego condena.

No se necesita ninguna otra definición para ninguno de ellos, excepto esta. Mas ¿qué definición podría ser más cierta o estar más a tono con lo que es la salvación? Con esto, el problema y la respuesta se llevan uno al lado del otro y, al estar finalmente juntos, la elección es obvia.

¿Quién elegiría el infierno de reconocer que eso es lo que está eligiendo?

¿Y quién no seguiría adelante un poco más, cuando le ha sido dado comprender que el camino es corto y que el Cielo es su meta?

» **La percepción verdadera – El conocimiento**

El mundo que ves no es más que la ilusión de un mundo. Dios no lo creó, ya que lo que Él crea tiene que ser tan eterno como Él. En el mundo que ves, pues, no hay nada que haya de perdurar para siempre. Algunas cosas durarán en el tiempo algo más que otras, pero llegará el momento en el que a todo lo visible le llegue su fin. Los ojos del cuerpo no son, por lo tanto, el medio a través del cual se puede ver el mundo real, pues las ilusiones que contemplan sólo pueden conducir a más ilusiones de la realidad.

Y eso es lo que hacen, pues todo lo que los ojos del cuerpo ven no sólo no ha de durar, sino que además suscita pensamientos de pecado y culpabilidad.

Todo lo que Dios creó, por otra parte, está por siempre libre de pecado y, por ende, por siempre libre de culpa.

El conocimiento no es el remedio para la percepción falsa, puesto que, al proceder de distintos niveles, jamás pueden encontrarse. La única corrección posible para la percepción falsa es la percepción verdadera.

Ésta no perdurará, pero mientras dure, su propósito será sanar. La percepción verdadera es un remedio que se conoce por muchos nombres: el perdón, la salvación, la Expiación y la percepción verdadera son todos una misma cosa. Son el comienzo de un proceso cuyo fin es conducir a la Unicidad que los trasciende a todos.

La percepción verdadera es el medio por el que se salva al mundo de las garras del pecado, pues el pecado no existe. Y esto es lo que la percepción verdadera ve. El mundo se yergue como un sólido muro ante la faz de Cristo. Pero la percepción verdadera lo ve sólo como un frágil velo, tan fácil de descorrer que no podría permanecer más de un instante.

Y por fin se ve como lo que es. Y ahora no puede sino desaparecer, pues en su lugar ha quedado un espacio vacío que ha sido despejado y preparado. Donde antes se percibía destrucción, aparece ahora la faz de Cristo, y en ese instante el tiempo acaba para siempre y el mundo queda olvidado, según se disuelve en la nada de donde provino. Un mundo perdonado no puede perdurar. Era la morada de los cuerpos, pero el perdón mira más allá de ellos. En eso radica su santidad; así es como sana. El mundo de los cuerpos es el mundo del pecado, pues sólo si el cuerpo existiera sería posible el pecado.

El pecado acarrea culpa tan irremediablemente como el perdón acaba con ella. Y una vez que ha desaparecido todo rastro de culpa, ¿qué queda que pueda seguir manteniendo al mundo separado y fijo en su lugar? Pues la idea de lugar habrá desaparecido también, junto con el tiempo. El cuerpo es lo único que hace que el mundo parezca real, pues al ser algo separado no puede permanecer donde la separación es imposible.

El perdón prueba que es imposible, porque no ve el cuerpo. Y lo que entonces pasas por alto deja de ser comprensible para ti, tal como una vez estabas seguro de su presencia. Este es el cambio que brinda la percepción verdadera: lo que antes se había proyectado afuera, ahora se ve dentro, y ahí el perdón deja que desaparezca. Ahí se establece el altar al Hijo y ahí se recuerda a su Padre. Ahí se llevan todas las ilusiones ante la verdad y se depositan ante el altar. Lo que se ve como que está fuera no puede sino estar más allá del alcance del perdón, pues parece ser por siempre pecaminoso. ¿Qué esperanza puede haber mientras se siga viendo el pecado como algo externo? ¿Qué remedio puede haber para la culpabilidad? Mas al ver la culpabilidad y el perdón dentro de tu mente, éstos se encuentran juntos por un instante, uno al lado del otro, ante un sólo altar. Ahí, por fin, la enfermedad y su único remedio se unen en un destello de luz sanadora. Dios ha venido a reclamar lo que es Suyo. El perdón se ha consumado. Y ahora, el Conocimiento de Dios —inmutable, absoluto, puro y completamente comprensible— entra en su Reino.

Ya no hay percepción, ni falsa ni verdadera.

Ya no hay perdón, pues su tarea ha finalizado.

Ya no hay cuerpos, pues han desaparecido ante la deslumbrante luz del altar del Hijo de Dios.

Dios sabe que ese altar es Suyo, así como de Su Hijo.

Y ahí se unen, pues ahí el resplandor de la faz de Cristo ha hecho desaparecer el último instante de tiempo. Ahora la última percepción del mundo no tiene propósito ni causa, pues ahí donde el recuerdo de Dios ha llegado finalmente, no hay jornada ni creencia en el pecado, ni paredes ni cuerpos. Y la sombría atracción de la culpabilidad y de la muerte se extingue para siempre.

» **El perdón – la faz de Cristo**

El perdón es el medio que nos lleva a Dios y lo que nos permite alcanzarle; mas es algo ajeno a Él.

Es imposible concebir que algo creado por Él pueda necesitar perdón. El perdón, entonces, es una ilusión, pero debido a su propósito —que es el del Espíritu Santo— hay algo que la hace diferente. A diferencia de las demás ilusiones, nos aleja del error en vez de acercarnos a él.

Al perdón podría considerársele una clase de ficción feliz: una manera en la que los que no saben pueden salvar la brecha entre su percepción y la verdad. No pueden pasar directamente de la percepción al conocimiento porque no creen que ésa sea su voluntad. Esto hace que Dios parezca ser un enemigo, en lugar de lo que realmente es. Y es precisamente esta percepción demente la que hace que no estén dispuestos a simplemente ascender y retornar a Él en paz. De este modo, necesitan una ilusión de ayuda porque se encuentran desvalidos; un Pensamiento de paz porque están en conflicto. Dios sabe lo que Su Hijo necesita antes de que él se lo pida. Dios no se ocupa en absoluto de la forma, pero al haber otorgado el contenido, Su Voluntad es que se comprenda. Y eso basta.

Las formas se adaptan a las necesidades, pero el contenido es inmutable, tan eterno como su Creador. Antes de que el recuerdo de Dios pueda retornar, es necesario ver la faz de Cristo. La razón es obvia: para ver la faz de Cristo se requiere percepción. El conocimiento no es algo que se pueda ver.

Pero la faz de Cristo es el gran símbolo del perdón. Es la salvación. Es el símbolo del mundo real. El que la ve deja de ver el mundo. Está tan cerca ya del umbral del Cielo como es posible estar mientras aún esté fuera. Mas desde ahí, un paso más basta para entrar. Es el paso final. Y ése se lo dejamos a Dios. El perdón es un símbolo también, pero en cuanto que símbolo exclusivo de la Voluntad del Padre, no puede ser dividido.

Y así, la unidad que refleja se convierte en Su Voluntad. Es lo único que aún está en el mundo en parte y que, al mismo tiempo, es el puente que conduce al Cielo. La Voluntad de Dios es lo único que existe.

Lo único que podemos hacer es pasar de la nada al todo; del infierno al Cielo. ¿Es esto una jornada? No, en verdad no lo es, pues la verdad no va a ninguna parte.

Pero las ilusiones cambian según el lugar o la época. El paso final no es más que otro cambio. Por ser una percepción, es en parte irreal. Sin embargo, esa parte desaparecerá. Lo que entonces quedará será la paz eterna y la Voluntad de Dios. Ahora ya no hay deseos, pues los deseos cambian.

Incluso lo que una vez se deseó puede volverse indeseable. Esto es así porque el ego nunca puede estar en paz.

Pero la Voluntad es constante, por ser el don de Dios. Y lo que Él da es siempre como Él Mismo.

Éste es el propósito de la faz de Cristo. Es el regalo de Dios para la salvación de Su Hijo.

Contempla únicamente esto y habrás sido perdonado. ¡Cuán hermoso se vuelve el mundo en ese instante en el que ves la verdad acerca de ti mismo reflejada en él! Ahora estás libre de pecado y contemplas tu impecabilidad.

Ahora eres santo y así lo percibes.

Y ahora la mente retorna a su Creador: la unión de Padre e Hijo; la Unidad de unidades que se encuentra detrás de toda unión, aunque más allá de todas ellas.

No se ve a Dios, sino que únicamente se Le comprende. No se ataca a Su Hijo, sino que se le reconoce.

Hasta aquí, los conceptos básicos de *Un Curso de Milagros*.

Ahora comenzaremos a explicarte las dos visiones.

3ª
Parte

LAS DOS VISIONES:
DUALISMO Y NO DUALISMO

A: Ya conoces nuestro pasado y también los conceptos básicos de *Un Curso de Milagros*. Ahora queremos compartirte conocimiento que, como otros que hemos tenido, cambió nuestra manera de vivir y experimentar la vida: del dualismo al no dualismo.

Visión dualista

R: El dualismo es dos, y por lo tanto implica separación: uno aquí y otro allá; pasado – futuro; yo y tú; un cuerpo aquí y un cuerpo allá.

Hemos comprendido que el dualismo es una locura: una ilusión o fabricación de la mente. Como estamos tan acostumbradas a ver la separación como algo normal, apreciar la unidad es lo que pareciera una locura; pero con este libro que tienes en tus manos te demostraremos lo contrario.

La introducción del libro fue escrita desde el dualismo y se caracteriza porque vemos a cada persona separada una de la otra, creyendo que el de enfrente es diferente a mí; que nuestros cuerpos nos separan; que somos la historia (pasado) que nos contamos, el cuerpo que poseemos y la personalidad construida entre "todos los que me rodean".

Actuamos con base en patrones repetitivos de pensamiento sin darnos cuenta y que, por lo tanto, ni siquiera cuestionamos.

Estamos acostumbrados a culpar al de enfrente o a lo que sucede fuera de nosotros por lo que sentimos, siendo entonces un círculo vicioso de nunca acabar. En automático, estamos la mayor parte del tiempo en esta visión: viendo afuera, buscando afuera, deseando cosas de afuera.

La visión dualista está basada en nuestros cinco sentidos, que es la experiencia humana.

A: Rous y yo hemos vivido con base en las creencias que existen y las vivíamos como nuestra verdad, sin cuestionarlas, sino simplemente dándolas por hecho.

La primera creencia de la visión dualista es que la fuente de todo problema, y su solución, siempre están afuera. Ejemplos:

- El problema lo tiene el otro y debe cambiar para yo ser feliz.
- Lo que "yo" siento es porque el otro hizo o dejó de hacer.
- Hay un Dios fuera de mí, al cual debo rezar para pedirle lo que "yo" necesito para sentirme bien.
- Es creer que hay alguien diferente a mí que puede hacerme sentir mal o juzgarme.
- Tengo que hacer lo que me dijeron, que era portarme bien, para merecer el amor de Dios y de los individuos.

- El de afuera me ataca (cualquier tipo de ataque) y me lastima. Hay un malo o bueno que me hace cosas.
- La culpa de mi sentir interno es consecuencia de lo que acontece afuera.
- Búsqueda constante de una persona o logro que me haga feliz.
- Juzgar al de enfrente y molestarte con él.

La segunda creencia importante en el dualismo es que, para tener, hay que hacer. Ejemplos:
- Necesito esforzarme para tener, y entonces ser exitoso.
- Para que te vaya bien, no importa lo que te guste o no, tienes que trabajar para conseguirlo.
- El resultado viene de mi esfuerzo físico.

La tercera creencia tiene que ver con que nuestra fuente sólo es resultado de la unión de un esperma con un óvulo, y al momento de nacer estamos solos y separados de todo lo que nos rodea. Ejemplos:
- Es pensar que yo sola me sostengo.
- Es sentirme sola en la vida.
- Es estresarme o preocuparme porque todo depende de mis acciones.
- Es querer controlar todo lo que acontece.
- Soy un cuerpo físico y estoy aquí para lograr metas.

La cuarta creencia es que me falta algo para sentirme completa y plena. Ejemplos:
Aun logrando todas las metas que me propongo, no me siento feliz.

Por más placer que tengo, nada me complace.

Se experimenta depresión y ansiedad aun teniendo todo lo que nos contaron que te tendría que hacernos felices.

R: Nosotros vivíamos en los paradigmas sociales donde lo más importante es tener y hacer.

Hacer, hacer. Tener, tener.

Es un sistema de pensamiento donde se cree que dos individuos me crearon: "mi" papá y "mi" mamá, que ellos son mi fuente y no una fuente divina que lo crea y sostiene todo.

Es creer que existe un "yo" individual separado de todas las cosas del mundo y de mi Creador.

O como me lo enseñaron de niña, que recuerdo que me decían:

"Y donde estén dos personas, ahí estará Dios".

Pero entonces yo me preguntaba: ¿Y si no estás con alguien, Dios no está? ¿O cómo?

A: Rous, imagínate que a una ola se le ocurriera la idea de estar separada del océano. ¿Cómo sería su experiencia?

De entrada, al sentirse separada, se pondría un nombre para distinguirse de otras olas. Posiblemente se preocuparía por ser la mejor y se fabricaría toda una historia para reafirmar su identidad. Para no aburrirse, buscaría formas de entretenerse. Haría todo por convencerse de que es "la ola fulanita de tal" y vivir conforme a ello. ¿Y por qué haría todo eso?

Por la misma razón que cada uno de nosotros disfrutamos de ser Pepe, Juan, Rous, Ari, etc. Esta ilusión de separación, llamada Dualismo, es compartida por todos para creerla real y vivir conforme a ella. Vivimos cada uno conforme a nuestras historias pasadas (aunque el pasado no existe), pero seguimos aferrados a ese pasado inexistente con tal de darnos identidad y sentir que somos alguien especial y único. El pensamiento juega un papel crucial, porque gracias a él creemos en la fantasía de nuestras historias y, por ende, las vemos reflejadas fuera de nosotros. La forma física es nuestra manera de demostrarnos que sí somos olas separadas. ¿Qué pasaría si decidiéramos abandonar esas historias de creernos olas separadas? Perderíamos la identidad, sentiríamos que la existencia no tiene sentido y nos sentiríamos amenazadas, pues creemos ser esa identidad.

Lo cierto es que, haga lo que haga la ola "María", no dejará de ser el océano. Es una locura creer que estás separada del océano. El motivo es que no es posible, aunque se viva, piense y se sienta como si estuviera separada.

R: Así como la ola se creyó separada, así también nosotros llegamos a este plano físico, con un cuerpo que aparenta la separación y vemos afuera como algo diferente de mí. El dualismo es la visión en la que nacimos y vivimos "todos". La que nos da identidad, historia y proyección. Se basa en el pasado inexistente y se proyecta al futuro inexistente. Es una visión automática, inconsciente, que sin cuestionamiento alguno damos por hecho como única y real forma de ver lo que acontece. Es un sistema de pensamiento, un estado de consciencia mental.

La mente nos muestra esta manera de ver la vida. Creemos que es la única que existe y, por lo tanto, así la experimentamos. Sin embargo, llega un momento de rendición y cansancio que te lleva a buscar ver la vida de otra manera, porque lo que has experimentado y aparentemente recorrido no te hace feliz. No te hace sentir pleno.

Visión No dualista

A: El no dualismo es NO DOS y, por lo tanto, implica UNIDAD. No hay un personaje "yo" ni tampoco un personaje "tú". Somos la misma mente, materia, energía, inteligencia. Somos el océano completo, total, pleno, y no gotas separadas. No necesitamos nada porque somos parte del Todo.

El no dualismo es una percepción: el fondo blanco donde se escriben las historias dualistas entre el personaje inventado llamado "yo" y el personaje proyectado llamado "el otro".

Este estado mental, aunque sostiene esta experiencia, no lo vemos. No nos damos cuenta de que vivimos en él, como el pez en el agua o el humano en el aire. Lo olvidamos, como si una ola olvidara que es océano. Una ola siempre está en el océano, pero si de repente cree que es una ola separada, sentirá que algo le falta y buscará ser el océano, sin darse cuenta de que lo es, siempre ha sido y siempre lo será.

Estamos tan acostumbrados a ver desde el dualismo que hemos creído que somos una ola separada del océano.

R: La visión no dualista es darte cuenta de que no soy un cuerpo, sino que soy Dios mismo soñando esta experiencia que, de hecho, nunca pasó y que sólo es un pensamiento. Nunca he dejado de estar con Él, porque somos uno mismo. Dios es la consciencia, y lo real en mí es la consciencia de Dios.

A: Soy todo y nada. Soy vacío. Soy una con Dios. Soy inmensamente amada en todo momento. Soy eterna e invulnerable.

Aquí no hay pensamientos, sino presencia. Todo al mismo tiempo.

Es un estado de ser. Y ya. Es la realidad última donde ya está todo, y siempre ha estado.

La visión no dualista es la que ha cambiado nuestra vida y es la que queremos compartirte.

Pero para llegar a esta visión se necesita una elección de tu parte. Implica querer ver.

Sé que es difícil NO creer en lo que vemos, es decir: CREEMOS EN LO QUE VEMOS, porque lo vemos (en la aparente materia física).

Pero es igualmente imposible ver lo que no crees, es decir: NECESITAS CREER PARA PODERLO VER. -UCDM

Pasar del dualismo al no dualismo implica decisión, valor, fe, confianza y constancia. Incluso te dará mucho miedo, pero te garantizo que al final vale muchísimo la pena, porque encuentras todo lo que en tu vida estuviste buscando, pero que era imposible encontrar debido a los lentes del dualismo.

En el dualismo buscas para no encontrar; mientras que en el no dualismo encuentras y recuerdas lo que realmente eres.

R: En la vida pareciera que tomamos decisiones; sin embargo, sólo podemos decidir el cómo los veo: a través del amor o del miedo.

Si lo que veo lo hago desde el dualismo, normalmente caigo en el miedo.

Si elijo verlo desde el miedo, experimentaré el agobio, la ansiedad, la tristeza, la preocupación... todas las emociones derivadas del miedo, porque la mente está en el pasado (depresión, culpa) o en el futuro (preocupación, ansiedad).

Si lo que veo lo hago desde el no dualismo, caigo en el amor, porque es lo único que hay.

Sin juicios (mente fraccionada) no hay dolor; sin expectativas (tiempo-espacio) no hay sufrimiento.

Sólo es amor.

Si elijo ver lo que acontece (que es algo neutro) desde el amor, sentiré los atributos del ser: amor, dicha, felicidad, libertad, paz, etc.

Al darte cuenta de lo que estás experimentando, siempre puedes volver a elegir.

La fórmula que hemos aprendido es que, si lo que acontece me quita la paz, me perdono y lo entrego a ese Ser superior con fe y confianza, para que sea corregida la visión.

Cuando te das cuenta de que algo te quita la paz, puedes decidir si eliges el miedo (visión dualista) o el amor (visión no dualista).

Al detenerme a observar y darme cuenta, puedo ver que hay un "yo" (un cuerpo al que le llamo Rosa) sostenido por algo más grande. En esta fase estoy siendo consciente de que hay un "yo" separado, y que está siendo creado y sostenido por esa inteligencia. Dejo de pensar, en un acto consciente, que soy el personaje, el cuerpo o Rosa, para simplemente, sin juicio, observar y observarme.

Los pensamientos llegan. La mente dormida está experimentando un sueño, y el objetivo en esta experiencia es recordar el sueño feliz.

A:¿Cómo sé que no hay dualidad o separación?

Cuando soy plenamente consciente de mi interior (pensamientos y emociones) y comienzo a ver que todo lo que estuve pensando, de repente, ya está afuera de mí.

Afuera sólo está el reflejo de mis creencias y pensamientos.

Duele saberlo. Duele saber que afuera es sólo una proyección de la mente. Que no es real.

Justamente esta mañana, mientras lloraba, pedía a Dios:

—Diosito, ¿está bien que llore y me sienta así?

—¿Cómo te sientes?

—Mal.

—¿Por qué?

—Porque desearía encontrar la felicidad en lo que veo. En lo que toco. Desearía que todo esto sí fuera real. Desearía yo sí ser real (yo, como concepto de Ariadna).

—Entiendo. Pero todo eso no es más que carboncillos, pedazos de espejo. Todo en tu mundo es perecedero.

Si te sientes así (anhelando que sea real este mundo) es porque no recuerdas la verdad y la dicha verdadera de tu ser.

—Te pido, por favor, me lleves a la verdad, a la felicidad real que soy.

Y así terminó la conversación en mi cabeza.

Aquí hago consciencia de que esta conversación es dualista porque creo que debo pedirle a un Dios separado de mí esa incapacidad de no poderme reconocer una con Él. Aun así, reconocer que la felicidad no está afuera ya es un gran paso para mí.

Entonces, regresando al no dualismo, implica darme cuenta de que si respiro es porque hay algo en mí que me está respirando. Que no soy yo, Ariadna, sola.

- Ser consciente de que no existe un espacio vacío entre las formas físicas que ven mis ojos, sino que todo es energía vibrando en diferente frecuencia.

- Es darme cuenta de que lo que ven mis ojos sólo son mis propios pensamientos y juicios.

- Que lo que veo en la otra persona, soy yo misma.
- Es darme cuenta del diálogo que se está dando sin esfuerzo alguno en mi mente.
- Saber que yo soy la observadora de ese diálogo y que al observar mis pensamientos y emociones dejan de tener existencia propia.
- Es saber que no soy mis pensamientos ni emociones.
- Es darme cuenta de que mis pensamientos no pueden hacerme nada; ni tampoco las emociones. Parece que sí, pero no. Sólo es energía que se siente como real en mi cuerpo; pero tampoco soy mi cuerpo, y por eso puedo observarlo sin que afecte mi paz.

R: Es importante aclarar que nosotras no vivimos todo el tiempo de forma consciente en la visión no dualista.

Pero sí tenemos muchos momentos donde nos damos cuenta de que podemos elegir esta visión.

Y es justo en ese momento, cuando nos damos cuenta de que podríamos ver, y por lo tanto vivir, de otra manera lo que está sucediendo. Cuando entramos al terreno del no dualismo decidimos conscientemente vivirlo, pero después algo sucede, se nos olvida, y regresamos de nuevo al dualismo. ¿Quién, cómo y dónde controla eso de que se me olvide y luego recuerde? No lo sabemos, sólo pasa. Es el gran misterio.

Vivir en el dualismo y el no dualismo es algo que simplemente ocurre, y de nosotras depende estar eligiendo la visión no dualista cada que la olvidamos.

Entonces, todo es un tema de visión y elección: "Lo SOY, pero no lo recuerdo. No lo veo y prefiero creer en la ilusión de separación".

A: Para entenderlo mejor, digamos que nosotros, al dormir, podemos tener un estado en el que, estando completamente dormidos, de repente llega un atisbo de despertar. Cuando recién despertamos, podemos seguir viendo el sueño en el que estábamos, pero luego nos volvemos a quedar dormidos. ¿Alguna vez te ha pasado eso?

Yo, de niña, recuerdo perfecto una habilidad que tenía de despertar en medio de una horrible pesadilla. Me despertaba, pero no del todo, porque seguía viendo el sueño. Entonces, lo que hacía para quitar el miedo que sentía en el sueño era decir la palabra "¡CORTE!", como si estuviera en medio de una película. Al decir CORTE, todos los personajes de la pesadilla paraban de actuar y comenzaba a dialogar con ellos, porque así yo decidía.

Los saludaba y pensaba: "Ya ves, Ari, sólo son actores de una película en mi cabeza".

Aunque a veces me costaba trabajo mitigar el miedo que sentía, yo me empeñaba más en ver firmemente al personaje de frente y corroborar que, sí, efectivamente me estaba saludando, que era indefenso, que no hacía nada.

Algo así sucede con este sueño que parece tan real: entre más dormido estás, más crees que es real. Entramos y salimos de la visión dualista constantemente. Cada que entro al dualismo estoy soñando profundamente que soy la ola, un automático total 100 % en el sueño.

Cada que me llegan atisbos de no dualismo, me doy cuenta, puedo verlo diferente y entonces manejar este sueño más amorosamente. El sueño de separación siempre es algo irreal. Nosotros somos consciencia y unidad, pero la idea que tenemos de nosotros como entes separados sí es una ilusión.

Toda la historia que contamos sobre nosotras es 100 % dualista. Y eso —que era dualista— lo supimos cuando aprendimos que existía otra forma de ver lo que acontece. *R:* Recuerden que nosotras no sabíamos que vivíamos en la visión dualista. Simplemente vivíamos la vida y ya. Tal como nos lo enseñaron nuestros padres y la sociedad. Que ahorita que lo pienso, digo: "Ari, pero ¿cuáles padres, cuál sociedad, cuáles ancestros?". Pero bueno, estamos escribiendo este libro para nuestro supuesto público. (Reímos juntas).

Fue gracias a que conocimos el no dualismo que pudimos darnos cuenta de la visión que estábamos viviendo, comparar las visiones y sentir cómo se experimenta estar en una y en otra.

Cuadro resumen

Dualismo	No dualismo
Soy un cuerpo físico. Soy mi pasado. Soy lo que hago. Soy lo que pienso de mí. Soy mis pensamientos.	Me doy cuenta de que no soy los pensamientos que veo, ni los impulsos que siento, ni este cuerpo físico. No soy mi pasado. No soy lo que hago. No soy lo que pienso de mí.
Me identifico con mi personaje. Tengo pareja. El de afuera me ataca. Me enfermo. Nazco, me desarrollo, muero y ahí termina mi existencia.	No soy mis pensamientos. Siento, veo, comprendo, y vivo la dualidad, pero me doy cuenta de la ilusión. Soy consciencia. Soy unidad. Soy eterno. Soy sin espacio. Soy el observador y lo observado.
Busco respuestas, aprobación, amor, éxito, dinero. Busco en la forma física. Busco en el tiempo. Busco una forma de confirmar que sí existo como ente separado.	No busco, sino que encuentro. Me encuentro. Dejo de buscar porque recuerdo que realmente no hay nada que encontrar, que lo que quiero encontrar ya me sostiene. Reconozco que sólo hay una fuente y está en mí.
Necesito ser alguien: ser exitoso, ser amado, ser un personaje (Rosa o Ariadna).	Soy, siempre he sido y siempre seré. Me doy cuenta de que nada de lo que tengo, o nada de lo que creo, define lo que soy. Entonces elijo abandonar esa necesidad.

Emociones entre el miedo y todos sus derivados: tristeza, enojo, preocupación, ansiedad, angustia, etc. Y cuando hablamos de felicidad o placer es momentáneo y fugaz.	Siento paz, amor y dicha. No hay pensamientos, ni dudas, ni nada. Sólo estoy en mi presencia pura. Todo es energía. Soy la energía y la observadora de la energía. Reconozco que siento las emociones, pero no las juzgo como buenas o malas. Sólo las permito sentir.
Mis pensamientos, y lo que veo fuera de mí, me deprimen, preocupan, etc. Vivo como víctima de dichas emociones.	Sentimientos de paz y tranquilidad. No importa qué piense o sienta. Siempre estoy a salvo. Observo la emoción, pero recuerdo que yo no soy los pensamientos que la generan. Recuerdo que no soy víctima, sino testigo simplemente.
Soy un cuerpo finito con un nombre. Soy el rol que juego en la sociedad. Soy vulnerable.	Soy sin forma, invulnerable y eterna. Me doy cuenta de que el cuerpo, y todo, sólo es energía: átomos vibrando. Y que no soy sólo eso; sino que soy Todo.
Separación entre las cosas físicas que veo. Me apego a las cosas o personas. Que alguien me complete.	Unidad siempre. Ves la separación, pero tomas consciencia de que realmente es una ilusión y se puede experimentar el sueño feliz.

A: Vivimos en la experiencia aparentemente física. Al menos eso me muestran mis sentidos. ¿Pero qué tan confiable es lo que veo? Parece que el sol gira alrededor de la Tierra, pero no es así. Las creencias o pensamientos han ido cambiando conforme pasan las generaciones.

Siempre la nueva generación comenta que la anterior era muy limitada, torpe y errada. Y la generación presente jura que lo que cree y piensa es la realidad y la verdad.

¿Quién tiene la razón? Si cada persona vive su propia visión, sus propias creencias, y cada uno hace todo por confirmar su verdad.

¿Qué valor tiene el saber estas dos visiones? Lo que separa una visión de otra sólo son pensamientos, creencias.

Los pensamientos nos hacen andar, decidir, vivir y ser. Pero es curioso, porque sólo son:

P E N S A M I E N T O S.

De hecho, en lo profundo de estas visiones podemos decir que sólo somos un pensamiento. Entonces, si todo tiene que ver con creencias y pensamientos, ¿cuál elegir? Respues*ta:* el que te dé paz. El que te haga vibrar y decir: "Sí, es por aquí", "No me cabe duda de que es esto".

Nosotras hemos descubierto que, si bien en la forma física todo está pasando, nuestra elección de visión en el presente nos permite tener una mejor experiencia.

Aun así, no es fácil pasar de una visión a otra, porque estamos acostumbradas a reaccionar conforme a nuestras creencias más arraigadas.

Se necesita conocimiento y un acto consciente para darnos cuenta de que, en realidad, todo está bien siempre.

Lo que sucede, sucede. Pero ¿cómo elijo vivirlo? Antes te compartimos la intención del libro desde la visión dualista, pero ahora, a modo de ejercicio, queremos hacerlo en términos no dualistas. Así comprenderás cómo vemos el mundo Rosa y yo, desde una forma más consciente del sueño que vivimos.

Intención desde la visión no dualista

R: Nuestra intención es compartir una charla entre dos aparentes amigas que están coincidiendo en esta experiencia que parece ser física. Viviendo desde un supuesto pasado, en su eterno presente, pero imaginando mil cosas. Queremos que este libro tenga un impacto en todas las personas en el futuro inexistente.

Queremos recordar, a través de esta plática, algo que nunca existió realmente. A decir verdad, un total misterio; que sólo duró un instante. Sabemos que, al recordar el amor que somos y que nunca hemos dejado de SER, vuelve a nosotros una paz y dicha que experimentamos de una bella manera. Deseamos expandir esta información para que el posible lector que tenga este libro en sus manos le resuene en el alma, tal como nos resonó a nosotras al momento de que nos llegó la información.

Comprendemos que maestro sólo hay uno y todos habitamos en Él. Lo podemos llamar Dios, Espíritu Santo, Energía Divina, Universo, eso que te inspira, etc. Para efectos de poder expresar un concepto, siempre debemos aterrizar en un símbolo que finalmente son palabras, pero lo importante es contactar con eso que no tiene nombre.

La ganancia al escribir este libro es que, en realidad, la mente se está recordando a sí misma el Amor que en esencia ES, pero que se le olvidó. Estas palabras expandirán el amor, ya que esa es la intención con la que lo hacemos.

Entonces, pues...

¿Cuál es la intención de este libro, Ari?

A: En lo personal, deseo despertar junto con todas las personas, para crear colectivamente nuevos sistemas de creencias que nos lleven a vivir el sueño feliz que anhelamos.

R: ¿Cuáles personas? Sólo aparenta haber personas. Finalmente, todos somos átomos vibrando. Hazle zoom a todo y lo físico sólo es una ilusión óptica. Está comprobado por la ciencia misma. Pero nos encanta creer en la ilusión.

A: Tienes razón. Entonces, la intención sería pasar de vivir una experiencia "dualista" a una "no dualista".

R: La experiencia dual la quiere el ego (ese pensamiento erróneo que cree tener identidad propia).

A: Tienes razón. Okay, entonces sería pasar de una experiencia dualista a una "no dualista", aunque el ego se empeñe en seguir soñando.

R: Es la mente la que está decidiendo, porque la vida está ocurriendo y no se tiene control de nada. Es la mente la que quiere recordar lo que se le olvidó. No hay ninguna persona a quien tengas que enseñar, es la misma mente la que se está enseñando, despertándose del sueño. El hecho de que tú y yo estemos aquí charlando esto es justo para recordar el Amor que somos. Pero si buscamos entender, nunca lo entenderemos. Así que sólo conversemos, y que sea la guía del SER la que nos dirija en lo que compartamos y brinde estructura al libro para que se expanda el conocimiento adquirido, reitero, desde nuestros testimonios de vida.

A: Entonces, continuemos con nuestras charlas.

R: De acuerdo.

A: El mundo que vemos es NEUTRAL.

Un mismo evento puede verse de muchas maneras. Por eso, en una crisis, habrá quienes lloren y otros que lo vean como una oportunidad para vender los pañuelos que se necesitan para secar las lágrimas. Hay quienes se hacen más ricos y hay quienes más pobres.

El evento frente a nosotros es NEUTRAL. Uno decide (consciente o no) cómo verlo.

¿Cómo lo decides? Dependerá de tus creencias.

Y lo mismo aplica para los fenómenos que ocurren en nuestro interior. Todos los pensamientos y emociones que pasan por la mente son NEUTRALES. Tú les asignas el significado. Tú decides si te apegas, si lo crees y dramatizas, o si lo comprendes de forma desapegada y te ríes. Es nuestro inconsciente el que califica en un segundo, como bueno o malo, los fenómenos externos o internos, con base en la historia que cada uno haya vivido.

Darte cuenta de que tus pensamientos son NEUTRALES no es fácil, porque creemos en las historias que nos cuenta la mente. Pero, en un grado superior de consciencia, podemos darnos cuenta de que esta historia sólo son pensamientos y, por lo tanto, NEUTRALES.

Es nuestra decisión cómo vemos los pensamientos. Este mundo aparentemente físico es una proyección de pensamientos colectivos que creemos real. Conforme la mente despierte, se dará cuenta de que esta experiencia es una ilusión.

Entonces, ante estos fenómenos que creemos ver "fuera", o los pensamientos que nos imaginamos "dentro" de nosotros, al ser los observadores, tenemos dos opciones:

Identificarnos con el objeto o pensamiento observado.

No identificarnos.

Entre comillas "afuera" y "adentro", porque en la primera visión creemos que hay un afuera y un adentro; pero en la segunda visión —no dualista—, no es así. Todo es lo mismo.

En resumen: lo que veo es neutral. Lo que veo está, es, existe, sucede, está pasando.

Y ante lo que sucede hay dos maneras de observarlo: desde una visión dualista o no dualista.

4ª
Parte

LA LOCURA DE LA VIDA

A: Este libro se escribió a lo largo de 8 meses y, posteriormente, otros tantos para la corrección y publicación. Lo que leerás a continuación fueron pláticas grabadas entre Rosa y yo, que teníamos cada lunes y viernes, mientras no estuviéramos de viaje o con compromisos personales. Cada fragmento revela nuestra vida y te muestra cómo pasamos del dualismo al no dualismo, y de vuelta al dualismo. Así, en una locura, pero lo rescatable es que, en medio de la tormenta, podemos recordar que hay otra manera de ver las cosas; y, por lo tanto, elegirla.

En mi caso, escribir el libro me ayudó mucho a crecer en mi entendimiento espiritual. Con cada capítulo maduraba y entendía más de mí y de la vida.

Conocerán a esa Ariadna en pleno aprendizaje. Y no es que ya haya terminado de aprender, sino que, gracias a este libro y a mi constancia en el conocimiento que compartiremos, ahora he conseguido lo que no había conseguido en más de 30 años.

¿Qué conseguí? Lo acabo de poner páginas atrás: el abandono del deseo de encontrar la felicidad en la forma física, sabiendo que la fuente de felicidad no está afuera. Y, si bien ya en otros momentos de mi vida lo había entendido, lo olvidaba cuando se trataba de ponerlo en práctica en lo personal y de pareja. Aún se me olvida de vez en cuando, pero es más fácil darme cuenta del error para corregirlo. Cada día practico más este conocimiento en todas las áreas de mi vida. Cada vez olvido menos cómo funciona todo.

Pero, para permearlo en todas las áreas de mi vida y mantenerlo consistentemente, sí tuve que transitar por mucho de lo que aquí te contaré.

Algo muy importante que debo comentar antes de que leas nuestras historias y experiencias, es que muchas veces estaremos hablando desde el dualismo (para que sea comprensible para ti) y otras veces desde el no dualismo.

Parecerá muchas veces contradictorio lo que decimos, pero esto es así porque los sistemas de pensamiento del dualismo y del no dualismo son totalmente contrarios.

Hablar del dualismo y del no dualismo es como salir de un estado de consciencia para entrar a otro, en un instante. Porque así sucede en nuestra experiencia. Si pudiera describirlo sería así:

Cuando menos pensamos, nos dormimos en el sueño y creemos y vivimos como real lo que vemos. Y, de repente, algo sucede que nos recuerda que sólo es un sueño; tomamos consciencia y decidimos diferente.

Deseando que estas conversaciones sean de mucho provecho para ti, ¡comenzamos!

¿Cómo vivimos esta experiencia humana?

A: Cuando son situaciones nuevas, yo vivo varias veces el vaivén entre el dualismo y el no dualismo; y no es sino hasta que me canso de ver las mismas pésimas y cansadas consecuencias del dualismo que, por fin, decido quedarme en el no dualismo.

Es como si la mente tuviera dudas y quisiera constatar que realmente es lo real y correcto. Entonces busco por un lado, busco por otro, pregunto una cosa, pregunto otra, intento de una manera, luego de otra, muevo aquí y muevo allá; y, en todos los intentos dualistas, vivo las mismas consecuencias: dolor, decepción, angustia, ansiedad, llanto, depresión. Y no es sino hasta que me canso, que digo: "Okay, okay, ¡¡ya entendí, pues!! Que el camino a lo que deseo no está en el camino dualista". Pero es en verdad hasta que me canso. Y esto es así, porque de entrada, el dualismo te lleva a la espera. Piensas que, hasta que algo suceda diferente, por fin encontrarás el amor y la paz que anhelas. Que, hasta que el de enfrente cambie, encontrarás la felicidad. Y vives esperanzada a que sea así. Pero esto es demencia pura que no nos damos cuenta. Y ahí seguimos en el dualismo, esperando. Por fortuna, sé que existe el no dualismo, así que lo elijo cuando me canso, cuando no encuentro la salida, cuando ya no entendí, cuando la espera ha sido demasiado y cuando, por fin, ME RINDO.

El tema es que luego, cuando menos pienso, ya estoy otra vez en el dualismo, porque vuelvo a caer en el cuento de la fantasía. Y, ya que estoy otra vez sufriendo, recuerdo que hay un camino que me lleva rápido a lo que deseo. Y así, una y otra vez, hasta que cada día me voy manteniendo más y más tiempo en el no dualismo: en la unidad de paz, presente, amor y dicha.

R: Pero si es como un entrenamiento paulatino, que requiere compromiso total. Porque la ilusión nos llama, nos da tres vueltas, y hasta que te cansas, vuelves a recordar que existe otra manera de ver las cosas.

A: Y, ante todo esto, lo bonito es que, si llega un punto donde ya no quieres regresar al dualismo, ves tus pensamientos dualistas y sólo dices: "Me perdono por pensar que algo fuera de mí existe. Lo entrego a mi ser superior y elijo la paz". Y ya. No caes más en la trampa de la ilusión. Y cuando esto ocurre, no saben qué suspiro de alivio y de paz llena tu corazón. Agradecimiento total. Y una vida mejor se abre ante ti.

Y en ese inter, me recuerdo constantemente que lo que veo dentro de mí (pensamientos y emociones) o lo que veo fuera de mí (personas y situaciones) es lo mismo. No hago diferencia entre un pensamiento y una persona. Si alguien me está diciendo algo, yo lo veo como si fuera mi propio pensamiento, pero visto hecho carne. Pero es mi pensamiento lo que estoy viendo.

Lo que veo, no lo juzgo. Puede que sí, en primera instancia, pero al siguiente segundo lo entrego a mi ser superior. Si lo que veo es un deseo, me perdono por desearlo. Recuerdo que soy espíritu y que no necesito nada. Siento la emoción, pero la veo con amor y compasión, como inocente. Y reconozco que ese deseo viene de esa imagen de Ari que cree que necesita algo para ser feliz. Y la bendigo y abrazo. Y entrego. Lo entrego porque he reconocido, por mi experiencia en esta filosofía, que no sé qué es lo que más me conviene. Ya que antes creí saberlo y, al pedirlo, si se me concedió, pero lo único que encontré fueron lágrimas y dolor.

He comprendido que el mundo que veo está destinado a morir y cambiar. Yo quiero dicha constante, y eso no lo encuentro en el mundo que hemos fabricado junto con el resto de las personas que decidimos estar en esta experiencia. Que no hay más personas; es una sola mente, pero aparenta que sí.

Antes de que conociera la visión no dualista	Hoy que conozco la visión no dualista
Mis dramas duraban más tiempo. Meses o años.	Hoy duran unos minutos, un día o una semana. Dependiendo del tiempo que quiera darme en silencio y del entendimiento del conocimiento.

Han existido momentos en que no quiero darme ese espacio de tiempo. Me meto en las actividades diarias y me olvido de mí. Pero al ver los resultados que obtengo al negarme a estar conmigo misma, es cuando veo la necesidad de ir a mi interior.

Recuerdo que, durante el segundo semestre del 2020, estuve un año sumergida en el victimismo. Y fue un año porque ese fue el tiempo que me duró mi colchón económico. Ya conocía la visión, pero decidí meterme al drama para arreglar mi problemática de pareja. Justo este libro se escribió en esa etapa de aprendizajes, que aún sigo transitando.

Cuando casi no tenía dinero, me dije: "Ari, ya no puedes seguir así, culpando al afuera. Ya tengo que regresar a mis bases para que me vaya bien como antes". El día que dije esto, comencé mi verdadero viaje de amor a mí, que me tomó otros dos años en recordar y afinar los principios que hoy ya tengo claros; pero que, aun así, por alguna razón, no me he iluminado. Como dice mi amiga Rous: esto no se acaba, hasta que se acaba. Lo que sí es que ya vivo la relación de pareja desde otra visión. Aunque luego se me olvida, al día siguiente recuerdo que no hay nada fuera de mí y vuelvo a mi paz.

Hoy en día, en cuanto pierdo la paz y decido entrar en silencio, el drama me dura minutos.

Pero, en esos dos últimos años, viví dramas que me duraban tres meses, luego un mes y, finalmente, ya en una semana los sacaba. Cada drama con diferente persona en mi vida.

El que tardó tres meses está descrito en este libro.

El que tardó un mes fue el más reciente; ya no tenía pláticas con Rous. Y este fue así porque tuve una situación que implicó revivir un recuerdo muy antiguo y doloroso, por lo que me tomó un mes comprender la forma correcta de solucionar esta situación y regresar a mi paz.

Pero sí me costó muchísimo. He durado a veces semanas porque igual estoy sumergida en la rutina de llevar a mi hija a la escuela y en las citas de trabajo. Pero si no tengo citas confirmadas, decido enfocarme en el silencio de mi interior hasta encontrar la paz. Porque he comprendido que mi interior es la fuente de todo lo que sucede fuera de mí. Que afuera sólo es un espejo de mi interior.

Antes de que conociera la visión no dualista	Hoy, que conozco la visión no dualista
Vivía en incertidumbre durante días, viviendo en agonía. Siempre queriendo saber cuál era la respuesta correcta o la decisión correcta. Me atormentaba mucho el no saber qué debía decidir.	Ya no me pasa eso. Porque ahora comprendo que no importa lo que haga ni que decisión tome. Lo importante es la paz que elijo en el presente.

He comprendido que las dudas son del personaje limitado que he creído ser. Que la certeza se alcanza en el silencio de mi interior. Que lo único real es este eterno presente; y que, si yo vivo de instante a instante en paz, sólo las situaciones podré observar sin juicio. ¿Por qué? Porque afuera sólo es un espejo de mi interior. Y si en mi interior hay silencio, dicha y paz, afuera lo encontraré también.

Pero, para verlo, primero debo aprender a ver el mundo que veo sin juicio.

Es decir, ver a una persona, pero sabiendo que sólo es energía, espíritu, uno conmigo. Que soy yo misma. Es mi propio pensamiento. Y desde ahí decidir y actuar.

Muy diferente a si veo a una persona y pienso que es un cuerpo físico diferente a mí. Su ofensa me la tomaré personal, y habré comenzado una guerra contra mí misma.

Antes de que conociera la visión no dualista	Hoy, que conozco la visión no dualista
El único lugar donde buscaba respuestas y soluciones era fuera de mí.	Sé que el único lugar donde encuentro lo que deseo, busco, necesito y soy, es en mi interior.

Antes le preguntaba a las personas su consejo, compraba un libro o pagaba una psicóloga.

Los métodos externos reflejan las dudas que siento, ya que atraigo y elijo con base en mi sentir y pensar.

Decidí dejar el afuera para encontrar soluciones, porque en mi interior:

- Es más sencillo encontrar la fuente de conocimiento.
- Puedo dejar de ser ese personaje que busca respuesta, para transformarme en un ser no físico que ya lo sabe todo y vive en la certeza del aquí y del ahora.
- He encontrado lo que busco, de forma fácil y rápida.
  - » La experiencia me ha enseñado que nada fuera de mí me dará lo que deseo. Me enseñaron que sí, pero yo me he topado con pared. Por eso tomo el camino corto a la dicha (mi interior).
  - » Si lo hago así, afuera puedo ver las cosas desde el amor.

Me gustaría explicarte con una metáfora, cómo veo mi interior.

Yo soy como un océano.

Tengo el cuerpo que veo y los cuerpos u objetos que veo fuera de mí. Esto sería la parte de afuera del océano.

Si sólo miras por encima, verás mucho movimiento de olas, basura, espuma. Todo eso son pensamientos manifestados, formas físicas manifestadas que se van creando desde la energía del océano.

Si miro hacia mi interior con los ojos cerrados, veré pensamientos, imágenes. Como en el océano, si te asomas un poco, observarás plantas y animales. Si me relajo y sigo observando, sin emitir juicios, sino sólo observando, podré sentir emociones o energía por mi cuerpo. Lo mismo que en el océano: si te adentras, podrás sentir la sutileza de la corriente que mueve las formas físicas. En este nivel, si hay miedo, lo observaré, si hay dolor también. Y al observarlo, se disuelve hasta que sólo queda paz y silencio. En esta última capa de océano o ser es donde yo he encontrado el origen de lo que sucede fuera de mí.

La mayoría de las personas se queda viendo el afuera todo el tiempo; es decir, no meditan u observan su interior.

Hay otros que sí observan su interior, pero de manera rápida, sin profundizar. Para mí es muy evidente que el afuera y el adentro de mí es lo mismo. He visto claramente cómo un pensamiento se manifiesta fácil y rápido. Esto sucede gracias a la práctica y a la transparencia que encuentro en mi interior, cuando decido verme.

Si no te metes muy seguido a tu interior, encontrarás demasiadas imágenes o emociones, y te dará miedo aquietarte y simplemente verlas. Puedes sentir demasiada ansiedad, por ejemplo.

Yo no conocía la ansiedad hasta que decidí enfrentar las situaciones dolorosas. Pero, como ya me acostumbré a sentir todo, lo dejo fluir sin juicio. Porque sé que mi ser es inmutable. Ningún pensamiento o emoción puede hacerle daño a mi ser. Y es desde ahí que permito todos los movimientos (pensamientos y emociones) en mi interior. Pero sí es práctica. Con la práctica, vas tomando más y más confianza para ver tu interior sin que ello te asuste.

Antes de que conociera la visión no dualista	Hoy, que conozco la visión no dualista
La culpa era un tema recurrente, ya sea porque culpaba al otro de mi sentir, o porque yo me sentía culpable de tomar ciertas decisiones.	Culpo (porque es un automático de la mente el proyectar la culpa) pero al observarme, decido inmediatamente perdonarme.

Antes, la culpa que yo echaba al de enfrente se quedaba en esa persona, mientras que yo sufría el dolor de víctima, sin encontrar una solución que me diera paz y amor. Mi forma de solucionarlo era huyendo del supuesto culpable, para encontrar a otro que aparentemente me daba paz, pero que en realidad sólo era otro muñeco, pero con diferente nombre. Otra persona a quien echarle la culpa de mi sentir. Y así vivía desde una postura de víctima constante. Hasta que por fin comprendí que no hay nadie afuera, que es la misma mente. Que el juicio que hago sobre la persona de enfrente es mi propio juicio.

Que el juicio que emiten sobre mí, en realidad, es mi propio juicio respecto a mí misma, que estoy viendo fuera de mí. Parece que están ahí las personas y que su juicio está fuera de mí, pero no es así. Su juicio es el mío.

Entonces culpo, pero cuando me doy cuenta de que culpé, decido darle vuelta en U a la culpa, para que regrese a mí, pero no para culparme yo, sino para recibirla con amor. Y esto lo hago así porque sé que no hay culpables. Que la persona de enfrente es tan inocente como yo. Que el de enfrente sólo me muestra mi contenido mental; así que le agradezco por la oportunidad que me brinda de poder ver mis pensamientos en él o ella.

R: Así es, el de afuera está para que tú recibas lo que le das, para que puedas observar tu pensamiento, porque finalmente el que experimenta el pensamiento o juicio es al que le está llegando. Brindar bendición y reconocimiento de que, en realidad, eso que ves enfrente de ti está también sostenido, como tú, en la misma consciencia de unidad. Por eso, para recibir hay que dar. No vas a recibir nada si no lo das tú primero; pero no desde lo físico, sino desde la consciencia de la unidad que eres, con eso que aparenta tener forma.

Y es ese amor que se nos olvidó que éramos; pero que debe partir primero de ti (como mente) para que te sientas completa y puedas expandirlo, incluso en el silencio mental, para recibirlo.

A: En mi caso, los tiempos en los que tardo en darme cuenta de que culpé no han sido siempre rápidos. Te voy a poner un ejemplo. La primera vez que decidí regresar con una pareja importante para mí, recuerdo perfecto que no podía tener una conversación normal con él, porque me sentía atacada. Lloraba y él se abrumaba porque no entendía; y menos yo.

Recuerdo que pude entender por qué lloraba gracias a que volvió a ocurrir un evento muy similar, donde fue a través de mensajes de texto. Sólo así pude ver que la culpa bloqueaba mi comunicación y que el llanto era porque en verdad me sentía superculpable de haberlo dejado.

Una vez superada la culpa, decidí continuar con él, pero era una constante emoción de desagrado. Recuerdo que hacía mis listas de todo lo que no me gustaba de él, pero no me atrevía a dejarlo. No podía dejarlo. Y pensaba que haciendo esas listas me serviría para que algún día pudiera dejarlo. Era un martirio hasta que encontraba a alguien más que me inspiraba a dejarlo, y lo dejaba. Cada año, en un largo periodo de tiempo, así lo viví con él.

En una ocasión, después de que según yo había definido claramente lo que quiero en mi vida (y no era él), de repente nos encontramos y decidimos volver a salir otra vez.

Lo hice porque me atrajo su forma de ser tan linda como siempre; no me sentía presionada de nada, ni con expectativas de nada. Sólo disfrutando el momento. ¿Y sabes qué pasó el fin de semana? Llegó la prueba de fuego y volví a sentir rechazo e incomodidad hacia él.

Entonces, ¿qué hice? Ya no lo culpé. Caché ya más rápido que, si bien mi mente me decía que el problema era él, yo ahora, más consciente, pensab*a*: "no, Ari. Él no tiene la culpa de tu sentir". Ahora tenía presente que su presencia sólo me permite ver mi contenido mental. Entonces hice un ejercicio que se llama Lectura del Ser y otro que se llama Juzga a tu prójimo. Todo en búsqueda de entender por qué estoy generando esta situación nuevamente.

Entiendo que hay varios caminos para llegar a lo mismo. Para mí, el camino más corto es el silencio y la respiración. El segundo camino, que le seguiría en tiempo de aplicación y solución, es pedir perdón y corrección de mi percepción. Y el tercero ya son ejercicios que te permiten conocer más tu contenido mental, donde metes tu mente para entender qué sucede.

R: Sí, en una juegas el papel de observador (en la meditación), pero si traes demasiado revuelta la cabeza, a mí me funciona el ser consciente de lo que está pasándome. Aunque a veces "me voy", entre comillas, porque no hay un lugar a donde ir que no me lleve y sólo existe este instante, pero en la ilusión del tiempo me voy con el pensamiento. Donde aparentemente pasaron tres días y luego me doy cuenta de que me cacho en la culpa de: "¿cómo es posible que pasaron tres días?". Entonces observo cómo me experimento y veo cómo me entrampó la mente, porque hago consciencia de que no estuve pidiendo perdón, y ahora estoy pagando la factura.

Pero bueno, el tema es: "¿cómo estoy en este instante?". Y al darme cuenta de todo este rollo en mi cabeza, ahorita que me estaba bañando, en una rendición con fe y confianza, llorando, pedía expiación. Expiación es pedir corrección de mi pensamiento a mi ser superior, término usado por el libro *Un Curso de Milagros*. Y, fíjate, haciendo hincapié en la frase que viene en la oración del Padre Nuestro, que dice: "no nos dejes caer en la tentación". También viene en *Un Curso de Milagros*, donde ahí nos dice: "no me dejes caer en la tentación de creer que existe la persona de enfrente, y de creer que me está atacando". Porque te enrolas si caes en la tentación. Por ejemplo, en este momento de mi vida, me enrolo con lo que está pasando a mis padres, donde ahora necesitan ser cuidados las 24 horas del día. Y todo ese tema me trae vuelta loca. Y aquí detengo a la mente y digo: "no me dejes caer en la tentación", sobre todo porque luego caes en los juicios.

Sé que puedes detenerte para hacer ejercicios para conocer por qué repites las situaciones y demás, pero en mi caso me funciona detener el proceso de pensamiento y simplemente pedir perdón y expiación.

Tienes que examinar (indagación) para observar y reconocer que es una ilusión.

A: Sí, de hecho, después de realizar mis ejercicios, no me quedó tan claro, así que me fui a otra estrategia, que es ubicar la emoción, adentrarme en ella y escucharla. Cuando la siento y escucho, escribo todo lo que se me viene a la cabeza y me di cuenta de que me sentía harta, enojada, etc. Se me vino a la mente que quizás sea por la nueva presencia de esta persona en mi vida. Pero raro, no entiendo, pues él es amoroso, todo está bien. ¿Cuál es el problema?

Claramente, la percepción que estoy teniendo es lo que me genera todo eso. Me perdoné por tenerla, afirmé que no entendía nada y se me ocurrió tomar un libro de Sri Sri Ravi Shankar. Ahí leí:

"Es bueno tomar la vida como un juego, como una diversión. Tú sabes que tú eres Dios y yo sé que yo soy Dios. Entonces, juguemos. Cuando partes de ese nivel de consciencia, no hay nada que enseñar. Solamente estar. Ven a sentarte conmigo, quédate conmigo un rato. Eso es suficiente, ya que tú y yo somos uno. Esto es el amor, ¿no es así? Es lo que te dice Dios cada *día:* lo estoy haciendo todo. Ven a sentarte conmigo. Lo que haga falta, lo haré a través de ti. Tú simplemente déjate vivir".

Esta última parte me hizo recordar la clave de vivir, que es "déjate vivir". Acepta lo que está ocurriendo aquí y ahora, sin resistencia, confiando en que todo lo que sucede está perfecto. Es parte del show y está bien. Si está sucediendo, es porque así lo quiere Dios. Es su voluntad y entonces está bien.

Así que decidí simplemente sentarme a sentir todo ese alboroto, hartazgo y odio que traía (que no entendía). Y dije: "¡Va! ¿Quieres sentir eso? Okay, me doy el permiso".

Así que me dejé vivir por la vida. ¿Cómo? Me senté y dije: "Okay, vida, si estoy sintiendo esto es porque así lo quieres. Está bien, aquí estoy. Lo viviré y sentiré".

Entonces me puse como flojita y cooperando, me relajé para simplemente sentir todo eso que estaba pasando en mi cuerpo. Así que comencé a sentir piquetes, como si estuviera pasando la energía por mis venas, y en algunos momentos ganas de llorar. Y yo seguía flojita y cooperando, hasta que después de un rato, cuando menos pensé, de repente llegó la paz.

R: Fíjate que, ahorita que dices el tema de pensar y sentir, esa es precisamente la identificación que tienes con tu cuerpo, que también podemos decir que es la botarga o avatar. Es esa identificación con el cuerpo en cuanto a lo que sientes. Y dices: "pues me lo voy a permitir sentir". El tema es que, si te das cuenta, aunque te lo permitas o no, ESTÁ PASANDO. Lo único que cambia es el cómo decides experimentarlo... lo permitas o no lo permitas, ESTÁ PASANDO.

Si lo resistes: sufres.

Pero si lo dejas pasar, siendo una consciencia que está observando, que no se identifica con los pensamientos ni las emociones, sino que simplemente están pasando por la botarg*a*: no lo catalogas ni lo enjuicias; entonces ya lo vives diferente.

El reto es, entonces, tener paz en esos acontecimientos. Y si, por alguna razón, se te quita la paz, desde la observación —que ahí es donde se da el milagro— pides perdón y expiación al darte cuenta de que no eres este cuerpo físico, que no tienes control de nada y que suceda lo que tenga que suceder.

A: Tienes toda la razón. En los tres años que te comentaba, que estuve aprendiendo a lidiar con mis dramas, lo que hizo que por fin encontrara paz después del último mes batallando fue, precisamente, dejar de identificarme con el personaje "llamado Ari" que sufre.

Cuando comprendí que ese alguien que sufre no soy yo, sino que solamente es una imagen creada de pensamientos pasados y expectativas futuras que he creído ser; pero que no soy una imagen y no soy pensamientos... ¡Uffff! Encontré la paz.

La paz llegó cuando decidí desidentificarme de esa imagen. No sabes cómo descansé y qué dicha encontré. Me de*cía:* "Okay, observo a esa Ari que sufre, pero esa Ari es sólo un pensamiento. No soy yo. Yo soy la que observa la imagen, no la imagen. Tan soy la observadora que puedo ver esa imagen que creí ser desde la paz, el silencio, con amor y compasión". Entonces, fue hasta que me posicioné en mi verdadera identidad, paz y silencio, que descansé.

¿Sabes, Rous? La fe de que nada de lo que sucede es real. Que todo son pensamientos manifestados o sin manifestar. Pero son irreales porque lo real no cambia. Lo real sostiene la ilusión. Por lo tanto, nada de lo que siento puede hacerme daño.

Cuando yo comenzaba a aplicar el conocimiento en lo profesional, recuerdo que era más fácil para mí manejar situaciones de "rechazo de clientes", porque sólo recordaba que yo había generado la situación con mis emociones, y que tenía dos opciones:

1. Perdonar y elegir diferente en mi interior. Con toda la fe y confianza de que sólo debía sentirme feliz y plena, ayudando y dando lo mejor de mí. Sabiendo que con esto era suficiente. Todo estaría mejor, si yo me siento bien.

2. O sentirme triste y preocupada, preguntándome el porqué. Culpando, sufriendo y con miedo a no tener nuevos clientes. Decidiendo hacer más llamadas, más citas; como si sólo del hacer se obtuvieran los resultados.

Cuando decidí aplicar el conocimiento en el área de pareja, tuve que pasar por mis falsas creencias respecto a mí, que veo gracias al espejo de mi pareja. Es mucho más difícil porque hay mucho dolor y ansiedad en mí.

Pero bueno, gracias a Dios, ahora puedo pasar por esas emociones con mayor consciencia de que así tiene que ser, que está bien, que no me pasará nada. Que sólo es permitir, perdonar, entregar y, con ello, sanar.

Porque entiendo que, si estoy aquí para recordar el amor que soy, entonces, ante todo lo que suceda, mi único objetivo es perdonar y verlo con amor.

Ya sea que esté viendo algo que no me gusta en lo físico, o que esté siendo consciente de pensamientos o emociones no gratas. Da igual. Siempre elegir el amor que soy.

¡Está súper bonito, Rous! Antes, cuando no tenía esta información, sentía estas emociones de ansiedad, no les hacía caso, sólo las sentía y me movían a la acción de huir de la persona; esa acción luego sólo generaba manifestaciones físicas aparentemente mejores, pero que al poco tiempo, sólo me traían decepción, ansiedad o sufrimiento. Ahora entiendo que la acción como tal no es tan importante, sino la emoción que generó esa acción.

Por eso siempre digo: hagas lo que hagas, ¿desde qué emoción lo haces? Porque eso determinará el resultado.

Como te decía, esta ansiedad la he sentido millones de veces, pero antes, que no sabía manejarla, sólo tomaba "en el exterior" remedios de corta duración. Porque, al final, me enfrentaba siempre a mí misma, a mis percepciones erróneas.

Por eso pongo entre comillas "en el exterior", porque realmente afuera sólo es una proyección de mis creencias.

Por más que intentaba encontrar soluciones afuera, era una locura, pues todo el tiempo sólo me topaba conmigo misma, con mi contenido mental.

Entonces, está muy padre que, antes de que se manifieste la locura de mis falsas percepciones —que me muestra la ansiedad que siento— ahora puedo tenerlo aquí conmigo y remediar la ansiedad en mí. .

¡Es un regalo!

Es un regalo que antes de ver la manifestación de mis creencias y emociones, primero pueda tenerlo aquí en mi interior, para verlo y decidir si deseo creer en esa locura, o mejor perdonarla y elegir el amor que soy.

Porque antes veía la emoción de rechazo hacia esta persona que te comento, las ganas de salir corriendo, el enojo por estar con él, y entonces ¡lo dejaba! Pero ahora que he elegido tener esta experiencia con él otra vez, ya puedo ver esas emociones y decirme: "Ari, ¿a dónde quieres ir? Si no hay un lugar a donde puedas ir que no te lleves. Ari, ¿de qué quieres huir? Si lo que sientes está en ti, eres tú. Afuera sólo es un espejo que te permite ver tus heridas mentales ilusorias".

Entonces, qué regalo de Dios tan grande el tener la capacidad de ver mi rabia desde la paz y la consciencia, y manejarla aquí, en mí, ANTES de que se manifieste en una forma física. Aceptar, perdonar e integrar aquí conmigo lo que siento, y así ya no verlo manifestado en lo "físico". Entre comillas, porque ya sabemos que todo es energía.

Cuando lo tengo en lo no físico, es más fácil verlo con amor. Es la oportunidad para ser amor con esto que estoy viendo y sintiendo en mí. Estando en mí, es más fácil manejarlo que cuando ya está manifestado en la forma "física".

Si pierdo la oportunidad de perdonarlo en lo no físico, cuando aparezca la manifestación en lo aparentemente físico, tendré una segunda oportunidad para perdonarlo e integrarlo. El problema es que puede ser más difícil manejarlo en lo aparentemente físico, porque reaccionas y se te olvida que son tus pensamientos y emociones manifestados. En el mejor de los casos, reaccionas y dices: "¡Chin! ¿Por qué generé esto?". Y en el peor de los casos de inconsciencia, simplemente reaccionas echando culpas y sufriendo.

R: Ahorita dijiste: "Chin en la acción, cuando ya te fuiste de largo". Ese es el tema inconsciente de vivir en automático. Y es que ser capaces de ver aquello que sucede desde una mente consciente, esa es la promesa, Ariadna.

En ese automático, cuando estás en el campo de batalla, en esa identificación, en la vorágine, cuando logras observarlo, siempre puedes elegir de nuevo. Lo ideal es que no pasara, pero si pasa, no importa. El tema es que no vuelvas a caer en la culpa ni en el juicio, porque si no, se vuelve como el perro que trae un pedazo de carne en la cola y está tratando de alcanzar ese pedazo de carne dando vueltas en lo mismo sin lograr nada. Y en lugar de ello, hay que recordar que siempre puedes elegir de nuevo. Ese es tu libre albedrío, mamacita. No te culpes, no te sientas mal. Si te estás dando cuenta, ahí es donde se da el milagro: vuelve a elegir y obsérvalo con el amor de Dios.

Y en esa consciencia de que todo es el amor de Dios, y que todo está aconteciendo para un mayor bien, ese es el regalo consciente, y comienzas a experimentarte diferente.

Que nuestros lectores podrán decir: ¿cómo?, ¿así nada más?

Y yo diré: cálelo. Porque yo antes vivía con mi drama, pero ahora, con esta nueva información, lo pongo en práctica y veo que me funciona. Si así como vives te sientes bien y te gusta, entonces síguele por ahí.

Porque vi que en el chat que tienes sobre un cambio de paradigma te pusieron una foto de niños desnutridos cuestionando que la vida es un juego, y es muy válido. Sin embargo, lo que le contestaste es claro: que lo que te ofrece el mundo no te dé tentación de verlo como real. Porque, ¡claro que te da tentación! Y la tentación no es: "me voy a robar dulces o algo que no se den cuenta". No. La tentación es ver lo que está pasando afuera como si fuera real, cuando en realidad es una ILUSIÓN.

A: Oye, ¿adivina qué? Justo en el blog que publiqué hoy en mi página web (www.ariadnasalazar.com), comento que la experiencia humana es como un juego donde debes recordar que sólo es una ilusión.

R: Justo comencé a leerlo. El título "El instructivo" me gusta; sin embargo, no hay uno. El instructivo es la experiencia. Es conocerte a ti mismo recordando la esencia, el espíritu y el amor que eres en la unidad con Dios, que nunca has dejado de ser y que se te olvidó que eras. No tú como Rosa, no como Ariadna, sino como la mente que se experimenta separada de Dios a través de estos cuerpos, y que se le olvidó.

Entonces, el instructivo es algo que vas haciendo y anotando a través de tu experiencia. Cada quien tiene uno diferente. De lo contrario, podemos caer en creer que sólo hay una receta, que quieres buscar un "cómo" y que alguien tiene la respuesta; y finalmente no hay respuesta. El ego quiere preguntar, indagar, buscar, pero no vas a encontrar nada. El tema es aterrizar en una fe absoluta y total y, desde ahí, ir viendo cómo te experimentas.

Porque lo pongo de nuevo en la mesa: ¿qué quieres?, ¿tener razón o tener paz? Si quieres sentirte inquieto y tener paz, al ser contrarios, es parte de lo que tu mente quiere estar jugando en este momento. Y está bien.

Aunque luego comienzan las discusiones: "¿por qué tú sí y por qué yo no?", "¿por qué matan gente?", etc.

A: Y el problema de dejarte llevar por lo que ves y por el ego (sistema de pensamiento basado en la separación, el tiempo y la forma física), es que luego quieres usar la misma receta de regreso. Es decir: condenas y matas al que mató, creyendo que con eso se va a solucionar, cuando en realidad sólo agravas más las cosas.

Recuerdo que en el libro Conversaciones con Dios de Donald Walsh decía que, si le pegas a una persona, generarás un sentimiento tal que, cuando esa persona tenga oportunidad de pegarte a ti, lo más seguro es que te pegue de regreso. A menos que esa persona tenga ya una consciencia de unidad con Dios y, en lugar de regresarte el golpe, te ofrezca la otra mejilla.

¡Qué impresión!, ¿verdad?

Se me hace muy extremo ofrecer la otra mejilla. Con no responder al ataque o perdonarme por ver ataque en lugar de una petición de amor, para mí ya sería suficiente.

En el libro *Un Curso de Milagros* dice: no veas ataque, ve peticiones de amor. Su petición de amor es tu petición de amor.

Se necesita un nivel de consciencia donde sabes que lo que ves en el otro, sólo es una proyección de tu pensamiento y que nadie te puede atacar ni lastimar. Quizás físicamente pareciera que sí te golpean y hasta te duela, pero no somos el cuerpo físico. Si creo que lo soy, sufriré por años y generaré más de lo mismo. Pero si elijo verlo como un ente neutral, una botarga fabricada por la consciencia de amor intentando recordarse, sólo perdonaré la situación creada, elegiré diferente y continuaré con mi paz.

R: Sí. O, en lugar de decir: "Oye, ¿por qué estas personas matan a balazos?", mejor preguntarte: "¿Qué me están mostrando?". Y ahí responder: "Me están mostrando lo que yo pueda juzgar de ellos, para yo recordar que no debo caer en la tentación de querer ver que alguien está matando a esas personas". Ir al perdón —que es donde se da el milagro—, pedir expiación y regresar a la paz. Y no quedarte en el drama de "es que la gente dejó de comer, luego matando a X personas, después violando a otras". Y es una pesadilla si lo ves con los ojos del dualismo, Ariadna. ¿Cómo puedes vivir en paz ante esas escenas? El no dualismo es la respuesta que he descubierto.

A: Sí. Una vez leí que en una población lejana se descubrió que, en una familia, el papá tenía relaciones sexuales con su hija. Y que la hija decía que sí le gustaba, que todo bien. Pero al salir a la sociedad, y al decirle a la jovencita que eso estaba catalogado como "malo", fue cuando comenzaron a generarse sentimientos negativos de culpa y demás.

Entonces, es cuando te das cuenta de que la experiencia está basada en el significado que le asignamos a las situaciones.

R: Sí, y agrega que el cotorreo que trae el ego es algo que, en realidad, nunca se termina. ¿Por qué? Porque la meta es el proceso.

Si vives en la mente dormida, el ego te preguntará: "¿Cuándo llego?, ¿cuándo llego?, ¿cuándo voy a llegar a estar en la unidad de Dios que dicen que soy? Pues yo me veo en este cuerpecito. A ver, díganme cuál es el A, B, C de pasos para llegar". Si finalmente todas las religiones y todos los caminos te dicen: camina con fe y confianza.

A: Yo el otro día le dije a un cliente que nosotros existimos y vivimos gracias a la fe. ¿Fe en qué? Ya cada uno decide. Pero la fe comienza desde el momento en el que tienes fe de que en el siguiente segundo vas a respirar.

Es decir, no puedes estar aquí sin fe. O tienes fe en lo físico o en lo no físico. Fe en que eres un cuerpo o fe en que eres espíritu. El tema es: ¿en dónde está tu fe? o ¿a qué le tienes fe? Normalmente tenemos fe en lo que la mayoría ha decidido tenerle fe, por ejemplo, en la tecnología.

Y le comenté todo esto porque se quedó sin trabajo, con grandes deudas, ya que le iba súper bien, pero la empresa para la que trabajaba hizo un fraude y el dueño se suicidó. Él también fue afectado por el fraude, ya que su dinero lo tenía invertido en la empresa y las dos casas que compró con hipoteca; los inquilinos metieron su dinero en el mismo lugar que él. Y ahora que ya no está ese dinero, sus huéspedes no quieren salirse de la casa hasta que les regrese su dinero, ya que ellos invertían ahí por invitación de él.

Entonces, el fin de semana me tocó platicar con él y recordarle que la única fuente de seguridad real es Dios (universo, inteligencia divina, como gustes llamarle), ya que Él nos trajo, nos tiene aquí y por Él respiramos.

Estamos hechos de fe.

R: De hecho, en el libro *Un Curso de Milagros* te dice que la fe es una de las características de los maestros de Dios, y luego te dice que maestros sólo hay uno, que es el Espíritu Santo, que cada vez que tú enseñas es lo que se está recordando la mente a sí misma.

Porque luego puedes *decir:* "sí, me voy a poner unas sandalias y saldré a la calle a sanar a la gente". Y entonces ahí vuelves otra vez a creer que eres tú el personaje.

De hecho, regresando a lo de tu blog, donde dices que "yo elegí la botarga que tengo en el juego llamado vida", ahí es importante aclarar que la elegiste no como Ariadna, sino como esa mente que decidió inventar todo este cotorreo.

A: Totalmente. De hecho, en el blog comentaba que la botarga cuenta con sistemas automáticos, como el corazón que late sin que yo tenga que hacer algo, o el cerebro que manda pensamientos de forma aleatoria, sin que yo los elija. Entonces, que el único propósito que tiene el personaje es recordar el amor que es, a través de elegir el amor en todo momento. Frente a pensamientos no amorosos, elegir amor. Frente a situaciones que le quiten la paz, elegir amor.

R: El tema es "Oye, ¿y cómo elijo amor?, ¿dónde lo compro?, ¿dónde lo encuentro para elegirlo? ¿Cómo lo elijo?". ¿O simplemente es repetirte: "Elijo amor", "elijo amor", "elijo amor" a todo lo que vea?

Tienes que tener consciencia de qué es lo que estás eligiendo. Cuando yo te hablo —que en realidad no soy yo, sino que me ha llegado información a través del libro *Un Curso de Milagros*— yo digo: Bueno, si experimento algo que me quita la paz, porque en ese momento me agarró la tentación, se me olvidó, y la mente, que es esta antena, se perdió y se revolcó en la inconsciencia de pensar que la ilusión es verdadera y que el ataque está afuera. Ahí es donde se genera el milagro. Porque luego la mente quiere saber cómo se genera todo. Quiere saber que, como dice el instructivo de Rosa y como el de Ariadna, que han podido encontrar el amor. Y dices: ¡ah, okay! Sólo es eligiendo el amor. Pero ¿cómo lo elijo?

Desde mi perspectiva, te diría que es perdonando. Pero no desde la soberbia de que voy a perdonar al otro por lo que me hizo. No. Sino, más bien, invertir el pensamiento que traías y ver las cosas totalmente diferentes.

Pero la mente puede preguntarse: "Oye, Ari, ¿a quién sigo?, ¿al A, al B, al H o cuál?". Y la respuesta es: todo comienza y termina contigo. Tu brújula es la paz. Punto y párale de contar. Porque, si no, vuelves a pensar que afuera hay alguien que tiene la receta, y no es así. No hay un instructivo, no hay una sola receta. Se va escribiendo y todo lo que te llega de información es lo que va surgiendo.

Por otro lado, en tu blog hablas de sistemas de pensamiento, y por otro, sobre los consejeros. Yo podría decirte que los consejeros son los pensamientos. No son cosas distintas o que estén separados. El consejero es el pensamiento. Un consejero que mencionas es el ego. ¿Qué es el ego? Son pensamientos. Es un sistema de pensamiento basado en la separación que te hace identificarte con este cuerpo. La mente se identifica con pensamientos y emociones. Y en la unidad no hay pensamientos ni emociones, no hay espacio ni fragmentación.

Los pensamientos de unidad —o el Espíritu Santo, que así fue como tú le llamaste en tu blog— siempre nos están sosteniendo. Y nunca has dejado de estar en la mente de Dios. Y esta divinidad nos da la total libertad de que, hasta que se nos pegue la regalada gana de recordar lo que somos como mente, recordemos lo que se nos olvidó que éramos. Entonces, es la divinidad diciéndote: "Ándale, pues. Métele a la experiencia. Olvida quién eres. Piensa que en lo físico está la felicidad, cuando realmente sabes que todo es perecedero. Cuando realmente sabes que nada es real, que todo es átomos vibrando, todo es una ilusión y que sólo es como una película proyectada en la neutralidad. Y está bien. Vete a soñar, tienes esa libertad, pero nunca dejaré de estar contigo. Estás en unidad conmigo, pero tienes la libertad de acordarte de esto cuando quieras".

A: Sí, tienes la libertad de experimentar algo que sólo es una ilusión.

R: Sí, y en esas estamos. Con nuestras historias de "sí, es que mi papá me golpeó, mi papá trae una enfermedad, mi mamá está triste", etc. Y todo volteado hacia afuera. Y ahí es donde se debe de frenar la tentación. Ahí, justo ahí, está la tentación. Pero la divinidad te dice: "¡adelante!". Sosteniéndonos es como podemos elegir soñar esta ilusión.

A: ¿Lo que te quita la paz es que tu papá trae la situación de que se le olvidan las cosas?

R: Sí.

A: ¿Y por qué te quita eso la paz?

R: Porque mi sistema de pensamiento egoico me agarra y me da tres vueltas, me hace perder la paz, me hace sentir inquieta.

A: Pero ¿por qué?, ¿qué te dicen los pensamientos o qué?

R: De lo que logro cachar, porque recuerda que son 60 mil pensamientos por segundo, y en medio de la vorágine no decides cuáles seleccionar de forma consciente. Ojalá pudiera decir: "Espíritu Santo, mándame ahorita puros pensamientos amorosos, por favor". Que sí puedo hacerlo, pero ya que me agarró la vorágine, en el mero evento cuando sucede la verborrea del ego, ni me acuerdo de eso. Puedo pedir verlo de otra manera hasta que hago consciencia. No cuando estoy dormida en la inconsciencia y no tengo control, sino hasta que logro observarlo.

Entonces, los pensamientos y emociones llegan aunque no quiera. Aunque le diga al Espíritu Santo que no lleguen, llegan, porque Él te dice: "Tu función es perdonar esos pensamientos que llegan. Para eso estás aquí".

Y es curioso, porque ahora que siento ya no etiqueto la emoción. Antes sí lo hacía, pero ahora lo veo diferente. Simplemente digo: "Bueno, estoy ahorita sintiendo todo este relajo. Estoy observando que no tengo las ganas de querer salir de este embrollo". Y ante eso digo: "Okay. Está bien sentir esto".

En lugar de decirme: "Sí, Rosa, ¡levántate y enfréntate a la vida!, ¡ve para ir a lograr!", en lugar de eso, me detengo y digo: "No. ¿Para querer lograr qué?". La conexión con fe y confianza de decir: "Espíritu Santo, te entrego estos pensamientos y que esta gracia divina que está en mí recuerde que yo ya soy amor".

Porque en realidad yo ya soy ese amor, pero es recordarlo. Poco a poco. Dice el libro *Un Curso de Milagros* que te vas a ir despertando dulcemente, despacito. No despertarás de golpe.

Y luego comienzo a sentirme más tranquila cuando hago consciencia de quién soy, en lugar de apegarme a los pensamientos del ego, que sólo generan mayor bajón emocional. Ahora me experimento diferente. Antes estaba totalmente separada de Dios, no había nada de fe ni de promesa. No había de quién agarrarme ni de qué.

A: Sí, es difícil vivir una situación de tanto estrés sin saber qué hacer o de qué agarrarte.

R: Así es. Por algo estuve medicada seis años. Fue todo un show.

Pero bueno, algo que también me llamó la atención de tu blog es que hablas de pensamientos visibles y no visibles. ¿A qué te refieres con eso?

A: Los visibles son los que te llegan y ubicas, como los pensamientos que te llegaban sobre el estado de salud de tu papá.

Y los no visibles son aquellos que necesito identificar a través de mis emociones.

R: Pero visible es ¿yo los veo?, ¿y los no visibles es que no los veo?

A: Los visibles son aquellos que puedo ubicar fácilmente. Y los no visibles son inconscientes.

R: Entonces, es como decir que son observables por la consciencia.

A: Así es.

R: En realidad, nada significa nada. No hay nada que explicar, no hay nada que decir. Todo está para soltar.

Porque, ¿cuáles puedes ver? Nunca estás molesto por la razón que crees, y te dice el libro *Un Curso de Milagros*: siempre veo algo afuera que no tiene significado.

Y para tener la capacidad de observar todo este relajo de pensamientos desde el amor y la inocencia, se necesita un milagrón.

A: Ja, ja, totalmente. Ayer puse a practicar a mi hija la lección del libro *Un Curso de Milagros*: "Estoy dispuesta a ver _____ de otra manera". Aunque ella terminaba decidiendo otra cosa, ja, ja. Pero me divertí y practiqué lo suficiente para cuando me tocó ver a su papá. Porque ya que estuve frente a él, lo primero que pensé fue la lección. Y me repetí:

"Estoy dispuesta a ver a esta persona de otra manera". Y eso me dio paz. Pude sentirme mejor frente a él.

R: Pareciera que tienes el control. Pero yo siempre me pregunto: ¿qué tan tonto es pensar que yo estoy decidiendo tener estos pensamientos de dolor? Pero ahora comprendo que los pensamientos no los controlas, sólo llegan a tu antena. ¿Cómo vas a tener el control de lo que la mente quiere a través tuyo? Y debes tener paciencia infinita. Y luego dices: "¡No, por favor! Yo quiero el cambio, ¡pero ya!".

Pero entonces, ¿qué quieres?, ¿que el otro te ame?, ¿que el otro te dé? Y ahí es donde vuelve a surgir el tema de la separación. ¡La tentación es tan latente!

Por eso es tan importante decir: "¡Por favor, no me dejes caer en la tentación de creer que lo que veo afuera es real!". En verdad, y repito: "¡No me dejes caer en la tentación de que lo que veo afuera es real!". Te juro que hoy, mientras me estaba bañando, repetía llorando con todas mis fuerzas: "¡Por favor, no me dejes caer en la tentación!" (llorando nuevamente). Pero se lo pedía con todas mis fuerzas. Le decía: "Dios mío, por favor, no me dejes caer en la tentación de ver como si la ilusión fuera real. Te entrego estos pensamientos. Debe existir otra manera de ver las cosas. Dios mío, por favor, te los entrego y deseo paz con todas las fuerzas de mi corazón. Finalmente, aquí estoy. Aparento que estoy sufriendo, pero aquí estoy sostenida por ti. Con el pensamiento del ego no puedo hacer nada, además de que no existe y yo no soy eso. Así que te lo entrego. Te lo entrego y corrígelo".

Con esa fe y confianza.

El fin de semana, aunque estuve revuelta en mi cabeza, llegué a mi casa, me fumé un cigarro y decía: "¡Wow, qué en paz me siento!". En medio de toda la vorágine, yo decía: "¡Wow! ¡Tengo paz!". Porque, ¿qué haces? Pues nada. Porque la mente es así: siempre de arriba para abajo.

Y si dices: "Ay, qué pinchi cansancio...". Recuerdas el libro que me leíste, donde había una frase donde Dios comienza diciendo: "Ven, siéntate aquí". Yo diría: ven y siéntate aquí a ver todo este pinchi cotorreo. Y luego la frase continuaba: "Ve la vida como un juego y vamos a divertirnos". Yo quisiera disfrutar la vida y no meterme en el sufrimiento, pero está muy difícil a la hora del juego. Cuando en el juego de Monopoly te toca la pinchi cárcel, dices: "¡Íjole, ya me quedé sin dinero!". Y entonces a veces te pierdes en el juego. Pero lo observas desde afuera. ¡Y no yo, como Rosa!, sino la mente que observa a través de mí. ¡Y es que, en realidad, no hay nada que puedas hacer, Ariadna!

A: Sí, es muy impresionante. Por eso te digo que cuando me sentí de la fregada, dije: "¡Bueno! No hay nada que pueda hacer, esto está ocurriendo a través de mí. Y si está pasando es porque así tiene que ser. Es por un fin superior. Así que ¡va!, ¡a sentirlo!".

¡Pero súper chistoso, Rous!, porque pienso: ¿por qué me da miedo sentir? Si sólo es energía pasando por mí. No me voy a morir. Creo que tememos más a la idea de sentir que al sentir en sí. Porque la mayoría ni llega a sentir nomás del miedo a pensar en sentir. ¿Me explico?

Me pasó con Natalia. Le dije que le sacarían sangre para saber qué tipo de sangre era. Cuando le dije, se puso a llorar, a hacer drama y sufrir. Y le pregunté: "Naty, ¿qué prefieres? ¿Sufrir 3 horas o 3 segundos?". Me respondió: "Tres segundos". Y después le dije: "¡Entonces deja de sufrir por algo que no está pasando en este momento!".

A mí me pasaba. Nada más sentía la puntita del iceberg de la emoción y salía huyendo a buscar remedios afuera de mí para no entrar en contacto con ese sentir. Hasta que te cansas de repetir remedios que no sirven.

El único remedio es permitirlo, aceptarlo, vivirlo, comprenderlo y entregarlo. Como dices: todo comienza y termina en mí. Y cuando siento que me quiero ir, me digo: "¿A dónde vas a ir? A donde vaya, yo voy conmigo". Así que, ante mi contenido mental, sólo es observar, permitir, perdonar si me quita la paz y entregar.

R: Aunque a veces uno desearía que fuera como ponerle cemento a una pared para que no me lleguen los pensamientos. Ja, ja, ja.

A: Por eso es mejor recordar que los pensamientos son como hojas cayendo de los árboles, simplemente. Observarlos y tomar sólo aquellos que te causen amor e inspiración. Los demás, observarlos y dejarlos pasar.

Los conceptos
El juicio inicial: la creencia en la separación (la Ilusión)

A: ¿Por qué "juicio inicial"?

R: A lo largo de nuestra vida siempre nos hablan sobre el juicio final, pero del juicio inicial, ¿lo habías escuchado antes? La primera vez que yo escuché "juicio inicial" pensé: "¡Ay! ¡Es cierto! Todo fin tiene un inicio".

Para empezar, ¿qué es un juicio? Un juicio es estar en un tribunal donde hay un acusado y un juez que dicta una sentencia. La persona enjuiciada normalmente está llena de temor porque no sabe qué sentencia le van a dictar.

Nos han dicho que, cuando llegue el momento de morir, habrá un juicio final donde estaremos frente a Dios y tendremos que exponer nuestros pecados y explicarle por qué mentí y robé lo de la tienda de enfrente. Él, viendo todo lo que has estado haciendo, te da de latigazos y te condena al infierno por tus pecados. Esto sería así si te tocó ver a Dios, porque si te portaste muy mal llegas directo al infierno, donde ni siquiera te toca verlo.

En lo personal, sentía gran terror en mi infancia cada vez que escuchaba hablar sobre el juicio final. Es un término usado por la religión para causar temor y así tener un gran motivo para "portarnos bien". Yo decía: "Tengo que ser buena hija, tengo que estudiar y hacer todo lo que digan mis papás". ¿Y si no le das dinero a tus padres? Eres mal hijo y "te vas al infierno".

Y pensaba: "Pero, ¿qué tal si hice algo mal que no me di cuenta, como un mal pensamiento? ¿Me voy a ir al infierno?". Porque Dios sabe todo sobre ti y tus pensamientos. Cuando llegue el juicio final, ¿las voy a pagar todas? Por eso es como un tribunal, donde hay un juez que dicta una sentencia o castigo. Pero entonces, ¿qué sentencia me darán a mí? Me lo cuestionaba.

Todo esto entendido bajo un concepto dualista: hay un Dios externo, separado de mí, que me juzga y me hace vivir en terror.

Cuando conocí Neuroevolución con Pablo Merino, en el 2018, entendí "el juicio final" bajo un concepto dualista donde la que experimenta el juicio soy yo. No es Dios el juez, no es hasta que muera. Más bien soy yo, en este presente, quien vive la consecuencia de mis propios juicios. Porque lo que pienso, lo siento y lo experimento.

Lo que yo estoy pensando es lo que estoy sintiendo. Entonces, si yo observo mi juicio (de esta persona, Rosa Orozco), dependiendo de lo que yo esté pensando y enjuiciando, yo aquí la estoy pagando. Es decir, aquí mismo vivo el cielo y el infierno. No es cierto que estás separado y que hay un cielo y un infierno en mi futura defunción.

No. Si piensas cochinadas, es aquí mismo donde yo vivo mi propio juicio y las consecuencias emocionales que eso implica. El cielo y el infierno son un estado de consciencia mental.

Por ejemplo, a pesar de que yo me esforzaba por ser buena hija, yo vivía el infierno de la depresión y la tristeza.

Y decía: "Si estoy haciendo todo lo que me dijeron que tenía que hacer bien, ¿por qué me experimento triste y no me quiero levantar de mi cama?".

A: Te entiendo. Yo no tenía mucha comunicación con mis papás para que me dictaran lo que era bueno o malo, pero lo que me influenció fue lo que veía en la tele y ahí aprendí todo lo que se esperaba de mí. Veía que lo ideal era formar parte del grupo de populares, ser buena estudiante, sacar buenas notas, etc.; y, aun teniendo todo eso, no me sentía plenamente feliz.

R: Son ideales sociales que te dijeron. Finalmente, no importa de dónde llega la información, todo se va conectando, te va influenciando y va generando tu propia programación. Es lo que tú te haces cree*r:* "dicen que es lo bueno", "dicen que es lo padre". Lo experimentamos, pero después te das cuenta de que no es lo que piensas, no es lo que aprendiste. Porque la experiencia te lo demuestra. Ejemplo: "Hago todo bien y, aun así, me siento deprimida y triste".

A: Sí. Estamos acostumbrados a guiarnos por una programación (en su mayoría inconsciente) que adoptamos de la sociedad; y, al formar parte de esta colectividad, la creemos y la reforzamos entre todos. Hacemos algunas acciones por el miedo a ser castigados aquí o en el juicio final. En el fondo lo que nos mueve es el deseo de ser aceptados, amados y ser bienvenidos en el cielo.

Más adelante entendí, desde un concepto no dualista, que para que exista una experiencia del tipo "juicio final", es necesario que la mente juzgue.

El concepto de "juicio final" desde los dos puntos de vist*a:*

Dualist*a:* Hay un juez, fuera y separado de mí, generando una sentencia de lo que hago.

No dualist*a:* Cualquier pensamiento no amoroso no es nada y no tiene implicaciones reales. Por más juicios que hagamos, nuestro ser es invulnerable. Esto es así porque sólo estamos soñando. Al despertar nos daremos cuenta de que, en realidad, no pasó nada.

R: Eckhart Tolle comenta que "el tamaño de tu drama es el tamaño de tu ego". ¿Y qué es el ego? Son todas tus creencias aprendidas como Rosa Orozco. Es toda la programación de Rosa. Es decir, hay una sola mente que está pensando, que está fragmentada en muchos aparentes cuerpos. La persona de enfrente de mí, ni en cuenta.

Los juicios vienen de este ego que cree que sabe, pero realmente sólo son pensamientos basados en un pasado inexistente.

La mente

Rous: ¿Qué es la mente?

Ari: La mente es todo, ¿no? ¿O qué?

R: Ja, ja, ja.

A: Sí, porque esta experiencia se vive a través de la mente. Pero no, porque no somos esta mente. ¿O sí?

¡Aah, qué nervio! Somos sólo un pensamiento. ¿O no?

R: Ja, ja, ja. Le vamos a llamar a esta plática el título de: La claridad. Ja, ja, ja.

A: ¿Viste la película de Dr. Strange?

R: Sí, la vi.

A: A veces siento que quizás, cuando me voy a dormir, despierto de este sueño en el que vivo. Es decir, que el sueño nocturno es el real y esta experiencia, según yo, física, no.

R: Pues, ¿quién te puede garantizar que no sea así? Dicen que todo es un sueño y que no hay pensamientos fútiles. Que todo en algún lugar se está proyectando. Todo lo que piensas se está manifestando en otro sueño.

Todos los pensamientos se manifiestan en lo aparentemente físico. Y luego reflexiono: "¡Ay, ay, yai! ¿Qué estoy pensando?". Pero luego digo: "A ver, espérate, yo no estoy pensando. Si te están llegando esos pensamientos es porque así tiene que ser, y Dios, que sostiene esta experiencia, lo está permitiendo. Pero, en realidad, nada de esto existe, salvo en un pensamiento ilusorio, porque la mente decidió creerlo como real".

La ilusión del ego es la fuente del cotorreo.

Es que está bien loco este mundo que vemos, Ari. Y es cuando mejor decides dejar de ver afuera, porque, si no, te vuelves más loco. Aunque, en realidad, el mundo está mostrando mi locura. ¿Para qué? Para perdonar la ilusión que creímos real.

Los pensamientos

» **La experiencia familiar de Rous**
R: Hace unos días estuve en un taller aprendiendo sobre la muerte. Ahí comprendí que los pensamientos que llegan a nosotros no debemos rechazarlos, sino que, al contrario, debemos darles la bienvenida. Si los rechazas, refuerzas la separación.

Y nuestros lectores podrán preguntar: "¿Hay personas desconectadas de la divinidad?". La respuesta es que todos estamos en la unidad. Sólo en la ilusión creemos que estamos desconectados. Todos compartimos los pensamientos; eso nos conecta, al ser una misma mente todos. ¿Lo estoy pensando, lo estoy sintiendo? Le doy la bienvenida.

Ayer tuve una experiencia que fue un parteaguas en mi vida familiar: un Zoom de 5 horas con mi familia (papás y hermanos). Fueron temas de hace 30 años. Lo que uno de mis cuatro hermanos me mostraba era impresionante (como mi espejo). Era impresionante. Yo escuchaba lo que estaba diciendo, le mandaba luz y luego seguía diciendo cosas que yo me preguntaba: "¿Qué?, ¿cómo?". Lo que me decía me mostraba cómo la mente se queda atrapada en el pasado. Y me argumentaba que, una vez, cuando tenía la camioneta amarilla, yo le pedí apoyo para ir al centro a comprar unos botones, y, como me dijo que no, luego yo bajé con mi mamá a decirle que por favor le dijera que me llevara al centro: que escuchó cómo yo le dije a mi mamá para que me llevara.

Entonces comentaba que esa escena hablaba de cómo era yo.

Y yo pensab*a*: "¿Qué?, wow. Cómo la mente se queda atorada en el pasado". Porque me estaba diciendo de un evento que había pasado hace ¡añales! Me regaló la oportunidad de ver mi contenido mental, de ver cómo la mente está absorbida por pensamientos del pasado, porque así lo estaba enjuiciando yo a él.

¡Pero yo no soy la mente egoica! Yo no elijo qué me llega y qué no me llega de pensamientos. Me hizo ver cómo te quedas ¡atrapado en un sentimiento de un pensamiento!, y cómo en el presente puedes estar experimentando algo que llega de tus recuerdos. El juicio que daba er*a*:

- Como era yo.
- Que nada más estoy pensando en mí.
- Y que siempre me ha gustado tener el control.

Obviamente sabemos que cada uno habla desde su persona. Pero yo no lo estaba enjuiciando; sólo le mandaba luz cada vez que él hablaba. Sé que no existe el juicio hacia afuer*a*: sus juicios son mis juicios hacia mí, y me los muestra. A su vez, yo le estoy mostrando lo que tenga que mostrarle, para que él pueda expresar lo que tenga que expresar. Lo que me mostró a mí fue lo mío. Expresó sus pensamientos y me mostró cómo la mente se queda atrapada en las historias.

Yo le decía: "Quiero resolver esto desde el amor". A lo que me respondía: "¿Cómo? No te entiendo. ¿Cómo que desde el amor?". Tuvo que intervenir una de mis hermanas y comentarle: "Mira, Rosita y yo hemos tomado cursos de crecimiento personal para poder estar mejor, y por eso Rosita te dice que quiere resolverlo desde el amor". Se notaba en su cara que no entendía nada. Y yo pensaba: "¡Wow! Cómo el ego no sabe actuar desde el amor, porque ese es el papel que le tocó jugar en esta ilusión. Y ni modo: ¡para eso está!".

A: Ja, ja, ja, qué loco.

R: ¡Loquísimo! Pero la cordura es observar la ilusión. La locura es pensar que estamos cuerdos. ¡Y no! ¡Es al revés! Pensar que el de afuera me hace daño es la ilusión.

Durante la plática con mi familia me observaba a mí misma. Veía cómo tenía emociones de todo tipo: me enojaba, me calmaba y después observaba cómo ellos me miraban, y luego observaba a mis papás. En un momento, de plano, me puse a llorar y dije: "Es que yo quiero que me quieras. Pero no puedo hacer que me quieras". A lo que me respondía: "No. Es que no confío en ti. Podría quitarte el cuero de la cabeza y ver dentro de ti tus actitudes y tu forma de ser".

Y yo: "¡Wooow!".

Luego decía: "Mi papá te ayuda a ti y te ha ido bien porque lo tienes cerca. Él te dejó hipotecar la casa para que pagaras tu deuda".

Y yo le respondía: "Sí. Mi papá me ha apoyado, pero ¿qué te he hecho yo a ti?".

A: Creo que le gustaría ser el favorito de tus papás.

R: Seguramente sí, pero no es algo que esté en mi control.

Tiene ciertas actitudes que hacen que mis papás, al verlo, tomen sus decisiones.

Decía que yo quiero controlarlo todo, incluso en temas que no conozco. Pero ante todo lo que decía, decidí tomar mi ego, ponerlo en una bolsa y, desde la humildad que tengo, comentarles a mis papás:

—Papá, mamá: yo quiero que este hermano se quede como coordinador de los dos negocios. Yo no me voy a salir; me voy a quedar arriba del barco. Cuenten con mi apoyo y seguiré todas las indicaciones que dé, pero quien se queda a la cabeza es mi herman@. No puedo trabajar teniendo que cuidar mi espalda. ¿Está bien, mamá y papá? Entonces vamos a darle esto a mi herman@.

Y así terminó la plática.

Me fui a dormir descansada y ¡feliz! Mi herman@ es muy inteligente, y l@ alabo. Lo que me muestra es que el ego no se deja ayudar. En algún momento le propuse tomar el curso de Neuroevolución y no quiso. Ahora comprendo que el que no quiere, no quiere. Y que, desde su forma de ser, me ayuda a mostrar mi contenido mental. Eso lo agradezco con profundo amor.

Entonces digo: "¡Woow, Ariadna!".

Los pensamientos llegan; yo no decido pensarlos.

Me acosté a dormir y me llegaban pensamientos de "que si esto, que si lo otro", y yo: "Bienvenidos sean". ¡Pero con una sonrisa que se me volteaba la cara, Ariadna!

Es cuando dices: "¿Tú crees que no voy a compartir esta información?" (llorando).

"Por supuesto que sí" (llorando aún más).

Sí, sigue llegando el miedo, pero para eso estamos aquí:

para abrazarlo con amor y transformarlo en algo más hermoso. Tú me lo decías, Ariadna. Lo tienes tan claro, pero se te olvida, igual que a mí. Y para eso estamos aquí: para recordárnoslo.

Porque sí, podemos escribir un libro, tener mucha información, pero a la hora de los guamazos se te olvida.

Ayer fue tan maravilloso. Cuando convoqué a mi herman@, no pensé que se conectaría al Zoom, porque en el viaje familiar que tuvimos en el crucero por Alaska ni se acercó a nosotros. Ni siquiera nos saludó.

Pero yo, todo el fin de semana, le estuve mandando tanta luz... y sí se conectó.

Todos estamos sostenidos por el mismo amor, y el amor está en todas partes, aunque parezca que no.

Y no es que dejen de pasar las cosas aparentemente malas, pero ahora, con estas herramientas, puedo salir más rápido de los problemas generados por la ilusión de separación.

Para mí es una maravilla sentirme feliz y no guardar ningún resentimiento con mi herman@. Ayer salió todo a flote y se arreglaron malentendidos. Fue un verdadero parteaguas. Todo nació de mi intención de amor, que es lo único que importa, porque no puedo cambiar lo que los demás piensen, digan o hagan —eso sería querer controlar y me volvería loca—. No se puede. Sólo queda ir hacia adentro.

Las necesidades del ego son:

- El reconocimiento
- El Control
- La seguridad
- Sentirse especial
- Creer que es una persona

A: Justamente ayer que estaba en el hospital sintiendo miedo, pude comprobar esa necesidad de sentirme segura.

R: Sí. Y si abrazas esos pensamientos de miedo que llegan, eso es abrazar la humanidad.

El milagro es cuando haces consciencia de que el de afuera no te está haciendo nada. Todos somos uno y, en realidad, es una ilusión lo que está pasando. Me guste o no, me pelee con ello o no, lo de afuera es un reflejo de mi interior.

A: Hablando de que te llegaban los pensamientos, quiero contarte una etapa de mi vida donde, estando con una de mis parejas del pasado, todo tranquilo y bien, de repente noto que llegan pensamientos de fantasías con otra persona. Recuerdo que me ponía supermal. Entre el nervio, el miedo y lo abrumada, me preguntaba: ¿Por qué me llegan estos pensamientos, si aquí estoy bien, no me quiero ir con otro chico?

Mi cuerpo y emociones sí querían una fantasía con alguien más, pero mi mente me decía: "¡No, por favor!". Y la razón del porqué mi mente no quería era porque, para mí, representaba un patrón repetitivo de irme para luego regresar de nuevo con él.

Te platico un poco más de historia.

Hace 4 años decidí dejar a una de mis parejas (pareja 1). Lo hice porque pensaba que no teníamos nada en común.

Una persona que conocí en aquel entonces fue la que me llevó a tomar la decisión. Viví una experiencia de 2 meses con él (pareja 2), pero al final no coincidíamos en nuestros proyectos, así que regresé con la pareja 1.

Fueron unos cuantos meses los que estuve con él cuando de repente comenzaron a llegarme deseos y emociones de estar con alguien más otra vez. En aquel entonces, me dejé llevar por la emoción. Pensaba que, si sentía las ganas de estar con otro hombre, pues debía hacerlo. Y entonces dejaba a la pareja 1. Sin conflicto, vivía la experiencia feliz con la nueva persona, la pasaba bien, pero al final esa persona no quería más tiempo conmigo, y como la pareja 1 estaba libre y disponible, regresaba con él.

Lo anterior se repitió no una vez, ni dos, ni tres, sino como unas 4 veces en mis últimos 4 años.

Para la cuarta vez sí dije: "Ya, Ariadna, ya estuvo bueno de estar repitiendo el patrón. Ahora sí, si lo vas a intentar otra vez, que ya sea la superbuena. Ahora sí, da el 110 % de ti".

Y así fue. Entre terapia, cursos, tiempo, dinero y llanto, ambos hicimos todo por sacar la relación adelante. Poco a poco superando nuestras áreas de oportunidad, hasta que, por fin, vimos estabilidad y seguridad. Ya estando en este estado de "todo está bien", ¿qué crees?, que tuve una cita donde disfruté una buena plática con un café, con una persona 15 años menor que yo (llamémosle susodicho 1). Su forma tan emprendedora de ser me atrajo tanto que, en verdad, mi cuerpo se inflaba de emoción y recuerdo que cuando meditaba podía ver cómo mi mente generaba pensamientos de escenas con él, besándolo y cosas así.

Al principio me asusté y lloraba porque decía: "¡Ay, no, por favor! No me quiero ir otra vez. Aquí con la pareja 1 estoy bien". Entonces me estresaba y no sabía qué hacer. Antes no era problema, pero conforme fui detectando el patrón repetitivo y que ahora sí quería afianzar mi familia, mis pensamientos de estar con alguien más comenzaron a generarme problemas. Me atormentaban porque tenía miedo de regresar a lo mismo otra vez.

Gracias a Dios, esta vez no quise que pasara nada con él porque decía: "Es que, ¿cómo voy a involucrarme con una persona tan chica? ¡Y además es mi cliente!". Y chistoso porque, a pesar de mis fantasías, cuando ya lo tenía enfrente, no sentía lo mismo. Me daba pena, no tenía el valor, ni él, de hacer algo más.

Pero tener esos pensamientos sobre él me atormentaban. No los quería.

R: Ariadna, es que puedes pensar: "Yo no puedo estar pensando esto". Pero si te peleas, a lo que te resistes, persiste. Así que, si te hacen sentir mal, es porque debe existir otra forma de verlos.

Pero dime, ¿ahora ya sabes qué hacer con esos pensamientos?

A: Una persona de mi giro me pidió una cita porque necesitaba de mi asesoría y en esa plática ella me recomendó un libro que se llama "Amar lo que es". Cuando me dijo el título, dije: "¡Wow! Este es un claro mensaje para mí. ¿Cómo amar mis pensamientos de lujuria por alguien más, cuando ya tengo a alguien en mi vida?".

Con ese libro aprendí lo que eran los pensamientos. Así que lo primero que hice fue aceptarlos en mi persona. Decía: "Okay, los viviré aquí y ahora conmigo. Si esos pensamientos me están llegando, está bien". Y me permitía sentirlos y vivirlos en mí.

Aprendí a no hacer nada, sino sólo vivir los pensamientos en mí. Aceptarlos y ya.

Con el tiempo, esas sensaciones y pensamientos fueron bajando de intensidad hasta que, después de un par de semanas, ya había pasado todo. Por primera vez, mis pensamientos no me llevaron a la acción de dejar a la pareja 1. Había dado el primer pequeño paso, mas no el último. Porque al menos en ese momento lo aprendí, el problema es que más tarde se me olvidaría esta lección.

R: En realidad, la vida está ocurriendo. La emoción está. La quieras vivir o no, la vida está ocurriendo.

Tú crees que eliges vivirla, pero no es así; la vida sucede y la vives quieras o no.

Dicen que si la vida te cambia el guion, pues cámbiate de vestuario. Si no quieres cambiarte de vestuario, es decir, si no quieres que pase por ti esa emoción, si no quieres vivirla, si no quieres dejarla pasar por ti, entonces súfrela y resístela. Pero la vida está pasando.

Aquí es donde entra tu nivel de consciencia acerca de cómo quieres vivirla: puedes dejarla pasar sin sufrirla, porque te conviertes en una consciencia testigo. O puedes dejarla pasar mientras te revuelcas y sufres.

En cada una de ellas se experimenta muy diferente. En la forma física es lo mismo, pero en la manera de vivirlo es lo diferente.

La promesa es que, si tienes fe y confianza en lo que eres (simplemente consciencia), puedes ver tus pensamientos sin sufrir.

Porque, por otro lado, al ego lo que le vuelve loco es la incertidumbre. Y el ego te va a decir: "¡No! ¿Cómo vas a dejar pasar esa emoción? Eso está mal. No te dejes". O te dirá: "No pasa nada, ve y háblale".

Por eso la importancia de aceptar lo que sucede. Y si no lo aceptas, está bien, resístelo y súfrelo. Resístelo, súfrelo y repítelo hasta que te canses y te rindas.

A: Y eso fue lo que me ocurrió. Olvidé la lección aprendida con este joven menor que yo y repetí lo mismo con 2 chicos más (Susodicho 2 y Susodicho 3). Me dejé llevar por mi emoción. Según yo había aprendido a no hacerle caso a la emoción, sino sólo vivirlo y permitirlo en mí. De hecho, con el Susodicho 1 no sufrí. Pero luego con los otros dos, sobre todo con el Susodicho 3, ya que el Susodicho 2 no se prestó para más, me agarraron las fantasías otra vez y, en lugar de decidir vivirlas en mi mente y ya, pasé a la acción de buscarlo y demás.

R: Faltaba un proceso de rendición. Por eso lo repetiste con ellos.

A: Yo creo que necesitaba el dolor que experimenté, sobre todo con el Susodicho 3, para entender que afuera nada me dará lo que busco. Aunque te diré que todavía en el 2023 volví a caer en la misma trampa de creer que afuera es real, que me dará el amor y la felicidad que busco. Y si no había sufrido lo suficiente con el Susodicho 3, con el nuevo y último (hasta ahora) Susodicho 4, sí me fue muy mal. Lo que más me costó trabajo fue desapegarme del sueño ilusorio de amor que me vendieron en la tele, la sociedad y mi familia.

Y ahora volteo y veo la historia que me contaba con el Susodicho 4 y pienso: "Ari, ¿cómo creíste todas las babosadas de que era el amor de tu vida?". Sobre todo porque normalmente todos los susodichos suelen ser el amor de mi vida. ¿Cómo es que al ego se le olvida algo así? ¡Ay, no, qué risa!

Este último sí sentí que lo amé como nunca había amado a nadie en mi vida. Sí lloré mucho el desprendimiento. Pero hoy ya estoy tranquila.

Mis principales lecciones inspiradas en *Un Curso de Milagros* fueron:

» **No sé lo que más me conviene.**

Porque, has de saber que después de no saber durante una semana del Susodicho 4, llegó otro Susodicho 5 que había respondido a mi loca petición de conocer a alguien como el Susodicho 4, pero que viviera en Guadalajara. Y se me concedió, pero él no quería una relación seria el día 1 que me conoció, y yo le dije que yo sí (ja, ja). Cuando platico con él y me doy cuenta de su perfil, me llegan las fantasías. Pero esta vez sí dije: "No, Ari, cálmate. Vienes de vivir una situación igual con el Susodicho 4, ¿y vas a lo mismo?". Porque él tenía un perfil similar al anterior, de algo que yo me quejaba, nada más que vivía en Guadalajara. Sí me gustaba el perfil del Susodicho 4, pero la distancia era difícil de manejar. Y entre que no quería y sí quería, al final me permití salir con el Susodicho 5, lo disfruté 2 días intensamente, y luego puse punto final, cuando vi que ya estaba muy feliz y emocionado queriendo salir más conmigo. Y lo hice porque recordé que me dijo que en realidad no quería una relación. Y yo sí quería. Entonces, ¿para qué me meto donde no? Sufrimiento seguro más adelante. Así que básicamente es: Ari, entrega todos tus deseos a tu ser superior, porque realmente no sabes lo que más te conviene. Dijiste que querías xx, te lo dio la vida, pero que mejor yy. Te lo da, y luego que mejor ww. Y ahí me la llevo. Y en el ínter, sufriendo. Ay, no, qué barbaridad.

Sobre todo porque los deseos del ego son conflictivos. Quieres alguien que te quiera, y ya que lo tienes, mejor siempre no. Ja, ja, cosas así de extrañas.

» **Acepto lo que sucede como la voluntad de mi padre, que es la mía.**

Esa parte de aceptar lo que sucede me costó lágrimas, porque claro que yo quería que el susodicho 4 me escribiera, me hablara, me dijera "Te amo eternamente". Pero no. Sólo presencié su ausencia, que reflejaba la ausencia que tenía conmigo misma al estar volcada hacia afuera buscando amor como mendiga; olvidando completamente el amor que soy.

Ahora comprendo que lo que sucede es porque es lo mejor para mí, y si aprendo la lección, encuentro el tesoro de lo que soy. Normalmente las situaciones "difíciles" te ayudan a tomar el camino correcto, que es hacia nuestro interior, hacia Dios.

» **Entrego todo. Vivo el presente.**

Cualquier pensamiento lo entrego. Vacío mi mente para que entonces Dios piense por mí y me guíe, ya que yo no sé lo que más me conviene; no entiendo nada de lo que sucede. Confío en Dios totalmente. Mi único papel es ser feliz aquí y ahora, encontrando la dicha en mi interior y en el presente. Disfrutando el presente, valorándolo, agradeciéndolo. Y si algo me quita la paz, perdonarme por haberle otorgado realidad o poder; y lo entrego a Dios para su corrección.

» **Nadie me hace nada. Sólo mis propios pensamientos pueden quitarme la paz, y eso es así, porque así lo he decidido. Y al ser yo, decido diferente.**

Me perdono por sostener pensamientos que me lastiman. Abrazo con amor y compasión lo que siento y me perdono por creer que son reales. Los entrego.

Entonces ahorita me siento tranquila, pero luego hay días que amanezco con ansiedad que me da piquetes en las piernas y brazos. Cuando eso me sucede, medito 30 minutos, descanso 5 minutos y medito otros 30. Me ha servido mucho para estar en paz, tranquila y feliz conmigo misma. Algo que no había podido lograr, pues siempre tenía a un susodicho en la puerta.

R: Pues al menos tu brújula el día de hoy te dice que ya.

A: ¿Y sabes qué? Me pongo a pensa*r*: ¿cómo es que volví a caer en generar esas experiencias? Pero es que en realidad tenía la loca fantasía de que el de enfrente me iba a hacer feliz. Recuerdo perfecto que, mientras trataba de lidiar con el Susodicho 3, llorando le pedía a Dios: "Diosito, es que yo sólo quiero tener un novio y ya. ¿Qué tan difícil puede ser eso?". ¡Fíjate! Pidiendo un novio amoroso, mientras mis emociones deseaban a un chico al que no le importaba. Porque yo quería estar con el Susodicho 3, pero no me pelaba. Ahí fue cuando entendí que más bien me gustaba sufrir.

Ya con todo lo que he vivido, por fin acepté que realmente no hay nadie afuera que me dé la felicidad que ya soy. Y que el de afuera nunca podrá darme ese amor que creo necesitar. Aunque me revuelque, no hay nadie afuera. Y eso es lo que no quería aceptar. Me costó mucho trabajo.

R: Es que no es fácil, Ari. Ahí fue un milagro. El milagro no es en la forma. No es que pidas un carro y te llegue o te lo den. El milagro es la consciencia de la comprensión de que, en realidad, es una ilusión lo que está aconteciendo. Y que tú ya eres todo. Porque en realidad ya somos todo.

A: No es fácil renunciar a las fantasías que durante tanto tiempo guiaron mi vida, porque yo las fabriqué y creía en ellas. Me daban sentido de ser Ariadna. ¡Mi vida eran los hombres! Si sacas eso de la ecuación, ¿qué queda?

Ahora entiendo que queda la verdad.

Pero en ese momento es una ansiedad tremenda. Y realmente deseas que el de enfrente te ame; pero, ¿cómo me va a dar amor? Si afuera sólo es un espejo de mi interior. El amor no está afuera. El amor soy yo. Y es lo que cuesta trabajo creer. Si siento vacío, falta de amor, pues afuera atraigo personas que no me valoran, no quieren estar conmigo, ausentes. Y el tema es que, si no estoy atenta a mi interior, cuando menos pienso, mi mente ya está teniendo pensamientos sobre los chicos.

Ahorita, en cuanto cacho pensamientos de chicos, los entrego de inmediato. Y eso hace que ya pueda estar en paz. Y tenga cada vez más lapsos de amor y paz conmigo, sin preocuparme de nada. Porque pienso:

Lo que deseo ya está aquí conmigo. Disfruto cada presente. La vida me irá mostrando el camino. No tengo nada que decidir. Dios me guía y decide por mí.

Qué maravilla extender mi paz a lo largo del día y de los días, al saber que soy guiada y, sobre todo, que no necesito pensar para existir. Al contrario, mis pensamientos fabricados en la individualidad de Ariadna, sólo limitan el ser que soy. Porque son pensamientos basados en un pasado que ya no existe.

Si yo juzgo, lo hago desde el pasado inexistente y eso limita el milagro de amor.

Por eso mejor, no juzgo. Entrego mis pensamientos. Encuentro el amor en mi interior. Y vivo la dicha de ser una con Dios.

R: Leyendo el libro "Amar lo que es", de Byron, ella dice: "Enfréntate a tus pensamientos con comprensión".

Yo he comprendido que a Dios no se le ve, sino que se le comprende. "Un pensamiento resulta inofensivo a menos que nos lo creamos". Aquí vuelve otra vez el tema de que todo es una creencia, una idea, un pensamiento. ¡Fíjate el poder!

"No son los pensamientos, sino el apego a ellos, lo que genera el sufrimiento".

Cuando tú te haces consciente de que somos espíritu, el tamaño de lo que estás dormido es tu drama y el tamaño de tu sufrimiento. También he escuchado que el dolor es inevitable, pero el sufrimiento es opcional.

A: ¡Ay, qué impresión! Y ¡seguro que sí! Leo esto "del tamaño de lo que estás dormido es tu drama y el tamaño de tu sufrimiento" y tiene toda la razón.

"Apegarse a un pensamiento significa creer que es verdad sin indagar en él". "Una creencia es un pensamiento al que hemos estado apegados a menudo durante años. La mayoría de la gente cree que es lo que sus pensamientos dicen que es".

R: Es la identificación. Es el olvido. Tú crees que eres tus pensamientos.

A: Y sí que se nos olvida.

R: Ari realmente se le olvidó, se le olvidó, se... le... olvidó. Lo que eres se olvidó. De verdad crees que eres tus pensamientos y que eres tu cuerpo. Continuando con la lectura: "Un día advertí que no estaba respirando, sino que me estaban respirando".

¡Wow! Esto es una mente que nos está pensando.

De hecho, el pecado no es: "ay, me voy a meter con Juan

y con Pedro" o cualquier idea que nos han enseñado sobre el pecado. No, no es eso.

El pecado es la creencia de que estoy separado de Dios. Una alocada idea.

Y nuestros lectores podrán preguntar: "¿Crees que hay personas desconectadas de la divinidad?".

La respuesta es no. Todos estamos en la unidad. Sólo en tu ilusión crees estar desconectado.

"Entonces también advertí, con gran sorpresa, que no estaba pensando, que en realidad estaba siendo pensada. Y que pensar no es personal".

Cuando leí esto, dije: "Sí. Otra loca como yo". Y luego, Ariadna leyendo lo mismo.

No es personal, es una mente la que nos está pensando. Así como es una mente la que te está respirando.

"Te despiertas por la mañana y dices: 'Esta mañana no voy a pensar'. Ya es demasiado tarde, ya estás pensando. Los pensamientos simplemente aparecen de la nada y vuelven a la nada. Cómo nubes que se mueven a través de un cielo vacío. Están de paso, no han llegado para quedarse, no son perjudiciales.

No son perjudiciales hasta que nos apegamos a ellos como si fueran verdad".

Aquí, Ariadna, está el regalo, en donde comprendes que la mente se está pensando separada: "el de afuera me está haciendo daño". Pero cuando haces consciencia y ves estos pensamientos, abrazas esa humanidad y pides corrección: ¡Ya tenemos todo el cuento completo, Ariadna! ¡Lo ves! De todo lo que nos va llegando de información, yo digo: "¡Gracias, Dios mío, porque la mente está despertando a través de mí!".

Finalmente, no es que voy a dejar de pensar. No es: "¡Quiero silencio!, ¡quiero silencio! Y si pienso, ya se me quitó la paz". No. No es así. En realidad, meditando o no, los pensamientos te siguen llegando. El regalo es que tú veas los pensamientos con consciencia diciendo: "No soy esos pensamientos".

Ves los pensamientos con compasión y abrazas la humanidad.

Continuando con el libro:

"Nadie ha sido capaz jamás de controlar su pensamiento. Aunque la gente cuente la historia de cómo lo ha conseguido. No dejo que mis pensamientos se marchen, me enfrento a ellos con comprensión y son ellos los que se marchan de mí".

A: Tienen razón, cuando los comprendo, ellos son los que se van.

R: Sí, por tu nivel de frecuencia.

A: Vas vibrando de una manera y empatan contigo aquellos que están en tu mismo nivel de consciencia. Cuando entras a otro nivel de comprensión, tu vibración cambia y, por lo tanto, ya no empatan los pensamientos anteriores.

R: No es que yo sea mejor y tú eres peor. No es así porque todos somos uno.

Por eso el tema de que lo que das es lo que recibes. No puedes regalar algo físico, más que en la ilusión.

Alguien puede decirte: "Yo te regalo un libro".

Ah, qué padre, ¡ni existe!

Pero si yo te regalo un pensamiento de bendición con todo mi corazón, ¿quién lo recibe?

A: Tú, porque tú eres quien lo está pensando y sintiendo.

R: Sí, y ahí estamos en una vibración de amor. Sabiendo que tú no eres ese cuerpo, sino que formas parte de mí y, al reconocerlo así, me vivo a través de ti, sostenida por el amor de Dios. Ese es el regalo. Y aun sin comprenderlo, me llega la información que no sólo la recibo yo, como esta aparente Rosa, sino que se expande a toda la filiación.

"Los pensamientos son como la brisa o las hojas de los árboles. O las gotas de lluvia que caen. Y a través de la indagación podemos entablar amistad".

Si resistes, persiste.

Si lo rechazas, regresa.

Si te peleas, te jodes.

Energéticamente le das realidad.

¿Por qué te asusta algo que no eres tú?

Pides a tu ser superior que los corrija y se van corrigiendo.

Reto a las personas que estén leyendo nuestro libro a que lo hagan.

Para que lo experimenten. Porque aunque me pare de cabeza, el lector no va a sentir lo que yo siento. Ni puedo hacer ver el infierno que pasé, a como experimento ahora mi vida.

Por eso quiero expandir este conocimiento.

Además, porque sé que, si lo expando, regresa a mí. Somos uno mismo.

A: Sí, porque en el momento en el que lo sacas, ya lo estás sintiendo tú.

R: Así es: lo que das es lo que recibes de forma INSTANTÁNEA.

"¿Discutirías con una gota de lluvia?".

A: Qué hermosa reflexión, ¿verdad?

R: Leer "¿Discutirías con una gota de lluvia?" me encantó. Pues ¡qué ilógico! Pero así es la locura.

A: ¡Exacto!

R: Esa es la locura, ¡sí! Porque así de loco es que te pongas a pelearte con una gota de lluvia.

A: ¡Sí! ¡Que te pongas a llorar y a estresar por un pensamiento que no significa nada! Salvo el significado que tú decidiste ponerle. ¡Qué locura!

R: ¡Sí! ¡Y esto es así porque crees que tú eres tus pensamientos! ¡Wow!

"Las gotas de lluvia no son personales, como tampoco lo son los pensamientos".

¡Porque no existe el cuerpo, Ariadna!

"Una vez que te has enfrentado a un concepto doloroso".

Un concepto doloroso porque tú crees que es doloroso. Si lo vivo y lo siento, ¡pues claro!, aunque no quieras, mamacita, te está llegando el pensamiento y te duele. El tema es si eliges apegarte al pensamiento y lo sufres. O sólo observas el dolor y entregas esa creencia que te hace sentir el dolor.

Recuerda: el dolor sucede, pero el sufrimiento es opcional.

Con otro nivel de consciencia lo veo y lo abrazo. Es la humanidad. Y aquí estamos. Porque ni tú ni yo pedimos estar aquí.

"La próxima vez que te enfrentes a un concepto doloroso con comprensión, quizá te resulte interesante. Lo que antes solía ser una pesadilla, ahora es algo interesante.

Y luego, la siguiente vez que aparezca, tal vez te resulte divertido".

A: ¡Wow! Ahora lo entiendo mejor, porque lo he vivido.

Con el Susodicho 3 me pasó algo así. Primero eran dolorosos ciertos pensamientos que me llegaban al estar con él. No sabía qué hacer, más que pedirle amor y atención a él. Luego comprendí que no hay nadie afuera que pueda darme ese amor, más que yo a mí misma o Dios. Al comprenderlo, pude ver mis pensamientos dolorosos y entregarlos a mi ser superior para su corrección.

Al regresar algunos de ellos, decidí seguirlos para entenderlos mejor, y a lo que me llevaron fue a recordar escenas dolorosas de mi pasado. Con mi imaginación, viví esas escenas, sentí el dolor y ahí me apapaché y recordé que el amor siempre ha estado en mí. De esa manera, comprendí el origen y lo sané. Esos pensamientos dejaron de llegar y poco a poco tenía más lucidez para tomar mejores decisiones.

R: Ari, compartir esta información es algo que se me sale por los pies. Y es un pensamiento de: "¡Ve y expande el amor de Dios!".

Yo ya comprendí que cuando lo estoy dando, me está regresando.

A: La emoción es un pensamiento inconsciente.

R: El sentir es: "te está llegando un pensamiento, y hay una bioquímica dentro de tu cuerpo".

Si el pensamiento que te llega es amoroso o no, son sólo pensamientos. Gotas de lluvia.

Y pienso: Los pensamientos llegan, yo no los pienso.

Y luego me respondo: ¿Cómo? ¿Yo no los estoy pensando?

Y me respondo: No. Llegan.

A: Los observas y los sientes.

R: Exacto. El tema es cómo los etiquetas.

A: Con base en tus juicios. ¿Y quién emite esos juicios? El ego, que es otra parte de la mente fraccionada.

R: Exacto.

Oye, si finalmente la densidad es la misma energía del amor de Dios, pero vibrando más bajo, y por eso Dios está en todo y en todas partes.

Aparenta existir la oscuridad porque está densa, pero es lo mismo. La densidad, tu cuerpo y el mío. Existe porque aparenta verse, pero en realidad no existe la materia.

Entonces la densidad es la misma frecuencia de Dios, pero vibrando en otra frecuencia: frecuencia densa por un lado, y por otro, frecuencia sutil; pero al final es lo mismo.

Pero entonces, ¿quién sufre? ¿Quién se apega? ¿Quién emite el juicio?

Y la respuesta es la mente que está soñando y despertando.

La observación del contenido mental

Ari: La primera vez que escuché que **afuera sólo es un espejo de mi interior,** fue cuando terminé mi segundo día del curso de Neuroevolución con Pablo Merino. Era de noche y me recogía mi pareja 1. Él estaba muy molesto y grosero porque lo hice esperar 30 minutos sin darme cuenta, pues el curso terminó tarde y yo ni en cuenta.

Al ver su rostro enojado y escuchar sus palabras hirientes, yo sólo pensaba: "El de enfrente es mi espejo".

"¿Cómo?", pensaba yo. "¿Así de mal me trato a mí misma?". Darme cuenta de eso me hizo llorar.

Rous: Sí, recuerdo que me contaste como si fuera ayer.

La teoría del espejo a mí me quedó muy clara cuando escuché el ejemplo que Pablo Merino comparte en el curso; y es el hecho de que cuando tienes, por ejemplo, una espinilla en tu cara, tú la sientes, a ti te duele; pero el de enfrente, al ser tu espejo, la ves en él. Estás viendo el grano enfrente, pero tú eres quien está experimentando el dolor.

El milagro es cuando haces consciencia de que el de afuera no te está haciendo nada. Todos somos uno y, en realidad, es una ilusión lo que está pasando afuera. Me guste o no, me pelee con ello o no, lo de afuera es un reflejo de mi interior.

A: Afuera veo manifestadas mis creencias. Las creencias son pensamientos a los que he decidido darle valor y poner mi fe. Pero no necesariamente son reales porque crea que lo son.

En el nivel de la experiencia física pudiéramos decir que todo es real, bueno o malo, se ve y se siente real. Aquí tus creencias deciden lo que es real. Y creemos que es real porque nosotros lo inventamos.

Hemos creído como real esta experiencia física, como mente que compartimos con "todos".

Pero hay otro nivel, el de la no forma, donde sólo lo amoroso es real.

Es decir, un pensamiento parece que puede lastimarte porque así lo crees y así lo sientes (Nivel de experiencia física), pero, cómo realmente somos un pensamiento amoroso, energía, consciencia.

En este nivel, definitivamente nada, ni nuestros pensamientos fabricados de miedo, pueden hacernos nada. •
Nada.

Sentirás que mueres, pero no mueres.
La clave, de acuerdo al libro de *Un Curso de Milagros*, es:
Nada real puede ser amenazado.
Nada irreal existe.
En esto radica la paz de Dios.

Lo real es lo que somos: energía, consciencia, amor, "el observador" de la experiencia. Por más que piense bien o que piense mal, los pensamientos no tienen ningún efecto real sobre lo que verdaderamente soy.

Soy un pensamiento amoroso en la mente de Dios.

Que se le ocurrió una inocente idea de pensarse separada, lo cual no es posible, salvo en la ilusión fabricada que vivimos. Estamos aquí para recordar lo que realmente somos:

Somos un pensamiento amoroso en la mente de Dios, que se le olvidó, pero está recordando.

R: En esta vida sólo hay dos caminos: amor o miedo. Aterrizado y dividido en muchas líneas.

El amor se subdivide en: paz, alegría, dicha, tranquilidad, etc. El miedo en: agobio, tristeza, enojo, etc. Y si te fijas, no puedes explicarme cómo se siente estar triste; lo tienes que experimentar. Y para eso estamos en este plano físico. La mente se está experimentando a través de lo que no es, para recordar lo que sí es.

Y el pase de entrada para poder experimentar el cielo o el infierno es tu espejo (el de enfrente). En *Un Curso de Milagros* te menciona que "tu hermano es el camino, la verdad y la vida".

A: ¿Cómo que es tu pase?

R: Cuando tienes a una persona frente a ti, experimentas paz o no; todo gracias al de enfrente que te está permitiendo ver tu contenido mental a través de lo que estás sintiendo por la interpretación que está haciendo la mente cuando lo ves. Si no tuvieras al de enfrente, ¿cómo te verías? Se necesita un espejo.

Siempre la persona de enfrente es el camino, la verdad y la vida. Todo lo que tiene forma es lo que te ayuda a ver tu contenido mental.

Y si tú, al ver el de enfrente no estás sintiendo paz, entonces ahí es donde se pide corrección a ese ser superior que te sostiene. No que está afuera de ti, sino en ti.

Con esa humildad de decir: "Se me está quitando la paz, debe existir otra forma de verlo, te lo entrego, corrígelo". Y ahí es donde empieza a perder poder ese pensamiento.

Estimado lector, te invito a que lo pruebes.

Yo hablo de mi testimonio, que es mi verdad, y cada uno tendrá el suyo. Todos los caminos te llevarán a la Verdad. La vida está ocurriendo, no tengo control de nada y llegará cuando tenga que llegar. Y si estás desesperada buscando, por ahí no es.

Hay un filósofo, Kant, que dice: "Vemos las cosas no como son, sino como somos nosotros".

A: Sí, totalmente, tu contenido mental lo estás viendo en el de enfrente. Porque lo veo a través de mi pasado.

Y precisamente en mi experiencia me di cuenta de que tengo un juego en mi mente que yo le llamé: el juego del sí, pero no.

R: Yo siempre he comprendido que el "pero" es para invalidar todo lo anterior: esto y esto y esto, pero... y aquí ya valió porque invalidas lo que dijiste previamente.

A: Sí, es correcto. Me pasó algo que puede ejemplificar el hecho de que sólo vemos nuestro contenido mental.

Resulta que mi hija me dijo ayer que quería irse a una casa hogar porque le dije que ahí llevaban a los niños que sus padres ya no querían.

Entonces, mientras platicábamos de eso en la comida, ella se levanta del comedor, se dirige hacia la puerta del departamento y se sale. Yo voy tras ella y le pregunto: "¿Qué pasó?"; a lo que me responde que ya se iba a la casa hogar porque no se siente amada.

Yo comencé a decirle todas las cosas que hacía por ella, que le demostraban mi amor. Pero ella no lo veía; ella sólo fraccionaba su visión y sólo veía los detalles que no le parecían y que confirmaban su creencia, que, desde mi punto de vista, era errónea.

Ahí entendí cómo perdemos de vista el fondo de las cosas, por sólo ver lo específico. Y que cada uno decide qué ver de todo lo que acontece.

Entonces ella me mostraba que pierdo el fondo que sostiene todo y que es más grande, al decir sí, pero no. Y por lo tanto, el consejo que le di a ella, realmente era para mí. Ella sólo estaba reflejando mi contenido mental.

R: Fue un gran regalo, Ari. Lo que hacemos comúnmente es que quitamos lo verdaderamente importante (la esencia y el amor que somos) por fijarnos en lo que tiene forma. Si lo llevas a una esencia del ser y del ego: te pierdes en la parte física.

A: Es que, al final de cuentas, el mejor regalo que nos podemos dar, son pensamientos amorosos de paz, confianza, fe y amor.

Por ejemplo. En la noche me llegó la emoción de querer buscar al Susodicho 3. Y le escribí. Pero esta vez fue diferente.

En lugar de ver ausencia y abandono (pensamientos de miedo), decidí no darle significado al hecho de que no me había escrito.

Como personaje-espejo en mi historia, no quise ver abandono, sino una petición de amor y pensé: "Le voy a escribir, porque es lo que siento y está bien. No enjuiciaré mi sentir. No tiene nada de malo querer estar con alguien".

Lo que él piense o diga, ya es otro rollo. Pero al menos yo me siento tranquila de saber que se lo dije.

Y así fue. Le escribí: "Quiero estar contigo" y me dormí.

A las 12 de la madrugada que desperté, vi que me contestó: "¿De qué forma quieres estar conmigo?".

Y yo le dije que de todas las formas y volví a dormir.

En la mañana, mientras escuchaba *Un Curso de Milagros*, decía:

"Sólo la voluntad de Dios es lo que ocurrirá".

Este pensamiento me dio tanta paz.

Me quitó todos mis miedos, que dije: "Mira, Ari, digas lo que digas al Susodicho 3, da igual. Si es la voluntad de Dios que estemos juntos, lo estaremos. Y lo mismo; si no es su voluntad, no lo estaremos".

Así que ahora descanso en esto. Tranquila. Sabiendo que yo ya expresé lo que deseo. Si se da, es que es lo mejor para mí, y si no, pues no. Ahora que ha pasado ya el tiempo, agradezco a Dios que no pasó eso que pedía mi ego. Así fue la manera de brindarme pensamientos de paz en lugar de pensamientos dolorosos al no saber de él. Pero más tarde, también comprendería que realmente debía perdonar la creencia de necesitar a alguien en mi vida.

Es como si ante todas las peticiones de dolor, Diosito sólo las observara y ya. Pero si es algo acorde a mi verdadera identidad, inmediatamente lo brinda.

¿Qué genera dolor? Pedirle algo perecedero. Pedirle esclavitud a algo que cambia.

R: Si juzgas, no te sientas mal, el de enfrente está para que veas tu contenido mental. Y puedas pedir corrección de lo que no es, de imperfecciones, etc.

A: Hablando de imperfecciones, fue lo que me pasó.

Yo veía a los chicos que llegaban a mi vida y los veía imperfectos. Decía: "Sí, pero no". Siempre les ponía un pero.

Hasta que un día pedí a la vida entender el juego de "sí, pero no"; cómo quitármelo, porque la infelicidad detectada venía de esa forma de ver las cosas. Y entonces, me llegó la luz y entendí que todo lo que veía afuera era el "sí, pero no" que traía dentro, y que la única forma de quitarlo era comenzando a ver a las personas diferentes. Es decir, a mí misma diferente.

No ponerme peros. Valorar y disfrutar de lo que soy. Entendí que nadie enfrente de mí es imperfecto, de la misma forma que yo tampoco lo soy.

Entonces, la aceptación de mi espejo es la aceptación de mí misma.

- Así que decidí:
- Dejar de juzgar
- Dejar de pedirle al de enfrente algo que no es
- Dejar de pedirle algo que no puede darme

- Y dejar de ver en mí eso que me falta, ya que no me falta nada. Así como estoy, y soy, soy perfecta y única De igual forma, entonces, decidí amar y aceptar a las personas tal cual son, y a valorar a todos en sus múltiples formas de ser de cada uno.

Así como son, están perfectos y están completos. Disfruta, pues, a cada persona en lo que es.

R: Acabas de decir dos términos importantes:

Sin esperar algo que no es, que es la expectativa del ego

Y sin juzgar. Aquí recuerda que, si juzgas, ese juicio es sobre tu contenido mental y te sirve para conocerte

Cada situación que está apareciendo en la proyección de Ariadna es un regalo. No es para que lo juzgues, de si está mal o no. Porque si lo juzgas, no sales del bucle. Ahora Ari se está juzgando de que está juzgando mal. ¿Me explico? Sigues en lo mismo, en la juzgadera.

Entonces, es tan sencillo.

A: ¡Claro! El saber que todo es perfecto tal como es.

R: Sí, es perfecto, pero no en la forma o en el hecho; sino en la esencia de lo espiritual que no tiene forma.

Pero mientras estemos en esta experiencia, que aparenta ser física, la teoría del espejo la requiero para poder ver mi contenido mental.

A: Sí. Después de vivir esta experiencia, mi reflexión es que, si un atributo del ser es la libertad, entonces ¿por qué aprisionarme a una sola persona?

R: Hablas de un tema muy bonito: la libertad. Si finalmente todo es una mente que se está soñando separada en cosas, personas, animales, ¿en dónde crees que está la libertad?

A: En la forma en la que ves las cosas.

R: ¡Claro! Finalmente, el sueño feliz es comprender que todo es espíritu.

A: Y que todo es un pensamiento.

R: Sí, todo es un pensamiento en esta experiencia. Pero entonces, si todo es un sueño, ¿por qué sufrimos?

A: Porque lo olvidamos.

R: Recordarlo nos lleva al sueño feliz. Al tan afamado sueño feliz; que en realidad no naciste, nunca moriste, somos eternos; y comprendes que todo es una ilusión.

Alguna vez escuché de Juan Pablo Godínez esto:

¿Qué es más peligroso: un sueño donde te están persiguiendo 20 lobos, o uno donde sólo te está persiguiendo un lobo?

En ambos te quieren matar.

A: Yo pensaría que el de los 20 lobos.

R: ¡Ninguno!, porque los dos son sueños. ¡En ninguno te vas a morir! Imagínate experimentando la vida, sabiendo que somos eternos en esencia. Pero lo más denso es este cuerpo y el obstáculo es el miedo.

Yo no pedí nacer.

La vida está ocurriendo. Es una locura.

Por eso, esta percepción o nueva forma de ver la vida es totalmente al revés.

A: Sí, pero entonces ¿dónde está la cordura?

R: Está en comprender que en realidad no tenemos que sufrir y que todo es un sueño.

Porque somos átomos vibrando, no hay pasado, no hay futuro. ¡Que alguien me explique, por favor!

O dime dónde puedo encontrar el pasado. ¿Dónde está?

A: Ashhh, me desespera cómo fácilmente nos enganchamos al sueño.

R: Por eso estamos aquí, para pedir corrección.

A: Es que es impresionante cómo mi mente comienza a pensar que, hasta que tenga a "x" chico, ya voy a ser feliz.

R: Ari, la meta es el proceso. No hay una zanahoria que perseguir. Toda esta experiencia es para recordar lo que a la mente se le olvidó: los recuerdos.

¿Estás de acuerdo que todo está en los recuerdos?

A: Pero si todo está en los recuerdos y el pasado no existe, ¿entonces?

R: Todo tiene que ver con recordar lo que a la mente se le olvidó.

A: Pero recordar algo que no existe, no existió. Está superloco.

R: Así es esta locura de creer que es real lo imposible: la separación, el tiempo, la forma física, la muerte.

A: Las características del ser son: eterno, inmutable y amoroso. Este mundo es todo lo contrario, por eso es una locura creer que existe este mundo o que existió. Salvo como un pensamiento erróneo que hemos de perdonar para regresar a la verdad: de que nunca existió este semejante mundo.

Pero para llegar a esta verdad, ¡pufff!, el ego se muere. Literal, debe de morir la idea de Ari, Rosa, Juan, "mi casa", "mi hija"; y eso es a lo que no queremos renunciar.

Pero como dice *Un Curso de Milagros*: renunciamos a nada a cambio de todo.

Nada es lo que ven nuestros ojos y TODO es lo que NO ven nuestros ojos, que está más allá del tiempo y el espacio. Que no hay palabras para describirlo. Las palabras lo limitan.

¿Cómo salir del sueño que hemos creído real?

La brújula es mi sentir. El amor y la paz que elijo ante lo que veo es el camino; y no será sino hasta que todos (como una sola mente) lo reconozcamos.

R: Y entonces me pregunto a mí mism*a:* Oye, Rous, ¿cómo le haces cuando estás en un momento tal que sientes que te está sudando hasta las orejas? Cuando estoy sintiendo pavor. Por ejemplo, en la noche. A veces ni siquiera necesitas al de enfrente. A mí me pasa que en la noche me despierto y estoy soñando algo horrible, o veo cosas que, en lo personal, me sucede que veo como si pasara algo o alguien al pie de mi cama. Desde niña yo veía cosas en mi cuarto. Y mis papás jamás permitieron que durmiera con ellos.

Ahora con el conocimiento que tengo, justo la semana pasada, me despierto con un miedo feroz; observo el pensamiento porque tengo miedo. Lo observo y me da risa. Pienso: "Es tu contenido mental, Rous, lo entrego para su corrección. Debe existir otra forma de ver esto".

Te lo digo aquí normal, pero en ese momento me suda todo, del pánico.

Pero al momento de observarme, le quito ese poder.

Si me da miedo, es por cómo lo estoy viendo.

Físico o no físico, ni para qué le busco. Que, de hecho, lo físico no existe, salvo en el sueño que hemos creído real. Si dejo de creer en él, pierde su poder.

Antes sí me cansaba de buscar explicaciones. Pero ya no. Porque el ego te pone a buscar, pero ahora entiendo que, en lugar de buscar, debo encontrarme.

Y no es que deje de tener miedo por tener esta información, no. No es que esté iluminada.

Sino que mi experiencia es mejor. Por eso es por lo que quiero exponer esto a los cuatro vientos. Aunque bueno, así que yo quiera no; porque no me gusta exponerme, me refiero al personaje Rosa, pero la vida, que realmente soy yo, me lleva a exponerlo.

Si yo veo algo fuera de mí y lo juzgo, me quita la paz.

Lo más difícil es entender que si estás viendo algo enfrente, es porque está en ti.

A: Y si eso que está frente a ti te quita la paz, sólo habrá que observarlo desde el amor, sabiendo que no es real. La fe que le había depositado a las creencias que me quitan la paz, moverla de lugar y ahora poner esa fe en mi ser superior para que lo corrija.

La manifestación física

R: Siempre he conocido que el éxito está asociado al tener o poseer. En el sueño aparecen cosas que aparentan ser materiales, pero en realidad sólo son átomos vibrando. Es sólo una proyección de la mente. Son pensamientos que aparentan estar afuera en forma física. ¿Por qué algunas personas tienen en su proyección mental una vida de riquezas materiales (casas, mucho dinero) y por qué a otras personas no les aparece eso, sino más bien pobreza? ¿Por qué a unos sí y a otros no? ¿De qué depende la manifestación física?

A: Neville Goddard diría que todo depende de tu nivel de consciencia (creencias que tienes respecto a ti mismo), porque afuera sólo refleja tu mundo interior.

Pero regresando a tu pregunta: ¿por qué "nací pobre"?

Yo te diría que la consciencia o mente total es todos los

personajes. Y en esta variedad que inventó es la manera en que recordará que en realidad no es Rosa ni Ari, sino que todos son lo mismo. Una parte tomará el papel de "pobre" y otra de "rico" como contraparte, para encontrar la verdad, integrarse y sólo así despertar del sueño.

Una vez leí que no te sales de esta experiencia con la muerte, sino con el conocimiento y reconocimiento de que esto en realidad sólo es un sueño.

El tema es que no se puede abandonar este sueño "uno solo" como pensamiento separado o fracción de la consciencia, sino que tendrá que ser con el reconocimiento de todas las aparentes personas (para unificar la consciencia). Cuando nos reconozcamos como una sola mente, podremos manifestar el sueño feliz y entonces el último paso para despertar lo dará la mente superior de donde creímos habernos separado (señalado en UCDM como la revelación).

Somos una consciencia que ha creado este sueño, fraccionada en cuerpos aparentemente físicos, con el objetivo de vivirse y experimentarse desde diferentes ángulos. Todos, que somos uno, hasta que lo vivamos, despertaremos del sueño.

Pero, como cada uno tiene su sueño privado, se cree separado. Por eso es tan importante la comunicación, para darnos cuenta de que, en realidad, compartimos pensamientos todo el tiempo.

Escucho las canciones y veo mi drama personal; veo la tele y comprendo el porqué de mis deseos de querer pareja, carro y casa.

También puedo decirte que todo el sueño, a pesar de sus contrastes, es perfecto, funcional y cumple con el propósito de despertar. Llegas al sueño, observas todo lo que hay y te das cuenta de todas las posibilidades. Ves en otros lo que han hecho y entonces despierta en ti el deseo de también tenerlo. Cada que hablo con jóvenes para preguntarles sus metas, todos aspiran a lo mismo: familia, casa, carro y no tener preocupaciones económicas.

Mientras que despertamos, ¿cómo hacerle para tener lo que otros tienen en el sueño?

Hoy en la mañana leí en el libro de *Un Curso de Milagros*: "La voluntad de Dios es tenerlo todo. Su voluntad es la mía".

Si creo esto al 100 %, confiaré en que todo lo que quiero me será dado. Dejaré de juzgar lo que veo para sólo ver lo que quiero.

Un ejemplo personal.

Aparentemente, mis ojos físicos ven mi agenda vacía. En automático, surge un pensamiento de duda y entonces recuerdo, de forma consciente, que la voluntad de Dios es que yo lo tenga todo.

Ahora, considerando este nuevo pensamiento, elijo pensar: "Dios, me ama. Mi agenda está vacía por voluntad de mi padre que me ama. Dios, ¿quieres que descanse hoy? Está bien. Disfrutaré mi día. Gracias. Confío y sé que mientras yo hago tu voluntad de ser feliz y disfrutar mi día, tú te estás encargando de elegirme a las personas que veré tal como te las pedí".

Y descanso en esto, con plena fe y confianza. Porque sé que me ama, que Él es todopoderoso y sólo desea lo mejor para mí. Y agradezco porque sólo veo personas que están listas para ser mis clientes, dándome oportunidad de descansar y disfrutar de otras áreas de mi vida.

Me creas o no, esto pienso y creo; y lo manifiesto. Si logro pasar mi día feliz, con esa fe y confianza, donde realmente me siento plena en el fondo de mi ser, al siguiente día; casualmente veo sólo personas listas para ser mis clientes. A veces una, pero esa una termina siendo mi cliente. Y está perfecto. Porque sé que al final todo me será dado.

Entonces, si tú te sabes que eres la vida (amor) y te vives como tal, es decir, que no estás separada, entonces manifiestas en concordancia con ella. Eliminas la ilusión de separación y se manifiesta todo aquello relacionado al amor y plenitud que sientes cuando estás en sintonía con la vida.

Antes de que yo conociera esta filosofía, veía mi agenda vacía, en automático me preocupaba y me iba a la calle a prospectar en frío. Y no era sino hasta que lograba mi meta de 10 citas en la semana que descansaba y me sentía bien. Mis resultados no eran tan buenos, sobre todo porque era muy cansado.

Realmente no vivía mi día ideal, ni tenía mis resultados ideales.

A diferencia de que ahora, cuando me aplico al momento presente y a la unidad con el todo, sí logro ver el desarrollo de mi día ideal, con mis resultados ideales.

Y todo porque entendí que no está en el HACER, sino en el SER. Ser feliz, ser una con Dios. Y en esa unidad, todo se me da.

R: Dices: la voluntad de Dios es que tengamos todo; si yo agrego que Dios no sabe la existencia de este sueño, que es la locura porque es un sueño, comprendiendo que en esta experiencia no podemos tener nada, me refiero a la proyección, porque no es real.

¿Cómo tener algo que es pasajero? ¿Cómo tener algo que siempre cambia? Y estamos hablando de la proyección.

Tenemos todo en relación con la voluntad de Dios, es más entendido hacia lo que no tiene form*a*: la dicha, la paz, el amor. Todo lo que no puedes tocar y oler.

En algún tiempo en mí era una desesperación porque yo quería tener, llegar a la meta; pero realmente en este sueño no puedes tener la proyección.

A: Tienes toda la razón. Si te fijas, todo mi enfoque es en ser feliz. Y con ello, todo lo demás en el plano físico se acomoda y veo el deseo humano cumplido, como una extensión de mi capacidad de crear; pero no porque lo necesite. Cuando sufrimos al no tener lo que deseamos, viene de una carencia ilusoria, y manifestamos la carencia como parte de nuestra capacidad creadora.

Cuando olvido que ya soy todo, busco, pero no encuentro, como parte de mi ceguera. En el sueño no hay nada que pueda darnos la dicha eterna que ya somos. Afuera todo perece, cambia y muere.

Pero es tan automática esa búsqueda demente que, cuando menos pienso, mi mente ya está haciendo planes. Como dicen: hasta que te cansas, te rindes.

Muchas veces digo que ya me cansé y vuelvo a caer en el mismo juego de la ilusión, una y otra vez me veo sufriendo.

Yo me he cansado y rendido como 8 veces, pensando que ya es la última, ja, ja, ja. Pero bueno, ahora lo veo con compasión, cero juicios cuando veo un deseo en mí. Y antes, al ver un deseo, yo sí me emocionaba y ¡mucho! Ahorita recuerdo, pienso y me digo: "Ay, Ari, cosita hermosa, qué inocente que te emocionabas con nada".

Hoy, si veo un deseo, ya sólo lo perdono y lo entrego; porque comprendo que afuera todo me llevará al sufrimiento, si pienso que ahí está la felicidad. Y como la última vez le sufrí bien y bastante bonito, ya mejor entrego mi novela de amor eterno que creo que está afuera; y recuerdo que lo único eterno es Dios y yo como ser unida a Él. Ahí sí encontraré esa dicha y amor eterno.

Si he de querer algo, está en mí, aquí y ahora.

Pero no descarto que al rato se me pueda olvidar nuevamente; que yo espero que no, porque ya caché el meollo del asunto. Es decir, antes me quedaba claro que el silencio interno generaba la abundancia que soy. Entonces tenía profesionalmente los resultados que todo humano desea. Y lo tenía porque me vivía uno con Dios, que es la fuente de abundancia.

Cuando comencé a aplicar mis conocimientos a lo personal, miles de pensamientos, expectativas, creencias e historias existían alrededor del concepto "Ari" y el concepto de amor y felicidad; con las que me di de golpes durante 3 años. Que no quería abandonar, que en realidad deseaba que fueran verdad. Lágrimas pidiendo que, por favor, no quisiera eso que me lastima. Con la entrega, rendición y perdón de mis pensamientos no amorosos, es como fui cachando que el silencio nuevamente es lo que me ayuda a recordar el amor en mí y ser amor. Si quito todas las falsas creencias, lo único que queda es amor. Y al ser amor, afuera lo veré también. Pero no para quererlo (atesorarlo), sino para contemplarme a mí misma como una extensión de mí.

Con la práctica del conocimiento, el sufrimiento fue cada vez menor o pasaba mucho más rápido. Hoy comprendo que era una locura buscar fuera de mí.

Se manifiesta carencia porque veo carencia, siento carencia, hablo de carencia y entonces mi mundo refleja esa carencia.

Es impresionante cómo en mi caso siento abandono, veo abandono y sufro por mi propia visión. Entonces ahí me tomo un momento en silencio y reflexiono: "Ari, nadie te está abandonando. Es sólo tu visión, tú la estás sosteniendo, entrégala y deja ya de ver eso que no está ahí. Y todo con base a mi pasado, que veo en el presente un abandono que no existe, pero que termina siendo manifestado al no perdonar la creencia y, por lo tanto, no paro la corriente de pensamientos y emociones.

R: Cada situación está para mostrarte tu contenido mental, perdonarlo y elegir la visión de paz y amor.

A: Para mí es superevidente cómo todo se crea en la consciencia, es decir, en lo no físico. Si sabes manejar tus perturbaciones, evitas llegar al hoyo.

El tema es precisamente ese. ¿Cómo evito sentir el abandono si lo siento tan real?

O ¿cómo evito sentir la carencia si se siente y se ve tan real?

Aprender a cambiar la carencia fue relativamente fácil para mí.

Aún recuerdo cuando una ocasión estaba en el hoyo financiero, sentía la carencia terriblemente, pero luego recordé la regla de "haz caso omiso a tus sentidos y ve hacia tu interior, encuentra ahí la paz y el confort que necesitas".

Entonces recuerdo perfecto que con todo el poder y decisión, en medio de la pobreza, decía: "Ari, hoy tengo esta camioneta, hoy la disfruto. Si mañana no la tengo, okay, pero hoy la tengo. Hoy la disfruto".

Y era un compromiso tal con mi estado emocional interior que, a las 2 semanas, las cosas se habían revertido. Logré experimentarme feliz, aun viendo la "aparente carencia".

Era feliz porque sabía otra regla: "Lo más importante es ser feliz, lo demás se dará como reflejo de mi estado emocional interior".

Al vivir el cambio radical en mi situación financiera, reforzaba el conocimiento que había aprendido y más me comprometía con estas reglas.

Y como decía, fue relativamente fácil para mí cambiar la visión de carencia, si lo comparo con la visión de abandono.

¿Por qué? Porque era parte de la imagen de Ari que creía real.

Lo que veo afuera es una creencia tan arraigada en la que quiero creer, por ser parte de la imagen "Ari" y, por lo tanto, darle realidad. De que sí soy real. Y si le quito esa parte de "la niña abandonada", es como desmoronar la imagen.

El abandono era una especie de adicción al sufrimiento. Y gracias a que comprendí que no soy esa imagen, pude desapegarme y dejar de sufrir. Ahora cada que genero situaciones para sufrir, las utilizo para perdonar y sanar la imagen que he creído real.

Sé que la vida refleja mi estado inconsciente, y que si sigo manifestándolo, es porque aún quedan restos de creencias.

Sé que es el camino correcto porque el drama es inmensamente menor cada vez. Mi vida se ha vuelto más disfrutable al 100 %; al menos en este tema tan escabroso para mí, que me ha traído vuelta loca toda la vida.

En resumen, cada creencia que tenemos, y que vemos afuera, es elegida (de forma consciente o inconsciente) por mí. En muchas ocasiones yo he cachado mis incongruencias. Digo que quiero una cosa, pero sigo pensando en otra o deseando otra. Llorando he tenido que admitir cosas que me duelen. Por ejemplo, recuerdo una ocasión que caché a mi mente pensando una y otra vez en uno de los susodichos; hasta que me dije: "A ver, Ari, dices que quieres alguien que te quiera y él no te pela. Entonces, mejor sé honesta contigo y acepta que te gusta que no te hagan caso. Porque eso es lo que está pasando: pensando en alguien que no te hace caso". Dicho esto, comencé a decir: "Okay, me gusta que no me pelen, que no estén conmigo, que estén a distancia, etc., etc.". Mientras me lo decía, lloraba y lloraba. Me dolía darme cuenta y admitir la verdad. Después de aceptar la incongruencia, y aceptar que me gustaba sufrir y que me gustaba que no me pelaran, de no gustarme ya me hubiera movido, pero en lugar de decidir diferente, seguía atorada. Desde esa aceptación, pude volver a elegir. Pero primero tuve que aceptar la locura. Y decir: "¡Ya basta! Ya no más".

De alguna manera elegimos creer en lo que creemos, porque de lo contrario, no lo veríamos ni lo sentiríamos.

"¿Yo quiero creer en la carencia?", me dirá algún lector.

Los pensamientos llegan sin que los pida. Las emociones se sienten sin que los pida. Simplemente suceden. La vida vive a través de cada cuerpo.

Sí, es correcto, pero hay dos opciones: dejar pasar esos pensamientos dolorosos, observándolos de forma consciente para perdonarlos y entregarlos, o sufrirlos como víctima, culpando al de enfrente o salir huyendo para luego repetir la situación. Porque si sucede una y otra vez la misma situación, es para darnos, una y otra vez, otra oportunidad de despertar, sanar y entregar.

Todo lo que pensamos no son pensamientos del cuerpo, sino de la mente que nos piensa a todos. Nuestra única función es observar esos pensamientos y emociones que llegan, perdonarnos por creer que son reales, entregarlos para su corrección y descansar en la mente superior.

Regresando al punto que comentas, Rous, acerca de la diferencia entre el tener algo físico y tener lo no físico.

La mente, por supuesto, que sí quiere la forma física. Pero hay dos tipos de consciencia: el de la necesidad y el de la asunción.

Cuando deseas algo por necesidad, crees que lo físico es real y que te dará lo que buscas. Como surge de un aparente vacío en ti, entonces manifiestas la carencia.

Por otro lado, si sabes que afuera sólo son átomos vibrando, que eres un ser completo y que lo tiene todo, entonces sin problema asumes que eso que deseas ya lo tienes y puedes sentirlo y vivirlo sin necesidad de ver afuera la figura física. En este estado de plenitud (asunción) se manifiesta más fácil en la forma física.

R: Entonces, ¿cómo le dirías a las personas que pueden manifestar algo físico; si lo físico es del ego y no de Dios? Considerando que el ego es todo lo que tiene forma física. Y Dios es lo que no lo tiene. Recuerda que no puedes atender a dos amos al mismo tiempo. O crees y deseas lo físico-tiempo-espacio o crees en lo eterno y no físico.

A: Respondiendo a tu pregunta, ¿cómo le dirías a las personas que pueden manifestar lo físico si eso es del ego?

Yo les diría: no tiene nada de malo o bueno la manifestación física. Cuando la evaluamos, caemos en el juego de que es real.

Aprendí del libro La desaparición del Universo de Gary Renard, que todas las cosas en su inexistencia no tienen valor alguno.

Mientras seamos capaces de reconocer que sólo es un sueño, nada nos quitará la paz.

Entonces, dado que sólo es un sueño, no pedimos soñarlo, simplemente estamos aquí, o al menos eso creemos. ¿Por qué no elegir el sueño feliz?

Para hacerlo, es importante darnos cuenta de que existen dos tipos de metas: la física y la no física. La primera es la del ego que cree que no la tiene. Y la segunda es la de la esencia que siempre está ahí.

El camino para llegar a la metafísica es a través de la meta no física. Es reconocer que ya lo tienes. Y por ello, ser feliz es el camino.

R: Sí, recuerdo que pusiste que la felicidad es el camino. Nada más recuerda que será a través de la persona que tienes enfrente (forma física) por ser tu espejo. Él es tu camino. Él hace que se te prenda tu motor: lo que estás sintiendo, por lo que estás pensando.

A: Oye, hablando de eso, en algún momento le mandé un mensaje al Susodicho 3 donde le dije que me inspiraba a ganar más dinero para ayudarlo. Como si sintiera que ese es el regalo que me da: que me inspire a mayor abundancia. No hay más.

R: Está bien si lo haces de una forma consciente, libre, sin esperar nada.

A: Tienes toda la razón, primero lo hacía creyendo que lo hacía sin esperar nada a cambio, pero luego me di cuenta que en realidad, siempre que le daba dinero, esperaba algo a cambio, y el tema es que yo no recibía lo que quería.

R: En realidad, en esencia eres todo. Si das desde la carencia, esperarás que te regresen algo a cambio. Y es cuando viene el reproche.

A: Sí, justo lo que comentaba párrafos arriba. Que yo creo que doy sin esperar nada; pero luego me cacho con la tristeza de no recibir lo que sí esperaba. También otra experiencia que me permitió ver claramente que el de enfrente es el pase a la manifestación fue a través de mi equipo.

Recuerdo que comencé contratando sin prestaciones de ley, pero después dije: "Yo quiero darlos de alta formalmente para que tengan todos sus beneficios. Yo quiero dárselos, ellos también quieren, entonces seguro que la vida también lo quiere. Así que tendré el dinero para hacerlo". Y sí. Llegó, y hasta la fecha llega el recurso económico porque lo doy por hecho.

R: Sí, lo entiendo, nada más es importante delinear los puntos. Es decir, yo aterrizaría qué es importante desde donde estás pensando:

- Desde la carencia (Pensar que, si yo tuviera eso, sería feliz), o...
- Desde la abundancia (no como riqueza, porque se puede confundir con la avaricia, donde quieres más y más porque sientes una carencia)

Si tú contactas con la esencia de la abundancia, que en realidad es la mente unida con Dios, la proyección mental por ende será abundante. Pero sabiendo que, si en el sueño pierdes la casa, no te vas a deprimir porque comprendes que estás experimentando un sueño y no eres esa casa. Si sientes dolor y tristeza, es una clara alarma de que te estabas engañando y la vida solita te lo va a mostrar.

A: Totalmente de acuerdo.

Este jueguito ilusorio o sueño está diseñado para que tarde o temprano despertemos al darnos cuenta de que afuera no hay nada que deseemos. Que afuera sólo refleja nuestro interior (creencias).

R: Por ejemplo, cuando tú le decías al susodicho 3 que le dabas dinero u objetos sólo porque lo querías, la vida te dijo: "Qué bonito eso que estás diciendo, pero en esencia tu pensamiento traía otro cotorreo. En realidad, sí estás esperando algo".

Más bien era: yo tengo dinero, tú no, entonces yo cubro tu necesidad para que tú cubras la mía. En este caso, él cubría la necesidad de los cariños, de una rica bachata sensual, etc.

La vida te lo está diciendo. Si le estás pidiendo algo, es porque piensas que te está faltando algo.

Y tú también sabes la necesidad de él. Ubicaste su polaridad.

¿Y dime si no fue así?

A: Sí. Aún recuerdo la última transferencia que le hice por 1,500 pesos. Le mandé la pantalla de la transferencia y me agradeció un día después. Mientras tanto, yo me sentía supermal y triste. Ahí comprendí que realmente me estaba engañando yo sola. Ja, ja.

De hecho, hace poco me volvió a pedir dinero, le dije que en cuanto tuviera, pero después detecté miedo y le mandé un mensaje diciéndole:

Corazón...

Ya me entró un poco de miedo.

Sabes...

Nunca a nadie le había dado dinero. Ni siquiera a mis padres. A nadie.

Eres la única persona a quien he dado tanto dinero. O a quien le he comprado cosas costosas.

Me he dado cuenta de que, si te he apoyado económicamente, es porque en el fondo siempre había esperado algo de ti. Algo que en realidad nunca lo he recibido.

Entonces...

Mi miedo es darte dinero y que vuelva a ocurrir lo mismo: el yo no recibir lo que espero de ti.

En tu audio hablas de los errores que tuviste en nuestra relación, y nunca mencionas el hecho de que no he recibido de ti nada de lo que me has prometido. Sólo promesas.

Tú vives mi apoyo como si fuera un apoyo desinteresado, ¿verdad? Por eso no sientes ningún compromiso hacia mí. ¿Cierto?

Bueno, ahora sé que en realidad sí espero algo de ti.

¿Sabes qué busco o necesito de ti cuando te doy dinero?

Creo que este tema debe ser bien platicado, antes de cualquier nuevo apoyo económico.

Conocimientos, esos los doy gratis todo el tiempo.

Pero dinero, ya no.

Yo lo veo como si existieran dos juegos:

1) El de la necesidad (ilusión).

2) El de la verdad.

Según yo, estaba en el juego de la verdad, pero ahora lo pienso y veo que no. Porque si te doy dinero me meto al juego de la necesidad y en automático también creo necesitar algo de ti.

O estoy en el juego uno o en el juego dos. No puedo mezclarlos porque ahí ya pierdo. El tema es saber qué juego quieres jugar tú.

Si quieres jugar el de la necesidad, entonces tendremos que ser muy claros acerca de qué me darás a cambio del dinero que te doy; e incluso prefiero que me lo des primero antes de darte el dinero; porque luego te he dado el dinero y no recibo nada de ti.

Si jugamos el segundo juego, asumimos que no necesitamos nada. Porque tú eres igual de creador que yo, y se te olvidó cómo hacerlo en la manera que deseas. Porque eres un manifestador por naturaleza, pero manifiestas de forma inconsciente lo que no te gusta.

Qué chistoso cómo esta situación refleja en lo que yo fallo conmigo misma. Lo leo y observo cómo el consejo que le doy, realmente es para mí. Literal, mi espejo.

R: Así es. Es como una liga que se te regresa y te da en la cara.

Tú dices: "Oye, espérate, si yo lo estaba dando con tanta incondicionalidad" (risas de Rosa) y la vida te dice: "No, mi niña, claro que no. Claro que querías algo a cambio".

Pero está bien, porque en ese dolor y llorar vas a recordar el amor incondicional que eres. Y esa es la meta, que no hay meta realmente, porque siempre estamos en el amor.

La meta es el proceso.

No hay ningún lado a donde vayas.

A donde vas, te llevas tu contenido mental.

A: Sí, recuerdo que muchas veces estando con él, pensaba: "¡Ya me quiero ir de esta relación!". Pero luego pensaba: "¿Ir a dónde, Ari?".

R: Es correcto, ¿a dónde vas que no te lleves?

A: Sí, qué demencia que no veo.

R: Es que, si no es el susodicho 3, va a ser susodicho 4 o 5. En realidad, no hay a dónde ir.

O hasta la misma Naty (tu hija), que tú dices: "Sí, ya voy a trabajar en mí misma". Y luego la vida te manda a tu hija y te dice: "Ay, sí, mijita, ahí te mando tu drama y tu teatro".

¿Y ahí qué haces? Ni modo que a dónde la avientas.

Ni modo que le digas: "No te quiero. Vete".

No. ¿A dónde vas que no te lleves como mente? Si siempre estás contigo misma, con tus pensamientos.

Y la vida está sucediendo.

A: Sí.

Hay una frase del libro "La Desaparición del Universo" que dice: "Si deseas tanto algo, es porque crees que lo necesitas. Te sientes separado de tu fuente". Por eso es importante verificar si eso que deseas viene de la necesidad o sólo por gusto.

Yo puedo decir que lo elijo por gusto, pero luego la vida me pone a prueba, quitándomelo, a ver si es cierto que era sólo por gusto. Si me quita la paz, es que no era por gusto.

La forma en cómo he logrado manifestar cosas aparentemente físicas es cuando reconozco que eso que quiero ya lo tengo. Enfocada siempre en lo real: el presente y el amor que soy. Entonces así se van dando. Saco un pensamiento y se solidifica si yo lo suelto y regreso a mi fuente, que es lo no material.

Después de comprenderlo, el susodicho 3 podía hablarme y ya no preocuparme si me pide dinero o no. Ni me preocupa si puedo darle el dinero o no.

Antes sí me preocupaba.

R: Sí, porque el dinero es energía. Tú das algo y no recibes nada a cambio.

A: No sé por qué siento bonito el darle dinero.

R: ¿Darle y que no te regresen nada?

A: Buen punto.

He comprendido que este personaje de nombre Ariadna le encantan las situaciones de dolor. Comienzan inofensivas, con maripositas de colores, todo muy bonito e inocente, y luego ¡Tómatelas! Se revierte todo y sufro.

Ahora le digo a ese personaje: "Ari, no importa lo que suceda. Ni tampoco lo que hagas o veas (imágenes, personas, pensamientos). Lo único que importa es la visión que te regalas ante lo que sucede". Es decir, en primera instancia, yo veo lo que veo de una manera, pero esa primera visión es automática, sólo reaccionamos y ya. Después de la reacción, ahora me toca tomar consciencia para entonces decidir si lo veo desde el amor o el miedo. Porque nadie más que yo puede pensar por mí, para mí.

Cuando digo miedo es: carencia, preocupación, enojo, etc. Y amor: es ser completo, tenerlo todo.

Veo mi estado emocional, pensamientos de deseo o incluso la emoción que me da el que la persona que me gusta, le guste y, en lugar de irme como gorda en tobogán con la ilusión de que afuera me dará lo que busco, ya sólo lo observo con compasión, recordando que en realidad yo ya soy todo. No el personaje. Perdono la ilusión de que una parte de mí (la que se emociona ante lo que sucede afuera) es real.

Hacer esto integra esa parte fraccionada, que no es sino sólo un pensamiento.

Regresando al tema del susodicho 3, antes sí esperaba algo a cambio. Era como comprar su compañía, comprar una fantasía. Pero en ese momento no me daba cuenta porque me gustaba darle dinero. Ahorita ya no me importa porque si ya no le doy, no me estresa.

Pero bueno, regresando al tema. ¿Cómo has manifestado desde tu experiencia?

R: Lo que he hecho, que, de hecho, aquí tengo enfrente de mí un cuadro de visión. Yo he entendido que si no tienes en la vida a dónde ir, o una meta que alcanzar; entonces, ¿a dónde vas? ¿Qué está aconteciendo, si no tienes algo que quieras lograr?

Y cuando no hay nada que lograr, ahí la mente se deprime.

Entonces, he comprendido que, si estoy en esta experiencia, puedo elegir qué quiero experimentar. Algo que se me antoja en mi sueño.

Y si me dices: "Oye, Rous, ¿pero no prefieres la pobreza mejor?". Y yo te diré: "No, no. Yo prefiero la riqueza".

Nada más hay que elegirlo desde el desapego total. Que igual si me ves tirada en el piso llorando por una meta, me recuerdas por favor de esto que te estoy diciendo.

Entonces es elegirlo para disfrutarlo. Antes no lo entendía así. Sólo era trabajar para ganar, trabajar para ganar.

Y si un día me toca la experiencia de pobreza, viviré entonces lo que tenga que vivir y pediré ayuda para regresar a la riqueza.

Eso por un lado; y por otro, debo decirte que también he estado en conflicto porque luego me llega el pensamiento de que no puedo desear dos cosas opuestas, es decir, no puedo desear la paz de Dios y la forma física al mismo tiempo.

Me guste o no.

Entonces digo: y si suelto totalmente, porque lo que estoy experimentando aquí, ¿en qué momento decidí tenerlo? Y, sin embargo, se está manifestando. Entonces comprendo que en realidad la mente es la que está sueñe y sueñe; pero yo me quiero vender la idea de que "voy a manifestar x cosa". Y ahí estoy deseando no tener la paz de Dios.

Entonces, ¿para qué me hago mensa? Que, si estoy deseando una forma física, en mi "vision board", entonces en realidad no estoy deseando la paz de Dios.

A: Yo cuando más cierres de venta he tenido es cuando me encuentro en silencio y en paz. Sin desear nada, ni decir nada. Simplemente llego contenta, completa y cierro.

R: Ahí, por ejemplo, cuando llegas sin pensamiento y a lo que la vida se dé; lo que está manifestándose en ese momento, ¿quién lo está pensando?

A: Eso está bastante interesante. En ausencia de mis pensamientos privados, es decir, si no piensas, estás en Dios.

R: En realidad, Dios te dice: "Ocúpate de lo mío, vente a mi senda que no sabes caminar. Lo que tienes que hacer es dejar de pensar; y ahí es cuando viene el fin del tiempo, el fin de la forma y el fin del mundo".

A: Sí, lo comprendo. El otro día que estaba meditando porque me sentía mal, me la pasé perdonando y entregando mis pensamientos a Dios. Y de repente pensé: "Ari, si entregas todo, ¿qué soy?, ¿qué queda?, ¿qué es Dios?, ¿cómo conocerlo?". Y en ese momento viví un momento de NO PENSAMIENTO, pero sí PRESENCIA. Fue algo superinteresante, porque sentí como si me enfocara en esa presencia, pero hacerlo así me dio miedo y ganas de llorar. Pero con esa mini probadita pude comprender la magnitud de lo que es Dios. Que Dios está más allá de un pensamiento, es más como una presencia que no necesita pensarse para sentirse.

R: Ahora comprendo que no hay mundo. Todo es un pensamiento. Es un sueño creado por una mente y es una locura creer que esto es real.

Y lo que nos dicen los libros es la receta para que puedas lograr lo que deseas, y así cuando lo logres ya te sientas feliz. Pero esto es un error.

Si yo estoy en paz, aunque haya riqueza o pobreza, ¿qué puede pasar?

A: Yo creo que lo más bonito de todo esto es aprender el desapego de la ilusión. Si veo personas sin perfil, ya sólo me río y pienso: "Ay, Ariadna, ¿en qué andas pensando que estás manifestando esto? Bueno, ya vendrán personas con perfil para ser tus clientes". Y ya.

R: Puedes manifestar lo que quieras desde tus creencias, por supuesto, pero Dios sólo te invita a caminar la senda de solamente desear la paz y estar mandando bendiciones. Porque lo que das es lo que recibes.

Te dice: "Calma esta mente hipnotizada, que psíquicamente está en una locura y por favor vuelve a la cordura, regresa a casa, vuelve a la no forma".

Para creer tienes que pensar. Para manifestar tienes que creer y pensar; pero ese es el ego.

Desde Dios sería pedir: "Yo quiero y deseo poder experimentar con paz lo que acontezca".

Porque lo he experimentado: he estado en Dubái, en el hotel más caro del mundo, y me he experimentado deprimida, amargada y triste. Entonces dices: "Debe de existir otra forma de ver las cosas".

Pero después vienen otros golpes de la vida más fuertes, porque luego la niña (yo) no entiende. Soy intensa.

Todos los caminos llevan a Dios, porque de hecho estamos en Él, no hay caminos, pero bueno. Lo importante es que, hagas lo que hagas, si se te quita la paz, entregas y pides corrección.

Aquí entonces aterrizaría al tema de la manifestación, que no somos ni tenemos lo que en el sueño aparenta aparecer. Si quieres entretenerte en creer que cuando llegues a obtener algo, vas a ser feliz... okay, vívelo, experiméntalo. Y te vas a dar cuenta que nunca se te van a llenar tus vacíos.

A: Sí, lo entiendo. De hecho, cuando veo que consigo el amor y atención de mis susodichos, salgo huyendo.

Abandono. Pero realmente, ¿a quién abandono?, sino sólo a mí en la ilusión. Y cuando digo "me abandono" es, no verme, sino estar hipnotizada con la proyección que veo fuera de mí.

R: Ja, ja, ja, ja, ¿y qué les dices cuando empiezan a quererte? Les dices: "No, susodicho, si a mí me gusta sufrir. Así que mejor bye".

A: ¡Ándale, exactamente! Les digo adiós y me voy a llorar a mi casa. Ja, ja, ja, ja. ¡Ay, qué cosas!

R: Les dices: "Yo estoy vibrando en sufrimiento, adiós". Ja, ja, ja, ja.

A: Sólo viviendo esta experiencia es como me doy cuenta de que cuesta trabajo dejar las historias de abandono. Y que eliges quien te ayude a vivirlo. Si cambia de papel, me voy. Pero bueno, ya lo vi, ya me perdoné y ya pasó. Ahorita ya estoy bien.

Después del susodicho 3 pensab*a*: "Okay, ahora quiero en mi vida una persona que esté interesada en compartir conmigo una experiencia de amor, conocimientos, estilo de vida, hobbies, compatibilidad en la intimidad y amistad".

Y así llegó el susodicho 4, pero de nuevo, caí en la fantasía de que afuera está lo que deseo. ¡Diablos!

R: Lo importante, Ari, es que definas cuál es tu propósito de querer vivir esa experiencia.

Porque recuerda que, en realidad, estamos aquí para recordar el amor que somos.

Nada, nada, nada de lo que tiene forma es real. Lo entendamos o no, nos guste o no, la forma física es sólo una ilusión. En realidad, lo que queremos es el amor y la paz de Dios. Que para allá vamos, o mejor dicho, ya estamos ahí, nunca hemos dejado de estar, pero se nos ha olvidado.

La forma está condicionada siempre. Imagina que conoces a una persona con quien estás encontrando esto que estas pidiendo. ¿Pero qué sucedería si algo de eso cambiara? Porque recuerda que la realidad es cambiante, todo el tiempo. Entonces, ¿qué pasará cuando algo de esa lista ya no lo tenga tu pareja?

Por eso, en esta experiencia humana, física y terrenal, siempre estará condicionada. Porque nada de afuera es fijo.

Recuerda que nada de afuera puede darte nada.

A: Totalmente. Todo lo que cambia es una ilusión.

R: El milagro es cuando haces consciencia de que el de afuera no te está haciendo nada. Todos somos uno y en realidad es una ilusión lo que está pasando afuera. Me guste o no, me pelee con ello o no, afuera es un reflejo de mi interior.

A: Por cierto, me pasó algo muy curioso. Tuve una junta con mi promotoría donde se compartieron los tips aprendidos en la reunión más importante de mi giro. Ahí van sólo los mejores asesores del mundo, y si bien yo soy parte de ese grupo, este año no quise ir porque tenía demasiados viajes ya. Así que fui a la junta para escuchar lo que otros asesores que sí fueron iban a compartir. Y algo que aprendí ahí es la importancia de crear mi marca personal teniendo claras mis metas.

Esto lo hago sabiendo que en realidad ya soy todo. Y que, si busco una meta, no es para ser feliz, porque nada afuera me dará la felicidad que alberga en mí.

R: ¡Claro! Lo que estás haciendo nada más es para no aburrirte. Porque la primera vez que te llega la información de que ya eres todo, el ego te dice: "Pues si ya eres todo, qué aburrido, ¿para qué estás aquí? Mejor me doy un balazo y ya". Pero no debemos tomarlo así. En realidad, nos toca expandir el amor de Dios, porque lo que das es lo que se te regresa. El tema es no apegarte. Que, si se te quita la paz, puede dolerte pero que no pases al sufrimiento. Cuando estás en el momento, se te olvida, vives la emoción.

Y tener claro que, en el tema de las metas, no es porque piense que hasta que logre la meta voy a ser feliz. No.

Yo ya soy, y a través de esas experiencias, recordaré que la meta no es lo importante. Y si se te olvida, la vida te lo mostrará (como espejo) a través de un cliente que te rechace y te quite la paz. De cada experiencia descubres tu verdadero contenido mental.

De hecho, ayer le dije a Mi compañero de vida que quería ir a un evento donde nos darán cierta información, y me dijo: "¿Para qué quieres ir si ya sabes todo eso?". A lo que yo le respondí: "Pues para no aburrirme en mi cama todo el día acostada". Si me gusta, pues ¡va! Ahí aplico el perdón, aplico la expiación. ¡Todo!

Ya comprendí que el tema de la depresión es la falta de expresión. Y nosotros somos una expresión de Dios.

A: Sí, es esa necesidad de expandirnos y crear.

R: Sí. Me deprimo cuando veo que no hay un lugar a donde ir, que ya está todo hecho. Pero entonces ahí el tema es expandir el amor de Dios. Y que cualquier cosa que experimentes, lo hagas con desapego, sabiendo que eso es una ilusión creada por la mente, como una proyección desde mí.

Pasado y futuro

Rous: Te voy a platicar desde mi experiencia cómo me cayó el balde de agua fría cuando comprendí el tema del pasado y el futuro.

Fue un día en el que hice una introspección y me pregunté:

"Oye, si quiero ir al pasado, ¿puedo ir físicamente al pasado? En el presente yo toco cosas y veo cosas con mis cinco sentidos: huelo, siento y estoy tocando. Eso me hace ver que hay algo físico".

Después pienso:

"Oye, tanto que me ha traído frita la historia de mi pasado: que si me pegó mi papá, que la neurosis de una persona cercana a mí. Digo: 'Híjole, el pasado me trae frita'".

Entonces me pregunto: ¿en dónde está el pasado?

Y mi respuesta es: en los recuerdos.

Paso esto, reflexioné y luego me pregunté: "Okay, y ¿en dónde están los recuerdos?".

Si te fijas, todo es con base en los recuerdos.

Repito: "Todo está en un recuerdo".

Todo.

Todo por lo que sufrimos, por lo que lloramos, por lo que vivimos, por lo que te hace decidir "ahora voy a ir a este lado", todo es con base en lo que viviste.

No es que "ahora quiero caminar a este otro lado", pero todo es en función de lo que viviste. Con un parámetro previo.

Y señalo con mi dedo el pasado, pero realmente no hay nada atrás. No hay un pasado físico. ¿Por qué le daremos tanto valor a lo físico? Cuando la mayor parte del tiempo, todo lo estamos haciendo pensando desde un pasado o por un futuro.

A: ¿Qué soy? Un pensamiento que traigo constantemente al presente. Una historia que me cuento una y otra vez. Un personaje en el que creo, porque la mente así quiso.

El otro día leí esto:

"Lo que nunca existió no tiene causa, y por lo tanto, no tiene efectos".

El mundo sólo es un pensamiento erróneo que existió un milisegundo, que ya se acabó, pero que la mente quiere seguir viviéndolo y reviviéndolo. Por eso hay que perdonar todas las ilusiones para despertar del sueño en el que hemos caído.

Es una locura.

R: Es correcto. De la locura, a la cordura y luego de vuelta a la locura.

Es que es un bucle. Estamos entrando y saliendo. Y si te detienes a analizar que todo el cotorreo que traigo está en el pasado y no puedo ir al pasado y solamente está en un recuerdo.

Dices: "A ver... dame dos segundos".

A: He comprendido que nos aferramos al pasado inexistente porque pensamos que ahí está la salvación. Generamos situaciones como las de nuestro pasado inexistente para ver si esta vez puede ser mejor o podemos arreglarlo. Traemos el pasado al presente para arreglarlo, porque creemos que debió ser diferente. Pero ¿cuál pasado? Si ya ni está. Si ni ocurrió. Pero ahí andamos actuando y decidiendo con base en el pasado. Consciente o inconsciente.

Oye, Rous, ¿te das cuenta? Es como si estuviéramos viviendo en dos dimensiones al mismo tiempo, es decir, una parte de nosotras está físicamente en el presente, pero otra parte, la mental, está experimentando el pasado a través de los recuerdos.

Entonces hay dos opciones: prestar atención al aspecto físico del presente, donde normalmente todo está bien, o prestar atención al aspecto mental de los recuerdos, donde encontramos recuerdos que nos hacen sentir bien y mal.

Y otra pregunta que haría es: mi cuerpo, ¿a cuál de los dos ámbitos reacciona: a lo que ven mis ojos físicamente o a los recuerdos que veo mentalmente en mi pantalla?

Mi respuesta sería: estoy en ambas.

Mi cuerpo reacciona a ambas.

Como cuando vas manejando y de repente tomas otro camino que no era, porque te distrajiste mentalmente viendo un recuerdo.

Tu cuerpo reaccionó a los estímulos externos aprendidos en tu día a día, llevándote a tu casa sin necesidad de que mentalmente fueras consciente; mientras que conscientemente estabas pensando en algo que no está ahí.

R: Ari, de entrada, no hay un cuerpo físico y segundo, ¿cuáles estímulos externos?, si en realidad sólo estás respondiendo a recuerdos. Es decir, tú crees que el semáforo te hizo pararte; pero la realidad es que te paraste por el recuerdo que tienes del semáforo. El significado del semáforo está en ti.

Podría venir alguien del Amazonas donde no hay semáforos y si no sabe el significado del mismo, entonces no se parará.

Los cinco sentidos son la trampa para la mente. De hecho, la ciencia surge de esto: aquí solamente existe lo que puedes oler, probar y tocar; si no, no. Cero espíritu, cero metafísico, nada que no se pueda comprobar y medir existe. Aquí en este mundo vamos a hablar únicamente de lo que puedes ver y tocar: eso es la ciencia. Lo que te lleva a la comprobación de lo que estás viendo, en realidad existe.

Pero ahora es cuando más entrelazados están la ciencia y la espiritualidad, porque la misma ciencia se topa con pared. Y la búsqueda sigue y sigue. Y mientras busquemos en la forma, nunca vamos a parar, porque la respuesta no está afuera; sino adentro.

En la tercera dimensión que es la espiritual, estás en todas partes en el mismo instante. No existe el tiempo. El tema es que se nos olvidó. O mejor dicho, se le olvidó a la mente. Y lo estamos recordando.

Y luego okay. Siempre estoy buscando el llegar a conseguir algo en el futuro que, dicho sea de paso, tampoco nadie ha ido al futuro. Sólo es una idea también.

El pasado una idea (recuerdo).

El futuro una idea (imaginación).

Perseguimos un pensamiento para poder: ser feliz, tener paz, lograr el éxito y sentir que cubro este vacío que siento. Persiguiéndolo como una zanahoria frente a ti, que no alcanzas; o que si alcanzas, de repente ya se te fue más adelante y sigues la carrera.

Hasta que llega un punto donde te cansas.

Yo ya me cansé.

A: Sí, Rous, te entiendo. Yo también he llegado al punto donde me canso. Me ha pasado de dos formas:

Una que, enojada y llorando digo: "¡Ya estoy harta de esto! ¿Cuándo entenderé que no hay nada que perseguir?". Siempre llego al mismo punto de donde comencé.

Y la segunda forma he llegado a decir: "Okay, ya entendí que no tengo nada que hacer. ¡Claro!, ¡qué ingenua! Ya me cansé, está aquí, dejaré de buscar".

Aun así, se me olvida esta sabiduría tan importante, pero la vida como espejo me la recuerda, más fácil la entiendo y regreso a la verdad. La verdad de que no hay pasado ni futuro, sólo existe este eterno presente, donde ya está todo al mismo tiempo. Si no lo veo, no es porque no exista, sino porque en esta experiencia física del tiempo y la forma, no se puede experimentar la completud de mi ser. Ya que la separación es la característica principal de este mundo. Aquí no encontraré lo que soy. Sólo veo pedazos no conectados entre sí.

Pero bueno, la idea es que despertaremos cuando nos demos cuenta de que todo es sólo un pensamiento.

R: Y vuelvo a preguntar: ¿en dónde está el pasado? Porque es el tema de "Ayyy, el drama que siento" como si la mente estuviera hipnotizada por imágenes que no están en ningún lado.

Si al pasado no puedo ir físicamente, porque sólo está en los recuerdos.

Y al futuro tampoco puedo ir físicamente, porque está en la imaginación.

Entonces que alguien me diga, por favor, ¿en dónde está la imaginación y en dónde los recuerdos?

En la mente. Okay. Que alguien me diga en dónde está la mente, por favor.

Si el pasado y futuro no existen, entonces ¿cómo es que trae zarandeándome con este agobio y con este dolor?

No hay tiempo.

No puedo explicarlo científicamente, pero como persona mundana, simplemente pregúntate: ¿dónde está el pasado y el futuro?

No están.

A: Yo entiendo el tiempo como que ya todo está escrito y ya está todo hecho. Es como una plastilina extendida, donde la mente se traslada a través de una ilusión mental. Teniendo la capacidad de ir a diferentes momentos del tiempo.

El ego

A: El ego es pensamiento erróneo de separación. Pensamientos que te ponen a buscar cosas que no encontrarás. Porque está frente a tus ojos el amor, y no lo ves.

R: El ego es "busca para no encontrar". Es cansado. Cuando me detengo y me pongo a pensar: "¿Por qué no nacimos con un manual donde nos diga que el pasado está en los recuerdos y lo que aparenta existir físicamente es una ilusión?". Ari, en realidad todo lo que ves son átomos vibrando.

Mi comprensión es que, efectivamente, no hay un tema de materia. No hay nada físico. Sólo son átomos vibrando.

Si antes hubiera dicho eso, me hubieran quemado en la hoguera. Pero ahora ya contamos con las herramientas para comprobarlo.

Si todo es pensamiento, ¿entonces lo que estoy sintiendo qué es?

A: También son pensamientos, pero inconscientes. Es decir, pensamientos que desconozco o de los cuales no soy consciente. Pero que sí puedo ver en un aparente afuera. Aparente porque realmente siempre estoy interactuando con los pensamientos que creo que son mis recuerdos, y el ego le pone los significados.

R: ¿Cómo explicas una ilusión?

No puedes palpar físicamente el todo. Pero puedes imaginarlo. Esta experiencia que ves es como el cine. Está el proyector (que es la mente) proyectando en una pantalla en blanco. Y proyecta lo que está pasando, como si el cerebro fuera una antena. Sólo llegan los pensamientos. No son algo que elijas conscientemente.

A: Yo creo que los pensamientos que nos llegan, si bien no los eliges conscientemente, sí empatan con la frecuencia o energía que estás generando con tus pensamientos inconscientes. Creo que nuestros padres heredaron la energía de sus ancestros y yo heredé la energía de mis padres. De aquí partimos, para luego nosotros ir modificando con base en nuestras experiencias, más el deseo inconsciente que cada uno quiera vivir.

R: La respuesta no te la puedo dar.

Yo no sé por qué llegan los pensamientos.

Si fuiste huérfana, por ejemplo, y nunca conociste a tus padres, ¿ellos cómo podrían detectar si el pensamiento te está llegando por la energía heredada de tus padres o por otras razones? Y ¿quién fue el primero de tus ancestros que lo pensó? ¿Cuál era su nombre y apellido?

A: Entiendo. Es que, en sí, soy todas mis generaciones. Y al mismo tiempo todas las personas. Locura finalmente.

R: Es que no hay generaciones ni nada. ¡Que no existe el pasado! ¡Sabe! Yo lo único que te puedo decir es cómo me experimento en este instante. Me vuelvo loca cuando estoy en la búsqueda. Es la zanahoria que te ponen enfrente, que nunca alcanzas.

Llega un momento en donde me rindo. Y me rindo llorando e hincada, que digo: "Pido esquina, yo ya no entendí nada". Y es una cosa y luego otra. Y no termina. Es la locura. Comprendo que los pensamientos me llegan.

Así sea un pensamiento de mi mamá, yo pienso: "¿Y a qué hora elegí que me llegara este pensamiento de mi abuela o mi tía?".

A: Ahora que lo comentas, justo me pasó hace dos días que mi hija, triste, me compartió que tenía ciertos pensamientos. Al escucharla me di cuenta de que eran los mismos que yo también traía. Como si compartiéramos el mismo sueño. Ja, ja, ja. Que de hecho así es y se me olvida; que somos la misma mente.

R: Yo hablaría con tu hija y le diría: "Hija, si te estás sintiendo tan agobiada, ¿en qué momento elegiste que te llegara ese pensamiento para que te sintieras agobiada?".

No tiene lógica que ella me diga: "Es que tenía ganas de llorar, y le pedí a la vida que me mandara ese pensamiento para agobiarme y llorar". ¡No tiene lógica!

¿Quién en su sano juicio elegiría pensamientos de dolor para ponerse mal?

A: La mente dormida. El pensamiento erróneo o ego.

R: Cuando yo comprendí que nadie en su sano juicio elegiría sufrir, comencé a observar. Y sé que no soy yo, sino la consciencia observándose. Como si me saliera de mí y viera mis dramas.

Y es un santo descanso.

A: Yo descansé de dramas el día que me dijeron: "Ari, el sufrimiento viene de creer que eres ese personaje llamado Ariadna. Te apegas a la imagen de Ariadna. Crees en los pensamientos e imágenes. Te crees la historia que te llega. Y ahí andas. ¡Como en la novela! Que a ti ni te están haciendo nada, pero ay, andas llorando por el drama del actor de la tele".

Igual con nosotros. Nuestro ser real está en paz y tranquilo. Inmutable y eterno. Pleno y feliz. Cuando quieras puedes decidir ser ese SER pleno y en paz; o no serlo, al creer en los pensamientos y personaje.

Es una decisión en este instante.

Como si viendo la novela de repente fuera un: "Ay, güey, es una novela nada más y yo sufriendo".

Entonces, al comprenderlo, descansé.

Descansé porque dije: "Claro, sufro porque creo en el pensamiento de que él no me quiere. Sufro porque: '¿Cómo es posible que me haya dejado de hablar?'".

Pero si elijo desapegarme del personaje novelesco y recordar que soy simplemente presencia de Dios, abandono la novela. Me desapego del personaje que cree que necesita alguien.

¿Y cómo me desapego del personaje?

Observando la ilusión, perdonando el creer en ella y entregándola para su corrección a tu ser superior.

R: Martin Merayo comparte los tres pasos para escapar del miedo, según UCDM:

Identificar los pensamientos de ataque (que veas la ilusión)
Renunciar a ellos

Permitir que sean reemplazados (corrección de tu ser superior)

Los dos primeros pasos requieren de tu colaboración. Nuestro trabajo es observar nuestra mente, identificar los pensamientos de ataque, los pensamientos no amorosos o que se oponen al amor, habiendo visto que estos pensamientos no nos dan felicidad ni paz, elegir renunciar a ellos. Y el tercer paso le corresponde al Espíritu Santo: reemplazar esos pensamientos de ataque por pensamientos de amor.

Yo me digo a mí misma: "¿Oye, Rous, y ya te sientes bien?". Y mi respuesta es: "No".

No porque la vida me sigue pasando. Llegan pensamientos que me dan miedo y me tiembla la piel. Y en ese tiempo, que no existe, en esos segunditos, que hago consciencia de lo que estoy sintiendo, entonces digo: "Algo estoy pensando que me está llevando a sentirme como me estoy experimentando en este momento". Y en ese instante, al estarlo observando, pierde fuerza mi sensación porque lo entrego a mi ser superior.

Digo: "Si me están llegando estos pensamientos, es porque tú quieres que lleguen. Te los entrego y tú corrígelos. Porque esto que estoy pensando no está nada padre".

Pero así llegan los pensamientos.

Ahora que veo mis dramas, ya nada más me da risa. Y me encanta reírme del drama.

Y pienso: "¡Wow! ¿Cómo es posible que experimente un pasado que no existe? Que sólo está en un recuerdo, siempre con un constante miedo".

Porque sí, sí siento el miedo, pero ya puedo observarlo y luego verlo diferente.

Lo que deseo es que, en este instante, mis pensamientos amorosos que moran en mí, tomen más espacio y quiten espacio a los pensamientos no amorosos inconscientes.

Los pensamientos que viven en mí son los de amor que soy yo. Es esa pantalla en blanco donde la mente manda o proyecta la ilusión de pensamientos inconscientes que se reflejan en lo que aparenta ser físico en esta experiencia.

Y que gracias a esta experiencia puedo conocer y recordar lo que soy; recordando lo que no soy.

Una ilusión es como un sueño.

Si al proyector le pones información de drama, pues la película que se proyecta es de drama. Y no es fácil entenderlo, porque la película la vives con todo tu cuerpo. Sientes el dolor, lloras, te frustras.

A: Lo que comentas acerca de que los pensamientos amorosos tomen espacio, quitando a los no amorosos.

Yo, como lo comprendo, es que lo único real son los pensamientos amorosos, de libertad, plenitud, expansión y eternidad. Porque es lo que somos. Y ellos conforman el todo. Que es esa pantalla que dices.

Ese silencio donde pueda existir un sonido.

O esa pantalla donde puede la mente proyectar la ilusión.

Entonces, conforme más atención pongamos al todo (que es lo real) y menos a lo fraccionado (que es la ilusión), más cerca de la verdad estamos. Y más paz sentimos.

Pero no es que unos quiten espacio a otros.

No.

Más bien, los pensamientos amorosos siempre están, y si no los vemos es por la proyección de pensamientos privados que hacemos sobre el fondo blanco. Al proyectarlos, perdemos de vista el fondo blanco de donde nace todo.

R: Claro, el tiempo y el espacio no existen. Mi forma de explicarlo es la forma en la que lo comprendo.

Todo está en la mente y los recuerdos también. Y llegan los pensamientos.

¿Entonces es todo como un titiritero?

Ya todo está creado y se están moviendo los hilos. ¿Pero quién está moviendo los hilos?

¿Entonces qué estoy haciendo aquí? ¿Para qué quiero esta vida?

Ya somos, y cuando nos conectamos con ese ser, tu película comienza a verse diferente.

¿Entonces ya no te vas a morir y ya no habrá cáncer?

Seguirá existiendo la muerte. Pero con esta nueva comprensión, lo verás de una forma diferente. Comprendiendo que es una ilusión.

Que, si te agarra el sufrimiento, pues a sufrirle. Así tenía que ser. Pero si en ese momento nos conectamos con el comprender que es un sueño, una ilusión y que lo físico es una apariencia; y que nos podamos reír del sueño mientras lo vives: ¡qué belleza!

Es todo un tema el tiempo.

Primero piensas y luego sientes.

Los pensamientos llegan.

Si estás en el drama, ahí es entregarlo.

La locur*a:* "Esto no debería estar pasando".

Aquí es un tema de expectativa.

La mente dice: "Yo planeé a, b, c, d, f, k... ¿Por qué está pasando esto? ¿Por qué no sale como yo lo planeé? Si la receta dice: tantos huevos, tanta harina y tanta leche. ¿Por qué me está resultando algo diferente en lugar del pastel?".

Y la mente egoica se vuelve loca. Y dice: "No, no, ¿por qué me sale una pizza? Si estoy haciendo los pasos para que me salga un pastel".

Que alguien me explique.

Y aquí es donde yo he comprendido que no tenemos control de nada, Ariadna.

Que la vida está ocurriendo.

Y se requiere fe y confianza. Pero con mucho fervor para poder experimentar la paz en esta experiencia aparentemente física.

A: ¿Hasta qué punto mis deseos son míos o de la vida? Porque yo he aprendido a tener un deseo y después soltarlo.

R: Primero es importante reconocer que cuando tú deseas algo, es porque sientes que no lo tienes. ¿Si no, para qué lo deseas? Entonces el deseo es desde una necesidad.

Desde una mente egoica que se siente carente.

Pero hay que reírnos porque para esto es esta experiencia física.

A: A veces no sé qué quiero, pero me enfoco en ser feliz y ya.

R: Sobre saber qué queremos. Una vez una terapeuta me dijo que hiciera una lista de todo lo que no quiero, para que después supiera lo que sí quiero.

Solamente a través del "no" puedes reconocer lo que "sí".

Si conozco el miedo, podré reconocer el amor. Y dirás: "Ah, ya sé lo que se siente el amor, porque conozco el miedo".

A: Retomando un poco el tema del tiempo. ¿Qué finalidad tiene el pasado y el futuro si es una demencia porque no existe? ¿Qué nos ayuda a vivir esta experiencia?

R: Sí. Nada más.

Son infinitas posibilidades en sueños e ilusiones. La respuesta está en ti. Lo que cada persona vaya experimentando. Todo comienza y termina contigo.

La mente se experimenta a través de ti.

Yo no puedo saber qué experimentaste cuando sentiste felicidad, sólo tú.

Alguna vez le pregunté a mi amiga Frida Ojed*a*: "¿Por qué esta experiencia, donde hay guerra, el matador, el que no te quiere, etc.?".

Y su respuesta fue: "Híjole, Rous. La verdad es que no tengo la respuesta, pero creo que la mente de Dios estaba aburrida, y dijo: '¿Qué se sentirá sentirse separado?'".

Nunca hemos dejado de estar en la mente de Dios. Como algo que no tiene forma, sutil.

La mente está hipnotizada por el tiempo y el espacio, que no existen. Lo entiendas o no. Lo quieras comprender o no lo quieras comprender; así es.

Son sólo contrastes. Es una ilusión óptica. Ya dicho por la ciencia.

A: Considerando que no hay pasado ni futuro, entonces ¿esta proyección cómo se da?, ¿de dónde sale?, ¿de dónde acontece?

R: No está aconteciendo, parece que sí, pero no. Como un sueño que parece que es real, pero la realidad es que sólo es un sueño.

Lo mismo con esta experiencia, sólo es un sueño. Cuando despertemos nos daremos cuenta que, de hecho, nunca ocurrió.

La mente genera la idea de tiempo y la desdobla para generar esta experiencia.

A: Como cuando me voy a dormir, en el sueño pasa el tiempo, pero al despertar, veo que en realidad no pasó el sueño. Regreso a donde estaba.

Lo que das, recibes

» **La operación de Ari**

R: La primera vez que escuché que Pablo Merino dijo que "en verdad, lo que das es lo que recibes", la cabeza me estalló.

Si somos una mente que se está experimentando separada, entonces lo físico no existe. Lo que doy es lo que recibo.

¿Qué puedo dar? Sólo pensamientos.

Si todo está en la mente, y lo físico no es real, entonces todo es una proyección mental.

Si yo estoy teniendo pensamientos amorosos o no, la que lo está experimentando, ¿quién es? Es este vehículo que aparenta ser Rous. Porque es el uso del cuerpo en esta experiencia.

Lo que veo aparentemente fuera de mí, realmente es lo que me duele a mí.

Lo que yo estoy pensando: yo estoy sintiendo.

Lo que yo enjuicio, si está quitándome la paz o si me está dando paz, son sólo mis propios juicios.

El de enfrente (el espejo, el de allá afuera) ni sus luces de lo que estoy experimentando. Y yo aquí escupiendo para arriba; haciendo un drama que no puedo con mi alma.

La mente está pensando a través de mi vehículo (el cuerpo). Si estoy sintiendo paz, voy bien; y si no estoy sintiendo paz, ahí es donde debo entregar ese pensamiento erróneo porque me hace sentir mal, culpa, que me castiga, entro en un drama y eso no es amor. Eso va más acompañado de depresión.

A: Cuando dices: "si estoy sintiendo paz, voy bien", en sí, las emociones, no es que esté mal sentirte sin paz. Realmente todas las emociones son estados vibratorios que reflejan creencias arraigadas inconscientes.

Por ejemplo, este fin de semana tuve una cirugía y al entrar al hospital me dio mucho miedo y pensé: "Ari, con tanta información que sabes, ¿no que eres eterna? No deberías tener miedo". Pero sí lo tenía, reflejando mi creencia profunda de pensar que soy un cuerpo físico. Sé que soy espíritu, pero en la profundidad creo que soy cuerpo.

Así que en ese momento lo primero que se me ocurrió fue escribir en el grupo de WhatsApp que tengo contigo y mujeres GALA, para pedirles que hicieran una oración por mí, para que todo saliera bien.

Lo hice y me sentí mejor.

R: Realmente fue tu propio pensamiento el que te dio esa paz. El pensamiento que das es la emoción que sientes en esta experiencia humana, por eso lo que das es lo que recibes.

A: Sí, de hecho, después me entró la duda de si con eso sería suficiente. Entonces me pregunté: "Ari, ¿las oraciones de tus amigas serán suficientes para sostenerme? Quizás sí, pero ¿qué tanto? ¿Necesitaré la energía de más personas? ¿A quién más puedo escribir para pedir ayuda?". Entonces me imaginé a un grupo mayor de personas, pero luego me di cuenta de que por más personas que reuniera quizás nunca sabría si es suficiente.

Entonces pensé que más bien debía existir algo más. "¿Qué es la suma de todo?". "Dios", me respondí.

Él es el origen de todo. Y si quien sostiene todo es Dios, entonces debía enfocarme en Él. Así que decidí repetirme: "Dios está conmigo, Dios está aquí. Todo va a salir bien". Y con ese pensamiento me comencé a sentir más tranquila.

Pero en ese momento de terror, sí pensé: "Ante este miedo que siento, ¡híjole!, ¿realmente qué me sostiene?".

R: El pensamiento que das es la emoción que sientes. Pero en pensamiento, porque lo físico no existe. No se puede dar algo físico. El tema es la energía con la que lo das, acompañada con la emoción de tu pensamiento.

A: Para mí, haber ingresado al hospital me hizo sentir la vulnerabilidad que experimentamos al creer que somos un cuerpo físico. Es ser empático con todas las personas que ingresan a un hospital, entender sus caras de miedo, dolor y angustia.

Normalmente soy más fría, pues, gracias a Dios, mi familia ha sido muy sana y el tema de salud no es algo que nos afecte. Si entré a cirugía fue para arreglar un rezago de mi parto. Pero el tema es que, al entrar ahí, sí dije: "¡Guau! En verdad siento miedo y siento esa necesidad de apoyarme en alguien". Pocas personas estuvieron pendientes de mí, pero esas poquitas las valoré muchísimo.

De hecho, puedo decirte que, aun y con todo que me repetía que Dios estaba conmigo y que todo saldría bien, aun así, en la entrada del quirófano, cuando la chica que me recibió me preguntó mi nombre, no se lo pude decir porque mi voz temblaba, mientras se quebraba en llanto. Y era un llorar que me quitaba el aliento.

"Me llamo Ángeles", me dijo la chica. Y, en ese momento, sólo pensé que no era casualidad que se llamara así. Era una señal de que realmente Dios estaba ahí conmigo. ¡Wow! Realmente creemos que somos este cuerpo físico y tememos perderlo.

R: Yo recuerdo cuando nació Natalia, que me tocó una persona que se llamaba Guadalupe. Recuerdo perfecto cómo me decía al oído: "Tranquila, no pasa nada. Tranquila".

A: ¡Qué padre que después de tantos años te acuerdes!

R: Sí, hace 28 años que pasó eso.

A: Y sabes, esta cirugía para mí es un nuevo comienzo. Ahora tengo 40 días en reposo, sin ninguna actividad física que implique esfuerzo.

R: Sí. La energía trabaja sola. Todo sucede por algo y por un bien mayor.

A: Y me siento tranquila.

La rendición

» **El amor de mi vida**

A: Este fin de semana tuve una experiencia que me ha hecho poner en práctica el tema de la rendición.

Durante toda mi vida he tenido gran atracción por los cuerpos físicos masculinos: el cariño, la atención y, ahora de adulta, también la intimidad que pueden darme.

Es un automático que me emociona sólo de pensar todo lo que puede pasar con ese cuerpo físico, llamémosle como quieras. Es una atracción que, al inicio, me encanta sentir, porque hace volar mi imaginación con fantasías maravillosas de todo tipo. Desde imaginar cómo estaremos juntos, planear una vida a su lado, o las sensaciones que sentiré con el contacto físico.

Desde el kínder, siempre me gustaron mucho los niños. Y no uno, ni dos, sino una libretita con varios nombres. Y justamente una de las razones por las que dejé a la pareja 1 fue porque, al estar ya establecida con él, donde todo estaba bien, de repente se me venían deseos de estar con alguien más.

Cuando comento esto a ciertas personas, me dicen que es normal tener fantasías con alguien más; pero a mí no me gustaba dejarlo en sólo una fantasía. Prefería dejar la relación en búsqueda de esa aventura.

Aventura tras aventura, todas terminan igual: yo sola y abandonada, o abandonando yo. Siempre buscando motivos para abandonar cada relación.

Entonces, ahora que me ha llegado la información que estamos compartiendo en este libro, decidí aplicarla desde hace dos años al tema de pareja. ¿Y qué sucedió? Que descubrí este patrón muy marcado en mí. Y, para colmo, mi hobbie consiste en bailar sensualmente intercambiando parejas, disfrutando de todos, libremente, durante 3 a 6 horas de baile. Esa sensación, para mí, es maravillosa, porque, sin conocer a la persona, puedes conectar con ella, vivir el momento y después despedirla al terminar la canción.

Entonces este jueguito de:

- Te conozco (de vista)
- Me gustas
- Me inspiras fantasías y sueños
- Doy todo por hacer realidad esa fantasía
- Luego me topo con pared porque los chicos se asustan y se van, o si me responden con la misma fantasía, yo me asusto y me voy

- Al final encuentro abandono, tristeza y sufrimiento; de mi lado o del otro

Este jueguito, al que mencioné anteriormente que le puse por nombre: "sí, pero no". Sí quiero al chico, pero en cuanto veo que ya está acomodándose la relación para quedarse, mejor recuerdo las razones por las que No quiero estar y me voy.

Entonces, enfrentarme a esta situación, donde mi energía me dice:

- Sí, conoce a otro chico
- Sí, ve a un congreso sola, con cuarto para ti sola, por si conoces a alguien que te guste
- Sí, enamórate de alguien desconocido
- Sí, pídele su número telefónico

Todo esto, curiosamente, me sucede a pesar de que cada vez que paso por un cuerpo físico y tengo dolor y tristeza, me digo: "Ya no lo voy a hacer. La siguiente ocasión, si alguien me llama la atención, primero serán mis amigos, los conoceré y después ya vemos. Pero cero enamoramientos, cero fantasías y cero dar todo al inicio".

Pero, curiosamente, SE ME OLVIDA y, a la mera hora de que alguien me atrae, comienzo el juego de nuevo.

Esto de "curiosamente" lo noté apenas hace un par de días, ¿recuerdas que te dije, Rous?

R: Sí. Me dijiste que cómo era posible que no se te olvidaran ciertas cosas, y estas tan importantes, casualmente sí se te olvidan. Es el gusto de quererlas revivir la razón por la que se te olvida.

A: Pues sí. Entonces, ante este juego, tomé dos caminos: El primero fue pensar: "Ya, ahora sí, si veo que algo no me gusta de una persona, cero que saldré o me involucraré, porque luego lo termino dejando y sufriendo, por haberme involucrado y encariñado con alguien que, de entrada, ya sé que no es lo que quiero".

Pasó una semana así y, al final, me sentí aburrida y sin sentido.

Pensé: bueno, quizás esa no era la solución, porque la vida, en esta semana, me mandó varias oportunidades para pasarla bien, y en lugar de aprovecharlas todas, las negué. Y si es importante para mí ser feliz, y la vida me manda esas oportunidades, pues ¿por qué no tomarlas?

Considerando lo que había pasado y la conclusión a la que había llegado, opté por tomar el camino 2: tomar todas las oportunidades que me daba la vida para disfrutar al máximo. Total, el tiempo no existe, sólo hay un presente y si eso me hace feliz, pues adelante. Lo acepto.

Y así fue. En 3 días tomé las 3 invitaciones que la vida me ofreció, las disfruté mucho, pero al final, ya cansada y un poco vacía, terminé por darme cuenta de que tampoco era el camino.

Al terminar ese fin de semana, escuché una canción que decía: "...y ahí está Dios, en el Amor".

Me di cuenta entonces que me sentía de nuevo vacía porque, al final, lo que sucedió no había sido con amor. Faltaba ese elemento tan importante y valioso.

Hoy que leo estas palabras, ha pasado ya un año de haberlas escrito, y hoy puedo decir que ambos caminos, aunque diferentes a la vista de mis ojos, realmente están basados en lo mismo: una decisión basada en algo que tiene forma física. Uno niega la interacción con la forma física (cuerpo masculino) y otro la acepta al máximo.

Ahora entiendo que todo lo que tiene forma es el problema, pues todos los caminos en este plano físico llegan a lo mismo.

Todo lo que tiene forma física está destinado a perecer, cambiar, morir, etc. Además, como no es nada más que un conjunto de átomos que la mente le da forma en una ilusión, pues no hay nada en la forma física que me dé algo.

En ese momento, opté por un 3er camino: si voy a hacer algo, que sea sólo si hay amor.

Este 3er camino, que ahora leo después de un año, está muy cercano a lo que ahora he aprendido. Fue mi primer intento para salir del juego de la ilusión.

Y como no me quedaba claro el aprendizaje, ¿qué crees?

Casualmente se me olvidó y el fin de semana que me fui a un congreso de baile, me vuelvo a emocionar con un aparente cuerpo físico.

Mi mente comenzó a hacer planes de cómo generar la situación que me permitiera estar con él.

Lo pensé incluso ya estando más consciente, porque te mandé un audio y te dije: "Rous, yo no entiendo por qué me aferro tanto a los cuerpos físicos, si ya sé que sólo son una ilusión. Me molesta, pero bueno. Okay.

Digo, ayer me gustaron 3 chicos, y me hubiera gustado estar con alguno, pero no se dieron las cosas. Y me pregunto: 'A ver, Ari, se supone que ya no iba a involucrarme con nadie sin amor. ¿Y ahora? ¿Qué onda conmigo? ¿Por qué se me olvida? ¿O qué?'".

Que también digo: "Bueno, para esto es esta experiencia. Para vivir y experimentar"; y luego me llega otro pensamiento y digo: "Es que ya no sé ni qué quiero. Ya no sé si quiero que realmente pase algo esta noche".

Entonces así me dormí, pensando cómo decirles a los chicos y a cuál elegiría. Porque sé que no puedo llevármelos a todos, ja, ja, ja. Entonces tengo que elegir a uno y saber cómo le voy a decir. Pero después me detengo y pienso: "Ay, Ari, cómo estás pensando en esas cosas. ¡Aaaasssshhh! Pues bueno, voy a ver".

Yo creo que sí voy a probar una vez más, a ver si me acuerdo por qué no es por ahí.

Ahora que ya estoy más consciente, voy a ver qué tengo que aprender de aquí.

Aunque sé que luego viene una desilusión. No sé. No me siento tan feliz y plena, quizás por andar deseando algo que no es posible.

En fin.

El chiste es que, al llegar la noche y comenzar el último social, vi al chico de mis sueños, el hombre más atractivo, sonriente, con quien, en un minuto, me vi para toda la vida con él. Obvio, no es el único con quien me veo por siempre. Pero es parte del olvido. De hecho, Rous, tú sabes que llorando te dije: "Es que en verdad creo que es el amor de mi vida". ¿Puedes creerlo?

Bueno.

Desde un día antes ya lo había ubicado, pero se había ido temprano (una hora antes de acabar el social, es decir, las 4 de la mañana). Me acerqué y me recibió con mucho gusto y hasta me hizo un excelente comentario de que me veía superbién; y eso que andaba de lo más sencilla. Pero bueno, para mí era una señal y esto me animó a más; así que le pregunté que por qué se había ido tan temprano, a lo que respondió que venía con sus amigos que parecían viejitos. Entonces yo le dije: "Bueno, pues esta noche quédate conmigo". Y me dijo: "Vale, me parece bien".

Y así quedó pactado. Como a la hora lo dejé de ver. Me puse nerviosa porque quizás se había arrepentido y mejor se fue; o bien, se fue a descansar para tomar pilas y luego regresar para estar conmigo.

Decidí pensar que iba a pasar lo que tenía que pasar; así que dejé de preocuparme.

Pasó la noche y justo 30 minutos antes de terminar el social, lo vi nuevamente bailando en la pista. ¡Me emocioné porque sí había regresado! Lo vi y me dijo: "Bailamos la siguiente canción". Se sentó y yo al lado de él en una silla que estaba un poco lejos, pero él, superamable, la acercó y la pegó a él.

Terminó la canción, me ofreció su mano y me llevó a la pista. Bailé la última canción que fue un gran y maravilloso regalo del DJ, porque fue la canción más sensual, lenta y amorosa que hubiera bailado en mi vida; y con ese supergalán que me bailó increíblemente conectado a mí, no, bueno, yo brillaba y veía las chispitas de amor saliendo de mí. Yo me sentía como en un cuento de hadas.

Entonces, terminó el evento y, ya estando conmigo, me siguió a mi cuarto. Me dio unos besos y después me dijo: "No puedo tener más contigo". Y yo le pregunté: "¿Por qué?".

Y me dijo: "Sí me emociona estar contigo, pero no te conozco. Ya nos veremos en más congresos. Ya me tengo que ir".

Entonces le dije que, si quería regresar a descansar conmigo, se llevara la llave. La tomó, pero no regresó y nunca más volví a saber de él. Al menos no hasta ahora.

Después de esto que pasó, fue para mí un gran recordatorio de lo que realmente quiero en mi vida.

Y te comento esta historia, Rous, porque después de esto que pasó, creo que esta vez ya llegué al punto de la rendición. (Repasando el libro en el 2025: riendo con Rous de sobremanera, ja, ja, ja).

¿Por qué lo digo?

Cuando ocurrió, sentí un silencio en mi interior. No emití ningún juicio. No sé si era porque estaba en shock. Sólo recuerdo que estaba consciente de que lo que dijera o pensara de él, sólo sería en mi contra. Realmente no podía opinar sobre el porqué hizo lo que hizo el chico. No tengo acceso a él. Lo que yo crea no tiene ningún valor, salvo para mí misma. Sólo él sabe por qué hizo lo que hizo y no hay más.

Mi postura, visión o significado que le brinde a lo que pasó es lo importante.

De primera instancia, yo lo vi como un regalo: cometí un error, pero gracias a Dios fue con alguien que vive a kilómetros de mí. Malo que hubiera arruinado la posibilidad de conocer a alguien cercano a mí. Entonces, fue una situación que me está previniendo de otro posible error.

Y me pongo a pensar: "Ari, ¿en dónde debiste actuar para que no ocurriera esto?".

Y ahora lo veo. Debí parar la locura de mis pensamientos, cuando mi mente comenzó a desear a un aparente cuerpo físico y planear cómo estar con él.

Debí parar cuando detecté mi sentimiento de necesidad, de querer llevármelo a mi cuarto, sin conocerlo. Ahí debí parar. ¡Ni siquiera le pregunté a qué se dedicaba, nada! Sólo nombre y dónde vivía, que por cierto no recuerdo, porque lo mismo les pregunté a los otros 2 chicos que también me habían gustado.

El punto es que debí recordar que no es el camino, no hay amor, no lo conozco y no encontraré más que vacío. Que ya sabía, pero ¿por qué se me olvida?

En ese momento entendí que mi error fue dejarme llevar por mis pensamientos, emociones y olvidar que no hay amores de cuentos de hadas que se formen en un par de horas.

R: Mi querida Ari, recuerda que experiencia repetida es experiencia no aprendida; finalmente es frecuencia específica y por alguna razón está sucediendo en tu experiencia, y es perfecta.

Pero entonces, ¿ya te ha pasado esto antes?

A: Normalmente no me detengo ante lo que siento, sólo actúo. Y en esta ocasión volvió a ocurrir igual, con la única diferencia de que en esta ocasión tuve un momento de consciencia horas antes de que pasara. En ese momento pude cuestionar mi sentir, e incluso te escribí y te lo dije. Te dije que no entendía mi sentir, que no sabía si lo haría, pero que ya lo decidiría en su momento.

Y cuando llegó el momento, tal cual me dejé llevar por la emoción otra vez.

R: El tema es detenerte. Porque la información que te llega en tu experiencia de vida, ¿qué es lo que logra en Ari? ¿Logra una transformación? ¿O tomas la información y te la guardas en el bolsillo?

A: Tienes razón. Creo que la guardo en el bolsillo para regresar al mismo patrón.

R: La información consciente que te llega en el momento presente, ¿cómo la utilizas? Esas dos voces que surgen en ti: la voz del ego y del espíritu santo. O la voz del diablito y el bueno, cuando estás inmersa en la situación, cuando escuchas "lo hago" o "no lo hago".

A: Horas antes de estar con él, sí me detuve a pensar en si lo hacía o no.

R: ¿Qué fue lo que te pusiste a pensar?

A: Que quizá no tengo tantas ganas de acostarme con él, que quizás sólo es el inconsciente automático que sabe cuál es el siguiente paso.

R: ¿Cómo si estuvieras observando tu actuar?

A: Sí.

R: Comentaste que crees que tu papá es así, ¿por eso te justificas?

A: Yo creo que genero estas situaciones porque no logro desenmarañar lo que el cuerpo significa para mí. Como siento esa atracción por esos cuerpos, yo creo que hasta que logre desapegarme, lo resolveré. Algo que no he logrado. Ahorita (llorando), por ejemplo, que ya no supe de él, pienso que pudo haberme escrito, pero no fue así y entré en silencio como en shock.

Durante los siguientes 2 días, mi mente seguía mandándome pensamientos sobre él, sobre lo que pasó, sobre lo que hice mal, etc.

Yo, sabiendo que así es la naturaleza de la mente, pues sólo observaba sin juicio y entregaba a Dios.

Me molestaba un poco que mi mente siguiera atorada en algo que ya pasó, pero también comprendí que era normal que mi mente quisiera terminar de asimilar lo que pasó. Así que pensé: "Está bien, Ari, deja que la mente pase y repase, una y otra vez la situación; quizás eso me ayude a entender, comprender e integrar para que, por favor, ya no vuelva a ocurrir".

En cambio, si yo bloqueo, reprimo o me peleo con esto, mi mente no lo integrará y entonces querrá volver a vivirlo para entenderlo otra vez.

Así que dejé que mis procesos mentales sucedieran, mientras yo sólo me mantuve de espectadora.

Ya más tranquila, al tercer día, que me cacho de nuevo deseando un cuarto para mí sola en el siguiente congreso.

En ese momento dije: "¿Queeeee?, No yaaaaaaa... ya estuvo. Ya estoy cansada de esto". Así que llorando pedí desde el fondo de mi corazón a Dios que, por favor, ya se me quitara estas ganas de estar con alguien sin amor.

"ME RINDO —pensaba—, ¡Dios, ayúdame! Ya no quiero desear un cuarto para mí sola por si conozco a alguien. Ya no quiero creer que un cuerpo aparentemente físico pueda darme algo.

¡¡¡Ya no quiero!!! Ya, por favor. ¡¡¡HEEEEELP!!!".

Después de entregar mis deseos y pedir ayuda a Dios, el llorar, el soltar y entregar, al siguiente día, por fin llegó el entendimiento y la paz: comprendí claramente que sólo era un recordatorio de lo que realmente deseo en mi vida, es decir, que realmente quiero una experiencia de amor y conocimiento de mí a través del otro.

Agradecí todo, y ahora los pensamientos sobre este chico han sido cada vez menos.

Al cuarto día, noté que llevaba días sin ir al baño como normalmente lo hago, y que me estaban dando piquetes en el abdomen bajo: "Señal de que traigo algo atorado aún". Así que medité con el enfoque en esa parte de mi cuerpo y descubrí imágenes de ese chico. Hice el ejercicio de entregar las imágenes a mi ser superior y, al hacerlo, lloré, señal entonces de que faltaba soltarlo; justamente después de esa meditación, pude ir al baño.

Es impresionante cómo nuestro cuerpo es neutro y reacciona a nuestros procesos de pensamientos y emociones.

Entonces, Rous, cuando comprendí que no quería abandonar mis fantasías, pero sí debía rendirme y pedir ayuda porque, si bien mi sentir y pensar sí querían ese cuarto para mí sola, una parte de mí, la más consciente, ya no las quería más.

Así que la rendición es el único camino aquí.

Creo que todo esto se da por una búsqueda de amor.

Cuando deje de buscar el amor afuera, podré ser feliz simplemente porque sí.

R: Partiendo de que no hay nada bueno ni malo, sino que la vida, lo que acontece, simplemente ES. El tema es cuando lo enjuicias, etiquetas y lo repites: ¿Oye, está bien lo que hice? O ¿Está mal lo que hice? Pues simplemente hiciste lo que hiciste y ya.

Y aquí quiero ser incisiva en la cuestión de la simplicidad que se nos ofrece como "la salvación" de la mente que está experimentándose separada en formas; es realmente tan sencilla y ni le hacemos caso.

Vivimos la experiencia viendo formas y cuerpos. Y sí, se te está quitando la paz porque te comienzan a llegar pensamientos locos: sólo es la mente que se está experimentando como separada de Dios.

En ese momento, implica entregar todos los pensamientos de separación a tu ser superior, que está en ti, porque no existe afuera ni separado; y pedir la corrección del error de separación.

A: Sí, muchas veces digo: "No entiendo nada de lo que sucede".

R: Es que el tema de la fe y la confianza, como cuando dices: "Ay, sí, ¿si pido expiación y ya con eso?".

Si dudas, pierdes. La fe debe ser desde lo más profundo de tu corazón.

A: Y es curioso porque la fe profunda ya la tenemos, nada más que, en lugar de tener fe en lo que ven nuestros ojos, es tener fe en lo que no se ve.

Es como cuando veías el planeta plano, y creías en lo que se te mostraba; pero cuando te dijeron que el planeta es redondo, al principio lo creíste por fe.

Tenemos fe en que respiraremos al siguiente segundo. Fe en que somos un cuerpo físico. Fe en que soy mi pasado. Pero ahora la invitación es que tengas fe en que eres espíritu, y no eres tu pasado o una imagen que has inventado.

R: Es tener fe y confianza en algo superior a ti. Quién sabe si sea verdad o mentira, pero si tú lo crees y te aplicas, te da mucha paz y comienzas a ver resultados.

Pero es lo único que se nos pide.

A: De hecho, cuando venía llegando al aeropuerto me decía: "No soy nada, no tengo nada que decir, ni que opinar" y lo decía y me daban ganas de llorar.

R: Ari, eres nada y eres todo. Si te vas por el camino de que no eres nada, te das un balazo. Si no hay nada que lograr, ¿qué caso tiene? Esa es la historia del ego. Pero ahí te paras y haces consciencia para decir: "A ver, ¿cómo me estoy experimentando en este momento con esos pensamientos?". Seguramente no contenta, ni feliz. El ego siempre te dirá que hasta que logres X cosa, vas a poder ser.

Es un tema de haz, haz, haz y ya que logres el objetivo, te podrás sentir pleno.

Si te dan ganas de llorar diciendo que no eres nada, ¿te sentías plena?

A: No.

R: No, claro que no. Entonces, ¿quién crees que está a cargo de ti en ese momento?

A: El ego.

R: Y no es que esté bien o mal. Para eso estás aquí en tu vehículo corporal, que aparenta ser físico. Y lo entregas con toda la fe y confianza porque en realidad quieres experimentar paz.

A: Tener fe en que no soy un cuerpo físico es de las cosas más difíciles; pero cuando practicas ese pensamiento, encuentras más sentido a lo que acontece y ves, porque te ayuda a comprender que todo es pensamiento en la mente.

Y luego me pongo a pensar que todo mi problema es crear una fantasía. Porque el cuerpo no significa nada. Porque te juro que yo veía a este chico y decía "es el amor de mi vida".

Veía su baile, su sonrisa, su porte, todo. Y yo decía: "yo con este sí me caso".

R: Ja, ja, ja. Ya te has casado y divorciado tantas veces, Ariadna.

A: ¡Es que eso es lo peor del caso, Rous!

R: Es un castillo que armas.

A: Sííí, y así lo vivo. ¡De verdad! Y es cansado. En el momento me ilusiono, pero después viene la bajada del mundo cambiante donde no está lo que realmente deseo.

Abandonar el sueño que me ha vendido la tele, o mejor dicho, que me he vendido yo a través de esta experiencia, es difícil de abandonar.

R: Sí, pero es que quizás no estás tan cansada.

A: ¡Pero hasta cuándo, pues!

R: Sí te entiendo. Yo también lo he experimentado y te llega la tristeza.

A: Sí, es que de verdad se te olvida. Como si no hubieran existido mil antes que él con quienes pensé lo mismo. Vivo pensando como si no existiera un pasado.

R: Sí, claro.

Mira, yo el otro día leí que el cerebro, después de que le llega un pensamiento o siente miedo, ansiedad, agobio, dura 3 minutos máximo en esa emoción. Si tú te quedas enganchada en eso, ya es tu ego que se engancha en tu nivel de consciencia, en todo el drama. Si tú realmente detectas una emoción en tu cuerpo y logras estar de forma consciente al 100 %, que simplemente es, sin etiquetarla, sólo como algo que estoy sintiendo. Porque eso es la experiencia humana: el ver y sentir.

Como cuando te cortas y no sientes sino hasta que te ves. El efecto químico en el cuerpo quizás ya sucedió, pero hasta que tú observas y etiquetas, avientas el juicio y ahí te enganchas.

Si ya está comprobado que hay como 30 mil pensamientos al día en el cerebro de cada persona, ¿cómo llegan? No sé, así que: te rindes o te rindes.

Porque si tú sigues resignificando con otro pensamiento y luego con otro, ahí te pierdes. Y ya hemos recorrido ese camino; y es supercansado.

Y ¿quién está diciendo "qué cansado"? Porque el ser no se cansa.

A: Sí, recuerdo que una vez tuve una experiencia en la que no podía encontrar la dicha. Era como una barrera y yo aferrada a querer encontrar la dicha. Entonces me llegó un pensamiento que decía: "Ari, si no quieres, está bien. Yo igual te amo. Aquí siempre estaré hasta que quieras". Después de esto lloré y lloré porque comprendí cuán amada soy independientemente de que una parte de mí (la ilusoria) no quiera la dicha.

R: El ego te lleva a que te sientas cansada y triste.

Hiciste lo que quisiste, nadie te detiene, subes y bajas cuando quieres; haces lo que te da la gana, vienes y vas; y cuando puedes aplicar esta información, sigues aplicándole más pensamiento. Pero no tu, Ariadna, sino la mente.

A: Sí, es la mente que hace planes y juzga. Y chistoso porque yo buscando en el baile, pero cuando llego a casa, tengo una familia que está esperándome para consentirme.

R: Así es. Tan chiqueada en casa y ¿para qué estás buscando? Si en casa tienes todo.

El ego piensa y cree que no eres nada, pero realmente eres todo.

Todo es mente y pensamiento. Estamos recordando lo que a la mente se le olvidó.

Para ti es importante encontrarte un bachatero que te recuerde que estás en casa.

El de afuera sólo es para que puedas verte. Y agradecerle a la persona que te abandonó en el cuarto. Y vuelves a hacer consciente el tema de Ariadn*a:* el abandono.

Y dices: "Pero otra vez vuelvo a tomar el mismo camino". Pero es la primera vez que te veo llorar de cansancio. Y tal vez la siguiente vez ya no lo vas a hacer. Porque la consciencia te va a deci*r:* "¿Para qué, Ariadna? Si ya sabes que te está llevando tu inconsciente a un patrón que crees que viene de tu papá".

A: Ahora que lo escucho de tus palabras me resuena. Nunca lo había visto tal cual como abandono.

R: En realidad, todo es miedo y amor. El reto es no etiquetar las emociones, sino entregar para su corrección al espíritu santo, que soy yo misma, que me sostiene. Yo misma en el Yo Soy, no como Rosa, no como cuerpo.

Y si volviste a pasar por una situación así, es porque no estás tan cansada. No estás tan cansada de que te estén abandonando. ¿Y qué tiene?

A: Ja, ja, ja.

R: Yo, quién soy para juzgarte y decirte: "Ariadna, mi chula, no te has cansado" y tú voltear y decirme "pues no y qué". Y yo sólo podré decirte: "pues pégale, comadre".

Y está bien hasta que no te rindas y digas: "Ya no quiero estar experimentando este abandono".

¿Y qué tienes que hacer para que ya no te abandonen? Siendo clara con las personas: "¿Vas conmigo y no a jugar "papa caliente"? ¿Quieres o no? Y que sepas que hasta me voy a casar contigo". Para que veas el desmadre que traes en tu cabeza. Expón a tu ego. Dale la vuelta. Y al que te encuentres, seguramente saldrá corriendo, pero estás exponiendo la locura del pensamiento.

Confrontando y poniendo en viva voz las locuras.

Imagínate que le digas: "Oye, ¿sabes qué? Es que quiero llevarte a mi cuarto porque estoy pensando en casarme contigo porque me encanta tu cuerpo, tu sonrisa, cómo bailas bachata y eres mi hombre ideal. ¿Puedes ir conmigo al cuarto y no abandonarme nunca?".

A: (Riendo un poco y llorando).

R: Yo sólo te estoy diciendo lo que dices en voz alta. Y hasta risa te da.

A: (Llorando).

R: Te amo, Ariadna. Así de loco está el ego, Ari. Y te lo digo con todo mi corazón para que te observes y ese llanto sea de alegría. Y sea de que estamos regresando de donde nunca hemos dejado de estar. Porque nadie te abandonó, Ariadna. Nadie. Pero gracias a este muchacho, puedes recordar lo que no eres, observarlo y decirle: "Gracias, posible esposo de mi mente. Me estás haciendo recordar que no soy un ser abandonado, sino un ser en plenitud. Y en ese proceso estoy. Espíritu Santo, te entrego esta locura de pensamiento para que lo corrijas, porque yo, en el ego, no puedo". Tú, en el ser que eres, eres todopoderoso. Y en un acto de rendición, híncate y di "yo ya pido esquina".

La rendición es cuando ya estás cansada y doblamos las manitas.

Cuando experimentas una situación en tu vida donde dices: "Ya no puedo más, debe de existir otra forma". Y de ahí es de donde viene el despertar.

Y yo podría enjuiciarte y decirte: "Es que, ¿cómo puedes aguantar eso, Ariadna?".

Y ¿qué es lo peor que puede pasar si expones la locura de tu pensamiento en voz alta?

Pues que el muchacho diga en el micrófono: "Esa señora se está volviendo loca, dice que me quiere llevar a su cuarto, que soy el amor de su vida y que se quiere casar conmigo. ¡Que nadie baile con ella, por favor!". Y él tendrá que experimentar que una mujer quiera llevárselo a su cuarto.

Y aquí lo importante es que seamos honestas, Ariadna. Que te preguntes: "¿Qué es lo que realmente quieres? ¿El muchachón que ya viene y con el que me voy a casar? ¿O la paz de Dios?".

Uno es el ego.

El tema de la locura es creer que eres todos esos pensamientos que te llegan.

Eres todo, experimentándote en un cuerpo. ¿Cuándo va a cansarse la mente? No sé.

A: Pues, según yo, ya estaba bien rendida, pero después de 20 días hablé con él, me estuvieron llegando pensamientos y caí en la trampa.

Llegaron a mi mente deseos de invitarlo al viaje que me gané a Qatar, y también al que me gané a Bogotá. Así que le escribí primero para preguntarle si iría en septiembre al congreso de Los Ángeles.

R: Hablando del tema de rendición, Ariadna, entonces no te has rendido. Es importante mencionarlo. Desde mi experiencia, llegas a una rendición cuando la información en realidad te transforma y realmente giras hacia otro lado; aunque no sepas cómo será el camino. Porque siempre vienes caminando de cierta forma. De la forma en cómo te enseñaron, o porque tu papá así lo hacía y que lo viste normal, por el mensaje que te dio tu mamá, por el abandono que tuviste de tus papás. Pero cuando llegas a una rendición es "no más". Sacas tu banderita blanca y dices: "Me entrego y esto yo ya no lo quiero". No te da para transitar el mismo camino.

El chiste es que lo hagas consciente. Y no es que esté mal, porque caeríamos en el juicio. No se trata de decirte: "Ay, Ariadna, ¿cómo que ya le volviste a escribir? Pues, ¿cuál rendición? No te hagas güey. No es cierto. No estás rendida".

Y si escuchas tu automático de "no pasa nada si le escribes", se te olvida que días antes, llorando, me dijiste que ya no podías más.

Ahorita estás aportando un ejemplo de cuando no es realmente una rendición.

Una rendición es cuando la información te llega y te transforma. Si sigues haciendo lo mismo, no soy nadie para enjuiciarte.

¿Te gusta estar sintiéndote abandonada? Porque yo te veo como en la película de Rocky, cuando se levanta todo lleno de sangre y cansado y ya no puede más, pero aun así dice: "¡Cómo chingados no! Me levanto otra vez y le sigo dando. Cansada, pero le sigo". No estás rendida. No hay manera de que le escribas otro mensaje e ir por el mismo camino, ya no.

Y no es que esté mal, el tema es que te observes. Y te des cuenta de que cuando estás cansada no te da para caminar el mismo camino. Simplemente ya no puedes más. Yo que te quiero tanto, ya no quisiera verte experimentándote en el abandono y en el vacío. Porque te escucho y no se siente padre ver a una amiga llorar. Porque cuando me hablas me lo dices desde la consciencia, pero luego el ego te agarra y se te olvida.

En lo personal, por ejemplo, justo ayer estaba dormida y me levanté muy asustada porque vi a una persona con camiseta de rayas y la cara de la persona al lado de mi cara del lado derecho. Y me acuesto superasustada. Y comencé a decirme: "Es una proyección mental, no hay nada afuera que pueda hacerme daño, todo esto es mental, no existe nada afuera, Rous".

Creo que, en una similitud contigo, no es que ya no nos pasen las situaciones, sino: ¿qué haces cuando estás enfrente de tus pensamientos o situaciones repetitivas? Yo, por ejemplo, ya rendida, viene el miedo y no importa si viene o no; el tema es cómo actúo ante ese miedo. ¿Qué información me viene ante el miedo?

Y si lo comparo contigo, es que sí detectas, pero no actúas diferente en el momento.

A: Sí te entiendo, creo que ese sería el siguiente paso. Que cuando vengan pensamientos de deseo sobre algún susodicho, recordar que afuera sólo es una proyección mental.

R: Aunque puede venir de nuevo el ego a decirte: "Oye, Ari, pero si el susodicho 2 puede ser el amor de mi vida, con el que puedas casarte y llegar al altar de blanco como en las novelas que veías de niña; y es que, ¡tal vez estás dejando pasar la oportunidad de tu vida con él!".

A: Ja, ja, ja. Haz de cuenta que estoy escuchando mi mente.

R: Pero no te peló, no te buscó. Es la misma historia de abandono. Dijeras tú que se la pasa escribiéndote, te mandó un ramo de flores; ¡ah, bueno!, pero no. Es la misma dinámica que los otros. Te abandonan o tú abandonas.

A: Sí, voy a reforzar más la idea de que afuera sólo es una proyección de mí.

R: Lo que te está pasando afuera es resultado de lo que traes adentro. Es un regalo que este susodicho 2 te muestre lo que traes dentro.

Afuera aparentemente se ve alguien, pero sabemos conscientemente que es energía que me ayuda a mostrar lo que traigo en mi cabeza.

Desde el dualismo tú crees que el de enfrente te está haciendo algo; y luego te llega esta información y dices: "Ah, jijo, soy yo". Y pasas a la rendición.

No es un tema de: "Tengo que desmadrarme" para ver la vida de esta forma. En mi experiencia así tuvo que ser, pero no siempre debe ser una catástrofe. Puede ser a través de algo sutil. Dicen que Buda se iluminó con una flor.

La iluminación es donde ya no hay un sueño, ¡PUM! se acabó la forma. Mientras haya forma, siempre habrá un cotorreo aquí.

A: Sí, todo esto me ayuda a darme cuenta de dónde debo actuar para no transitar el mismo camino de abandono.

Y justo escuché un audiolibro donde decía la autora que debía repetirme que merezco a un hombre que me ame.

Merezco a un hombre al que le importe. Y cuando lo escuché, me hizo sentir muy empoderada.

R: Respeto tu sentir, y si crees que eso te sirve, está bien.

A: Sí entiendo que no necesito a una persona que me quiera.

R: Y que no se trata de si mereces o no, sino que tú ya eres todo. El tema es que lo vibres de esa manera. Que digas: "Estoy completamente segura de saber que soy todas las posibilidades. Soy todo aquello que no tiene forma".

Porque el tema de "merezco" estamos hablando desde la forma.

Y contarte una historia para dejarte de contar otra: sólo es una ilusión por otra ilusión.

Yo te comparto lo que para mí es, y comprendo de corazón que los que aparentan estar afuera de mí, sólo me están mostrando mi nivel de consciencia. Y si para ti está bien, está bien. No puedo hacer nada.

¿Sabes qué me tranquiliza muchísimo? Pensar que esto ni siquiera sucedió y que en este instante estoy en la mente con Dios.

Primero observo mis pensamientos: "Es que no tengo qué hacer... Es que sí tengo qué hacer... Es que...". Es que realmente no tengo los hilos de nada. Y se me pierde la paz por pensar "¡Ay, no he pedido expiación, ya la estoy regando, ya perdí!".

Entonces, recuerdo que esto realmente nunca sucedió y me repito: "Es que esto ni siquiera sucedió. Estoy en este instante en la mente con Dios".

Y digo: "Esto ni siquiera sucedió".

Y no lo entiendo. En este nivel de consciencia no lo logro integrar o asimilar, pero sí lo creo fielmente. Y me digo: "No te juzgues, no te castigues, está siendo simplemente lo que es".

Porque luego me pongo a pensar en ti, ya que eres parte de mi historia y no con todos platico, así como lo hago contigo. Y me pregunto: "¿Qué debería hacer Ariadna?".

Pues ella hará lo que quiera, y si no se ha cansado, lo seguirá haciendo y ya lo dejará de hacer hasta que se canse. Y si te rindes 3 veces en una sola, del madrazo que es, pues ya será así.

A: Ja, ja, ja. Yo creo que te rindes cuando ya dejas la conducta que siempre estabas acostumbrado a hacer.

R: Locura es querer resultados diferentes haciendo lo mismo. Entonces, voy a hacer cosas diferentes porque ya me cansé de hacer esto y ya sé a dónde me va a llevar. Y si no te has rendido, vuelves a hacer lo mismo.

A: Sí me queda claro, Rous, la última vez que lo platicamos, que te comenté que le mandé el mensaje al susodicho 2, sí me dolió darme cuenta de que no estaba rendida. Así que ese día decidí ya dejar de caminar el mismo camino. Al menos en ese momento.

En este momento de mi vida, decido no hacer nada afuera. Decido dejar de buscar afuera. Decido simplemente darme yo ese amor y que afuera se refleje ese amor que siento por mí.

Y si viene alguien, será como reflejo del amor que me tengo a mí misma.

Se dice fácil, pero a la hora de estar en el día a día, los instintos y reacciones automáticas salen sin ni siquiera darme cuenta.

Han pasado varios meses desde que escribí lo anterior; me fui a Qatar en el plan de estar conmigo misma, y ¿qué crees? Que, cuando menos pensé, ya me traían agarrada de la mano un chico que conocí en el desierto, que vive en Qatar. Y yo divertida en la playa con él, pues me invitó a los dos días de habernos conocido.

Entonces me veo y me da risa.

No pasó a más, sólo abrazo y agarrarme la mano. Él estaba interesado en seguir en contacto conmigo, pero yo prefería mejor no, por la distancia.

R: No importa dónde estés parada. Estés donde estés, hay que inundar de amor lo que esté pasando.

Si tú piensas que sólo te dedicarás a amarte a ti, y ya aparecerá en tu puerta el nuevo chico, ahí seguramente te volverá a pasar lo mismo.

Para mí, el susodicho 2 fue tu propia energía, pero ahora ya con tu nueva consciencia.

A: Totalmente. Rous, ¿y tú cómo has experimentado la rendición?

R: Dicen que soportamos mucho sufrimiento o mucho dolor, pero tenemos límites, ¿no?

En mi experiencia, te puedo compartir que la rendición es cuando te pones de rodillas y ya caminaste un camino, caminaste otro y caminaste otro, y sigues experimentándote con miedo, seguía experimentándome con pánico, seguía experimentándome con tristeza, con depresión, con ansiedad, ya lo he dicho antes con el tema de que me temblaba la carne literalmente y llega un momento en el que dices; bueno, ya hice el ABC, y me sigo experimentando igual, aunque he tenido logros y éxitos en mi vida que se supone que al lograr esto yo ya iba a poder tener paz o al lograr esta otra cosa yo ya me iba a poder experimentar feliz y contenta; pero no. La vida me mostraba que no era por ahí, porque yo seguía sintiendo un vacío.

Entonces, cuando me suceden cosas que me llevaban a perder la paz y a sentirme de igual manera deprimida y totalmente desconectada de la vida, ahí ya era un tema de una rendición que me ponía de rodillas y decía: "No puedo más, debe de haber otra forma de ver las cosas". A eso yo le llamo "La rendición" cuando dices: "¡YA, POR FAVOR, pido tapona!", y pides a la divinidad que te muestre el camino de por dónde darle o por cuál camino seguir, pero normalmente, reitero, tienes que vivir la experiencia que te lleva al límite.

Cuando platico con las personas, les digo siempre que traten de no llevarse hasta el límite porque no es un tema de que tenga que ser así. No es pensar: "Ah, si no llegas a la rendición, entonces no podrás caminar para tener paz o felicidad" o "vas a tener que llegar tirando la toalla y totalmente arrastrado" ¡no! Yo les digo que si realmente están muy atentos a la voz que les habla, esa vocecita, esa intuición que uno sabe que es "dale por ahí" y que a veces uno no escucha e ignora, se puede llegar de una manera calmada sin tener que llevarte a esta famosa rendición, pero en la experiencia propia te puedo decir que la rendición es justo lo que te comento.

El perdón

A: De acuerdo a Jorge Pellicer, hay dos maneras de comprender el perdón.

La primera es desde la visión dualista, donde crees que alguien o algo fuera de ti te ha lastimado u ofendido y, por lo tanto, tú tienes que perdonarlo en un acto de superioridad. O que él debe pedirte perdón.

Aquí los principales ingredientes son la culpa, el pasado, el castigo.

R: Un acto de soberbia donde perdonar al otro te vuelve bueno.

Frases como:

- "Ay, qué bueno que lo perdonó"
- "Te perdono, pero no olvido"
- "Te perdono, pero, por favor, no se te ocurra volver a hacerlo"
- "Te perdono, pero te aviso que, si lo vuelves a hacer, quizá ya no te voy a perdonar y ya no te la voy a pasar. Pero en esta ocasión te perdono", quedando un resentimiento

Todas son parte de esta visión dualista.

Donde existe un Dios separado que está juzgando para que, a la hora de tu muerte, cuando te presentes al juicio final, él esté sentado en una banca de tribunal para efectuar el juicio de los actos que llevaste a cabo en tu vida.

Yo recuerdo, en la niñez —sin juzgar, sino simplemente describiendo el mensaje que recibí de la religión católica muy claro—: Jesús, el Hijo de Dios, te invita a que perdones, aunque no quieras.

Si te ofendió, te lastimó, te hizo como chancla, debes perdonarlo.

Y quizás el otro ¡ni tu perdón quiere!

Porque su pensamiento quizá es: "¿Pues yo qué te hice? Pero bueno, si eso hace que me hables, okay, pues gracias por perdonarme".

Entonces, la persona que debe dar el perdón es la que fue lastimada, a la que le hicieron la vida imposible, como en un acto "bueno" para tener esos puntos a su favor a la hora del juicio final.

Desde la tónica de: "Okay, yo vengo perdonando. Aunque el de afuera no quiere que lo perdone, pero okay, a mí me da puntos".

El libro *Un Curso de Milagros* llama a todo lo que hemos escrito hasta ahora el falso perdón, porque estamos con la visión al revés.

¿Cómo sería entonces el perdón no dualista?

A: Desde la visión no dualista, entiendo que el perdón es la comprensión de que todo es una ilusión, y por lo tanto:

- No hay nada que perdonar.
- Todos somos inocentes.
- No hay nadie que te esté afectando o haciendo daño, sino que simple y sencillamente es la elección de cómo estás viendo aquello que está sucediendo desde tus creencias lo que te lastima.
- Sólo puede lastimarte la interpretación de lo que te está pasando.

R: Te enganchas a la idea de ver a la persona que está enfrente de ti, haciéndote daño desde tu juicio (tu contenido mental). Porque, a lo mejor, el otro ni en cuenta de que te está haciendo daño o también le puede valer dos tostadas el hecho de que diga: "Pues Ariadna piensa que la estoy dañando, pero ni siquiera fue mi intención; pero bueno, si piensa que le estoy dañando, pues es muy su problema" (que normalmente sucede así).

La paz viene de elegir la visión de que todos somos uno y que en la persona de enfrente mora el amor de Dios. Que en realidad está actuando desde su inconsciencia y te está permitiendo también ver tu contenido mental y, en ese momento, tú pides perdón por estar viendo un ataque.

A: ¿En qué momento se da el perdón o lo tienes que activar desde el no dualismo?

R: Cuando estás viendo a la persona en la ilusión, que te está dañando, es el instante donde puedes perdonarte por estar enjuiciando algo irreal. Justamente aquí se da el milagro.

El milagro no es en la forma, sino en el momento en el que haces consciencia de que nadie puede hacerte daño, salvo tus propios pensamientos erróneos.

Otro de los momentos en los que puedes pedir perdón es cuando se te quita la paz. Si se te quita la paz, significa que estás juzgando al de enfrente. Ahí pides perdón por lo que estás viendo de tu contenido mental y eliges ver el amor de Dios que hay en él y en ti.

O bien, entregas tus pensamientos al ser divino que te sostiene, para que corrija el pensamiento erróneo de estar viendo a alguien afuera atacándote. A este acto se le llama la expiación desde la visión del libro *Un Curso de Milagros*.

El perdón en realidad es nuestra única función. Si detectamos que nuestra mente nos engaña al creer que el de afuera me está haciendo daño, es porque hemos dejado de comprender que, en realidad, el de afuera solamente me ayuda a ver mi contenido mental. Y justamente ahí es cuando debo de realizar mi función que es perdon*ar:* me perdono por creer que una ilusión puede estarme afectando.

El perdón es una constante en nuestra experiencia de vida. Una constante a cada instante.

Cada vez que estemos viendo ataque, tenemos que pedir perdón, esa es nuestra función.

A: En resumen: el perdón siempre es a mí misma.

R: Nada más recuerda que no hay una "mí misma". Eso sería dualismo. En el no dualismo, al ser una ilusión, no hay nada que perdonar.

Los pensamientos llegan, no son personales. Este cuerpo es como una antena. No hay una Ariadna. El cuerpo no existe, sólo es una ilusión, eres una antena a donde llega el pensamiento.

El perdón se da cuando eres consciente que el de afuera te ayuda a ver esos pensamientos, que a ti te quitan la paz. Cuando dices: ¡¡¡aaaaah!!! La interpretación de los pensamientos que llegan es lo que me está quitando la paz.

Puede existir un evento, cuatro personas observándolo y cada una vivirá diferente la situación. Una quizás no sienta nada. Otra ni cuenta se dio de qué pasó. Otra que casi se desmaya y la última que hasta puede parecerle bien.

El acto en sí es un acto neutral.

Lo que determina la experiencia es el juicio que cada una de ellas está teniendo sobre eso que observa.

Y que la persona a quien se le está quitando la paz, sea consciente de que esto que ve es neutral; si se siente mal, es por la interpretación que le está dando. Y pide perdón por ver conflicto donde puede ver paz.

Lo que sucede afuera es el acto neutro que me ayuda a ver el juicio que yo traigo.

Y ahí es el milagro: al darme cuenta de mi contenido mental.

Y ¿cuál es el siguiente paso?, me preguntarás.

Es pedir la corrección de tus juicios, para que puedas contemplar esa situación sin que te quite la paz.

A: Lo dices fácil, pero en la práctica implica un acto de consciencia, porque se te olvida que nadie te hace nada, salvo los juicios. De hecho, quiero comentarte algo que me ocurrió con mi chofer.

Llevo varios días queriéndolo reemplazar por otra persona. No me gusta su actitud ni su trato hacia mí. No lo he hecho porque es una persona confiable, desde el punto de vista del papá de mi hija, para llevar y traerla.

En general es honesto y de confianza. El problema es que de repente se enoja y es grosero conmigo.

Y hace poco dije: "Ya. Tengo que ponerme pilas para llevar mejor esta situación". Comencé entonces platicando con él y le dije:

"Oye, chofer, siento que no eres feliz trabajando conmigo. ¿Qué tendría que hacer para que te guste trabajar conmigo?".

Y él respondió:

"Sí me gusta trabajar con usted, el problema es que a veces se vuelve como cuchillito, me repite varias veces lo mismo y luego le gusta humillar a la gente y eso a mí no me gusta".

Cuando dijo eso, sorprendida pensé: ¿Humillar?

Entonces le dije: "Oye, cuando me veas humillando a alguien, dime, por favor, porque yo ni en cuenta".

En mi mente pensé: ¡claro! Cuando eso suceda, le preguntaré al supuesto humillado si realmente se sintió así. De esa forma le corregiré el juicio al chofer, dado que no creo que esté humillando a nadie.

Finalmente, le dije al chofer:

"Cuando algo no te guste de mí, dime para ver qué puedo hacer. Porque si algo no te gusta y sólo comienzas a tratarme mal; eso a mí no me parece.

Siento que debo tratarte con pincitas, y eso tampoco me gusta. Es más, no le doy explicaciones a nadie, y ¿te las tengo que dar a ti? Haces lo que quieres, no acatas instrucciones, no eres claro en tu comunicación, me dejas hablando, etc.".

R: ¿Y no pediste perdón?

A: No. Mi solución fue muy mortal. Pues sólo le dije que cada día íbamos a evaluar cómo nos sentíamos mutuamente.

Olvidé que la solución no está en corregir al otro, sino en corregirlo en mí.

R: Sí, es muy normal que, desde las creencias que tenemos, pensemos que vamos a arreglar un problema desde lo conductual. Normalmente no es "¡Ah!, me está mostrando mi contenido mental. Hago un espacio conmigo misma para observar ese contenido, pedir perdón, corrección y entregarlo a la expiación".

Y esto es así porque hay una creencia que te dice: "No, no, no. No puede ser así de fácil".

Pero, ¡ojo! Como es afuera, es adentro.

Tu nivel de consciencia se está reflejando afuera. Nos guste o no. Le entendamos o no. Lo que vives son tus deseos, Ariadna. Es tu manifestación.

Obviamente como antena, la mente, a través de Ariadna, en su sueño, en su obra de teatro. Te guste o no te guste.

Porque no es: "¡Ah!, mi manifestación sí fue ganarme Gran Diamante. Pero ¡ah! Esto del chofer, ¡no! ¿Y que diga que soy una persona que humilla? No, eso yo no lo deseé".

Todo tiene una intención de amor.

Y si tú piensas: "Este Don está de supergrosero. Y luego está diciendo algo que no es cierto. Yo ni siquiera soy así. ¿Por qué cree él que soy así?".

Y aquí es donde entra la locura de ver quién tiene la razón y quién va a perdonar a quién.

Desde el perdón no dualista es: ¿quieres tener paz o razón?

El chofer te está ayudando a ver tu contenido mental.

Si se te quita la paz, obsérvate y pide perdón.

Recuerda que el perdón es tu única función.

A: Sí. Digamos que cada situación que me quita la paz, aprovecharla para pedir perdón.

R: No está en la conducta la razón de tu existir. Estás aquí porque la mente se cree separada de Dios, único problema que existe. La mente cree que existe un chofer y una Ariadna. Y en esa ilusión se está experimentando a través de la antena de Ariadna.

La salvación de la mente es que, si se te quita la paz, pidas perdón, para que el ser que nos sostiene corrija el error.

Obviamente, en el campo de batalla es el reto.

Porque cuando la estás pasando mal, de plano se te olvida esto.

A: Es un proceso de entendimiento y de cacharlo.

R: Es tu única función. No es vender seguros, ni tener hijos. Estos últimos sólo son identificaciones con tus roles en esta puesta de escena.

¿Y qué quieres? ¿Paz o tener la razón?

A: Claro. Con mi chofer sí se me fue la oportunidad de perdonar mi contenido mental y feo.

R: La mente está dormida. ¿Quién puede despertar?

A: Quien está dormido.

R: Sí. Despierta quien está soñando.

A: Sí, porque en mi experiencia, siento una ansiedad de querer ahorcar a este señor porque me pregunto: "¿Cómo le hago para relacionarme con esta persona?". Y digo: "Ya. Ya debo cambiar de chofer". Pero luego recuerdo que no es él, que si cambio de chofer, posiblemente tenga los mismos problemas con otros nuevos. Porque el problema está en mi manera de interpretar lo que sucede.

Esta situación me recuerda el patrón que tengo con los hombres. Si algo no me gusta del hombre, lo cambio por otro. Y es así como me he mantenido soltera todo este tiempo.

R: Sí, porque no es un tema de la otra persona. Lo que te quita la paz no está afuera.

A donde vas, te llevas.

No puedes pensa*r:* "¡Ah, sí! ¡El problema está en la otra persona!". Entonces, pues que se muera para que ya se acaben todos los problemas.

No es así. Lo siento mucho, pero estás en esta experiencia para perdonar el error de percepción y que la mente sea corregida, de que el otro es el problema o pensar que estás separado de Dios.

Cuando tú te preguntas: "¿Cómo debo hablarle al chofer?, ¿suavecito?, ¿fuerte?". El ego piensa que es por lo conductual, pero no es así.

A: El chofer no habla fuerte, no es claro y no te mira a los ojos.

R: ¿Cómo enjuicias a una persona así?

A: Insegura.

R: Desde el punto de vista de que el otro te muestra tu contenido mental, tú puedes decir: "Rous, yo soy una mujer empoderada". Pero ¿qué tal es el ego de Ariadna?, en esas situaciones, ¿cómo se siente de insegura?

A: Claro, me está reflejando cómo me pongo yo en situaciones de incertidumbre.

R: Claro. Y a él le va a valer dos tostadas lo que pienses. Es un ejercicio contigo misma. Con todo el amor.

A: ...Y me deja hablando...

R: ¿Cómo enjuicias a alguien que te hace eso?

A: Como grosero, sin educación.

R: Con todo lo que me has contado, a mí me deja ver que te ignora.

A: Sí, claro.

R: ¿Cuántas veces has ignorado a tu consciencia? Que primero dices: "Sí, voy a ser consciente". Luego me dices: "Rous, se me olvida y lo vuelvo a hacer".

¿No ignoras ahí a tu consciencia?

A: Sí.

R: ¡Le ignoras totalmente! El ego te dice: "Gracias por tu consciencia, comadre, pero yo aquí voy a volver a buscar el amor afuera".

A: Claro, pondré más atención.

R: Estás aquí solamente para perdonar, Ariadna. Es lo único. El de enfrente sólo te ayuda a ver tu contenido mental. Y cuando ya ves tu contenido, ¿qué sigue? La respuesta es perdonar.

A: La siguiente situación que me quite la paz, voy a aprovechar para pedir perdón.

R: ¡Por supuesto! A pedir perdón porque es lo único para lo que estamos aquí.

Libre Albedrío

A: ¿Realmente podemos manifestar lo que deseamos, o sólo se manifiesta la voluntad de Dios?

R: Dios no sabe de este sueño. Es una fabricación. Una ilusión.

A: Pero ¿cómo no lo sabría, si se supone que pensamos con su mente?

R: Sí, pero la mente es lo neutro, por así decirlo. Es la paz, el amor y todos esos atributos del ser. Sin embargo, cuesta mucho trabajo entenderlo, porque desde siempre hemos escuchado que vino Dios a crear el mundo. Pero en realidad, Dios no creó este mundo.

A: ¿A qué te refieres con este mundo?

R: A todo lo que aparenta ser físico.

A: ¿Dios no creó este mundo físico?

R: No. Lo que aparenta ser físico no.

Lo que aparenta ser físico sólo son átomos vibrando. Lo que todo científico busca desde la historia de la humanidad es: ¿qué es lo que sostiene esta existencia? Y lo que han descubierto es que es un vacío. Es información. Dicho de otra maner*a:* es el amor de Dios. Es lo sutil, espíritu y que no tiene forma.

Desde el punto de vista dualista, imaginas a Dios como una persona que tiene la llave que te abrirá las puertas del cielo. Pero comprendiendo que Dios no tiene forma y es espíritu, somos a imagen y semejanza de él y que en realidad nunca hemos dejado de estar en él, en esencia, en ese espíritu.

Y si me pregunto: ¿Oye, qué es lo que aparenta tener forma? Y la respuesta es: todo lo que ves en el mundo, el cuerpo, las cosas que puedes tocar. Pero eso no es Dios.

Por eso te dicen que siempre se va a cumplir la voluntad de Dios, y que todo lo que sucede es perfecto en esta experiencia. Que en realidad nunca se dio, pero luego hablaremos de eso.

Pero en sí, es saber que nunca hemos dejado de estar en Dios. Somos uno, pero no desde el cuerpo, ni desde lo que aparenta ser físico. Porque ya sabemos que eso es sólo una ilusión óptica.

En esencia (espíritu) estamos unidos con Dios: en lo sutil, en lo que no tiene forma.

A: Oye, ¿y qué es este sueño?

R: Es una experiencia para recordar qué SOY, a través de lo que NO SOY. Y para ello la mente decidió que se le olvidara.

Y te preguntarás: ¿por qué?

Y la respuesta que recibo es: ¿y por qué no?

En la experiencia es muy cansado el pensamiento y las metas mundanas o físicas. Porque llegas a la meta y aun así te sigues sintiendo vacío. Podrás ser muy rico o muy pobre, y el vacío sigue dentro de ti.

Tú piensas que en la meta que te propongas estará la dicha. Que en el éxito que generes y quieres encontrarás la plenitud. O en esa persona ideal, pero ya que lo alcanzas, la famosa zanahoria, te das cuenta de que nunca es suficiente. Sólo viene a mostrarte la carencia y el vacío interno.

Es una desesperanza pensar que me sentiré amada hasta que el de enfrente me ame. ¿Te imaginas, Ariadna?

Aquí no existe el amor incondicional. Amas sólo si recibes una respuesta del otro. Es porque te sientes carente que piensas que, hasta que el de enfrente te dé, tú puedes dar. "Tú me das, yo te doy. Tú me das atención, yo te pongo atención".

El pasado está en los recuerdos y el futuro está en la imaginación. Y los átomos vibrando que aparentan ser físicos. Es la ilusión óptica que se genera a través de los cinco sentidos que tenemos. Yo no pedí nacer, ni tú tampoco, y aquí estamos en este cotorreo. Y llegamos para recordar lo que a la mente se le olvidó. Y no es Rosa, sino la esencia que sostiene a Rosa. Es como cuando se te muere alguien, que lo ves en el ataúd y un día antes ese cuerpo se estaba moviendo. Y al día siguiente tú lo ves y no se mueve. ¿Qué es eso que antes tenía, que hacía que ese cuerpo se moviera? Ponle el nombre que quieras: energía, espíritu, etc. Pero en realidad, ese cuerpo no es Dios. Y ahí tú te preguntarás: ¿qué caso tiene vivir esta vida? Me corto las venas, me doy un balazo si no tiene ningún sentido. Y te preguntas: ¿hacia dónde voy?

A: Cuando leí el libro de Conversaciones con Dios, decía el autor que Dios es todo lo que hay. Que no hay nada fuera de él. Por eso preguntaba, cómo es posible que no supiera de este sueño.

R: Sí, lo es todo. Si cierras los ojos y todo lo ves como energía.

Pero si te preguntas: ¿por qué existen las guerras, las violaciones, etc.? Si haces consciencia y ves las cosas de una forma diferente. Es decir, ¿cómo podría conocer el amor y experimentarlo sin el odio? Esta experiencia física es una dualidad. Le entendamos o no. Y me dirías: "Oye, pero qué manera de generar este sueñito". Y sí.

Dios no sabe del sueño, pero nos sostiene para que tengamos el sueño. No dejamos de ser él, en la unidad con él. Pero en esa esencia que no tiene forma y lo que aparenta tener forma, es lo falso y la ilusión.

A: Es como yo que sostengo a mi hija, la cuido, y ella decide el sueño que quiera inventar en su cabeza.

R: Es como la historia del hijo pródigo. El hijo de Dios se fue a soñar, a la pachanga, a meterse al corral de los cerdos y comer su comida. Le daba pena regresar con su padre. El padre no supo qué tanto hizo. El padre simplemente hasta mata un chivo para recibirlo con los brazos abiertos y decirle: "Esta es tu casa".

Rosa y Ariadna son vehículos de la mente que se están experimentando s. Y en este sueño te experimentas, sola, sin sentido, ansiosa. Cada uno con sus temas, en algún momento así nos sentimos. Aunque en realidad sólo hay dos líneas: el amor y el miedo.

Pero el tema de que Dios te está castigando porque cometiste un pecado. No. En realidad, el pecado es la creencia de que estoy separada de Dios. El pecado no es que me robé un dulce en el Walmart y cuando llegue al cielo me diga Dios que debo de pagarlo, porque me vio tomándolo y por eso debo ir al infierno. Así te lo decían en la niñez. Pero no. El pecado es que la mente se está experimentando separada, sin embargo, el espíritu sigue sosteniendo todo.

Es como una maya, que es lo que tiene forma. Todo lo que tiene forma, si lo ves como energía, son esas tiras de la maya. Si tú quitas la maya, verás sólo la neutralidad.

A: Sí. Yo lo veo como una plastilina que puede adquirir varias formas.

R: Sí. Puede ser lo que tú digas o yo. Lo importante es que sepamos que nunca hemos dejado de estar con Dios.

Es cuando dices: "Yo, Rosa, pido esquina porque yo ya no entendí nada". Y ahí entra la fuerza que te sostiene, que siempre ha estado, pero que decidiste que se te olvidara.

Y estás pidiendo recordar lo que se te olvidó. Por eso todo (las pláticas, las películas, los libros) todo es inspiración. Porque te conecta con la divinidad o con el ego. ¿Cómo saberlo? A través de tu brújula (tus emociones): te quita la paz o te da miedo.

Tú, como persona en esta experiencia física, tienes un libre albedrío. Y me pregunto: ¿cuál es? Si la vida está ocurriendo. ¿Dónde está la voluntad de Dios?

¿Es que Dios quiere que se muera la gente que yo amo? ¿Que me quede sin trabajo, que no pueda tener hijos? ¿Qué le pasa a Dios? ¿Por qué es así conmigo? Por eso dice Dios: "Cree en mí y te daré vida eterna". Ya que, en realidad, no somos este cuerpo. No somos este mundo. Lo que vemos es ILUSORIO. ES FALSO, NO ES VERDAD.

Entonces, para la fabricación o manifestación, tú no puedes desear dos cosas al mismo tiempo: o deseas la paz de Dios, o deseas el carro. O deseas la paz de Dios, o deseas que te ame el muchachón del baile. Y está bien, es parte del show. Si tú quieres que te ame esa persona, ¡okay! Dios te dice: "Hasta cuándo, santo hijo de Dios".

Ve y revuélcate con los puercos, disfruta la vida con esa experiencia; pero créeme que en lo falso no te vas a encontrar. El tema es el apego a lo falso, porque luego viene la desilusión y el dolor que se experimenta al darte cuenta de que no era por ahí lo que estás buscando.

A: Sí, me ha tocado experimentar que a veces mi mente me lleva a buscar a esa persona que quisiera tener de compañero de vida. El otro día me sentía desilusionada, y me preguntaba el porqué. Escribí en un cuaderno la respues*ta*: "Es que ya estoy cansada de los chicos, me gustaría simplemente ya encontrarlo para poder descansar".

Cuando terminé de escribir esto, me di cuenta de que era una locura. Pues mi respuesta fue: "Ari, no necesitas encontrar nada para descansar. Si quieres descansar, ya puedes hacerlo si tú quieres". Y, en ese momento, dejé mi cuaderno, el lápiz y me fui a dormir a mi cama. Mientras me llegaba el sueño, entre sollozos me decí*a*: "Ya, Ari, ya puedes descansar. Descansa. Descansa".

Ya que terminé mi descanso y regresé a escribir, me percaté de que aún tenía el deseo de estar con un chico que recién conocí. Pero me dije: "Ari, el chico vive lejos y para verlo tienes todos tus siguientes 4 a 6 fines de semana ocupados con tus viajes. Así que, simplemente suéltalo. No está aquí, es complicado que lo tengas aquí ahorita. Mejor quédate en el presente y si algún día se da una oportunidad, seguro estarás con él. Pero mientras tanto, simplemente disfruta tu momento". Y ya me quedé tranquila.

Antes me hubiera puesto intensa con el nuevo chico. Y muchos deseos imparables de estar con él, saber de él. Pero gracias a que ya había vivido una experiencia similar, me di cuenta de que no era por ahí. El tema es que la mente vuelve una y otra vez a lo mismo. A creer en la ilusión de que afuera está el amor.

R: El único plan para la salvación es el plan de Dios. Todos los caminos te llevan a donde mismo, todo es perfecto. Todo está sucediendo para un beneficio mayor tuyo. Pero si observas la situación desde el ego, entonces lo observas enojada, exigiendo respuesta a tus preguntas. Pero pasa el tiempo y ya, estando fuera del sufrimiento, te das cuenta de que te experimentas mejor que antes y agradeces la situación. ¿Cuál es el objetivo de todo esto? Tener una mejor experiencia.

En esta experiencia estamos para sanar el inconsciente, que es el miedo. Hacer consciente el miedo, para darte cuenta de que no es real.

A: Sí, cada experiencia me ayuda a recordar que nada me dará la felicidad que quiero. Y además a definir bien qué tipo de experiencia quiero vivir. Y lo pienso no desde una necesidad, sino sólo desde un deseo con desapego. Es guiarme desde lo que quiero vivir. Soltar todo aquello que no va con eso que deseo. Pero siendo feliz.

R: Experiencia no aprendida, experiencia repetida. La información que va llegando a la mente, el tema es integrarla. No que sólo quede volando y no la hagas tuya. Y si no la integras, también está bien, así está pasando y la vas a integrar en el momento en el que se tenga que integrar.

En la ilusión de lo que aparenta ser físico, nunca se podrá poseer nada. Es como la gran trampa de pensar que por el hecho de poder tocar un vaso o una persona, ya vas a poder poseerlo. Esa es la creencia del ego. Pero la vida se encarga de romperte el vaso, de que se vaya la persona. Para que recuerdes que tú no eres esa ilusión, sino que eres la divinidad misma que sostiene toda esta ilusión. No poseemos nada. La vida te lo quita si ve que hay un apego. Todo en esta vida es muerte. Nace y muere. Así es. La piel, el pelo, las personas.

Si me dices: "Oye, Rous, ¿por qué no te callas y ya?". Y yo te diría: "Para allá vamos, ahorita estamos en la recordada".

A: En mi caso es estar aquí y ahora.

R: Sí, y disfrutar. Ver la vida desde una mejor perspectiva.

Hay algo que me pongo a reflexionar: ¿Cuándo yo pedí que mi hija usara lentes? O, ¿cuándo pedí ganar la lámpara que tengo enfrente de mí? Yo no recuerdo haberla pedido. Te pierdes si quieres saber la respuesta. El tema es que está aconteciendo y lo que acontece es perfecto. Aparece lo que tiene que aparecer.

Oye: ¿desde dónde deseas lo que deseas? ¿Desde la carencia o desde el disfrute con desapego? Que sé que me está llegando, pero no soy eso. Que si se aparece o desaparece, no pasa nada.

Claro que cuando lo experimentas, la vida se encarga de decirte: "¿No que no lo querías, mamacita?, si estás tumbada en la cama llorando por el méndigo reloj, que tenía tanto valor sentimental porque te lo había regalado Juanita Birotes".

Y ahí es recordar otra vez que no somos eso. Que es nuestra función.

Y aterrizando al tema de libre albedrío, es:
• La vida está ocurriendo

- El libre albedrío es cómo observo lo que está aconteciendo
- Si lo observo desde el amor
- O si lo observo desde el miedo
- Y esto lo sé dependiendo de cómo me estoy sintiendo
- Si siento que me quita la paz, aplico mi ÚNICO LIBRE ALBEDRÍO, es decir, en esta pequeña voluntad que tengo, elijo ver las cosas de otra manera, porque debe de existir otra manera de verlo
- Y luego pedir perdón, por andar viendo cosas falsas, creyendo que son verdaderas, y que se me olvidó que son falsas
- Y le pido a la Divinidad que me sostiene que, por favor, corrija ese pensamiento y me ayude a recordar lo que realmente soy: YO soy todos los atributos del ser

Es como cuando me mandaste una foto que decía: "Cuando bailas, tu objetivo no es ir a un lugar determinado de la pista; es disfrutar cada paso del camino". Que, en realidad, tu objetivo no es ir a un lugar. El camino yo lo veo como ir viviendo el momento presente, porque no vas a ningún lado, pues no hay ni pasado ni futuro. Nunca dejas de estar en el presente, no hay ningún lugar a dónde ir ni nada que lograr en lo físico, sino simplemente recordar, en esta experiencia dualista, lo que no soy para encontrar lo que sí soy.

Y tú me dirás: "Oye, Rous, pero ¿cómo voy a disfrutar el hecho de que le escriba a un muchacho y no me contesta? ¡A ver, disfruta el momento ahí!".

Y mi respuesta es que lo ves desde el ego y claro que te vas a revolcar en el suelo. Pero en esa tristeza y desolación, pidiendo al de enfrente que te llene tus necesidades y expectativas, que te quiera, que te voltee a ver y que te escriba a la hora que yo quiera. Ahí es cuando haces consciencia y dices: "No, ni siquiera es posible. Porque no se puede que algo falso me llene. Lo único que puede llenar este aparente vacío es el amor de Dios".

A: Sí, entiendo. Y ahorita que te escuchaba, recordé cuántas veces la vida me decía que no era por ahí. Por más que yo quería que fuera a mi manera, nomás no y no. Y yo terca y terca. Ahora lo veo y digo: "Ya, gracias a Dios que por fin veo que ese chico no era lo que realmente quería, y pensar que sí sólo me traía desilusión". Y pensaba: "Si tan sólo hubiera aceptado la voluntad de Dios desde un inicio, me hubiera ahorrado tiempo, dinero y lágrimas".

R: Sí, Ari, pero también quiero decirte que, si ocurrió, así tenía que ser. Lo que sucedió te ayudó porque te permitió ver tu inconsciente y recordar que, en realidad, no es por ahí. De hecho, esta persona es un regalo, porque gracias a él pudiste observarte. Recuerda que todo lo que tiene forma es el pase de entrada a la verdad para salir de este sueño. Claro que uno quiere rayarle la madre al de enfrente en el momento, y cada que lloras, sanas.

A: Justamente ayer recibí un mensaje del susodicho 1, diciéndome que le gustaría ir conmigo a Las Vegas, que lo apoye para "pasar la noche maravillosa de nuestras fantasías". Pero le dije: "No, corazón. No tengo ninguna certeza contigo. Mejor aprende a generar por ti mismo el dinero o búscate otra chica que necesite ser valorada y que tenga el dinero para pagar por esa atención".

R: Todo es una cuestión de energía. Él está buscando enganchar contigo, pero tú has llorado tanto que cada que lloras, sanas y elevas tu frecuencia. ¿Él qué va a hacer si se topa con pared contigo? Pues buscar a otra chica con quien conectar su energía. Tú ya te diste cuenta desde tu consciencia que él no te puede dar lo que tú estás buscando, porque sólo tú puedes brindártelo.

A: Sí. Y mira, ayer conocí a un nuevo chico. Él se parece muchísimo a otro que siempre me ha gustado y que no he vuelto a ver. De hecho, fue la persona por la que decidí iniciar mis clases de bachata. El punto es que nos escribimos y me di cuenta de que tenía el mismo perfil que el susodicho 1. Si bien todo mi cuerpo y mente quería seguir buscándolo, yo, consciente, decía: "Claro que no, Ari. Es la misma historia, mismo perfil. Los dos maestros de baile, ausentes. No tan interesados en mí. ¿Para qué me meto ahí?".

Que sí pensé: "Bueno, considerando la experiencia que tuve con el susodicho 1, y si él también es maestro de baile, puedo decirle cuánto cuestan sus servicios y yo le pago para que venga a Guadalajara a darme mis clases privadas, como intercambio de valor". Algo que no supe hacer con el susodicho 1, porque yo le daba todo y él no me daba lo que me prometía. Pero luego me detuve y dije: "¿Cómo vas a pagarle para tenerlo? ¿Por qué rebajar así a la persona de enfrente para que cubra mis ilusas necesidades?".

R: Pues si él está en tu misma energía, te dirá que sí, y volverás otra vez al camino sin salida, hasta que te canses.

A: Sí, ya por fin creo que aprendí la lección. Porque toda mi vida era algo que no quería aprender, prefería sufrir. Pero ahora ya.

R: La información que va llegando te hace más consciente, con los tiempos más cortos.

A: Sí. Digamos que un novio que tuve del mismo perfil duraba 5 meses para dejarlo. Con el susodicho 1 duré 3 meses. Y con este chico, 1 día. Y estoy en paz y tranquila.

R: Ya no sufres, lo haces consciente y disfrutas más tu vida.

A: Así es.

Los cuerpos

R: Estuve el fin de semana en un curso donde se nos hablaba sobre la muerte. La expositora tiene 30 años estudiando el tema. Mis respetos.

Yo fui con el tema de que se me aparecen personas en la noche desde niña, con un pavor. Con mi sensibilidad lograba sentir el dolor de los participantes del curso.

De antemano sé que todo es energía vibrando a diferente velocidad.

Y desde la explicación de la evolución, esta densidad que aparenta tener forma física, que son átomos vibrando, pero que en realidad es la misma frecuencia del amor, pero vibrando en diferente densidad.

Y yo me hice una pregunta: "Okay, puedo entender que el amor es la frecuencia más alta y sutil, y la frecuencia más baja es el cuerpo, lo más denso. Pero ¿quién sufre?".

A: ¡Ay, güey! Qué impresión. ¿Un pensamiento?

R: Es esa mente o un pensamiento que se cree separado de Dios.

A: Somos un pensamiento. De hecho, la comprensión de esto permite terminar con dramas, depresiones y pesadillas.

Cuando das un paso atrás y te das cuenta de que no eres esa imagen a la que le duele... ¿Por qué a quién le duele? No hay nadie, salvo pensamientos. El dolor viene del apego al pensamiento, al creer que soy el pensamiento, pero tan pronto das un paso atrás y ves que ERES EL OBSERVADOR de ese pensamiento o emoción, ¡pum!, se desvanece la ilusión. ¡Ya no hay nadie sufriendo, porque la imagen o pensamiento es sólo eso: un pensamiento que observo!

R: Pero solamente una mente de Dios que viene de esa grandeza puede tener este tipo de sueños mamalones, Ariadna. Es una locura porque hablamos de una mente, un pensamiento, pero dices: "¡Wow!, me quito el sombrero".

Porque cuando estás en el sufrimiento, se te olvida y vas caminando este sueño como pesadilla. Por eso te dicen que el reino de los cielos está en tu corazón y por eso el infierno se vive en esta experiencia, no en otro lugar. No hay aquí y no hay allá (al referirnos a que existe otro lugar adonde van los que mueren). El infierno se vive en esta experiencia física y también el cielo. No hay "aquí" y no hay "allá".

Porque yo le pregunté: "Oye, como que se van a otro lado. ¿Dónde está el 'otro lado'?". Y la instructora me dijo: "No, está mal dicho. Realmente todo está aconteciendo en este instante presente".

Ahora entiendo que somos uno y que todo acontece en el mismo instante. No sé por qué me pasa lo que me pasa, pero es un aliciente para el ego poder entenderlo. Yo no sabía por qué me sentía como me sentía, y ahora entiendo que simplemente soy hipersensible. Simplemente lo siento y ya.

A: Yo creo que cada persona viene a experimentar lo que quiere en la vida. Aunque tú digas que no te gusta lo que vives, yo siento que una parte de ti sí quiere vivirlo, porque si lo vives es porque sí lo quieres.

R: Creo que todo es un duelo. Todo. Perdí el pelo, la figura del cuerpo. Es una pérdida constante todo.

A: Perdí ya el viaje a Barcelona porque ya lo viví. Cada minuto que pasa, ya lo perdí.

R: Todo pasa, todo cambia. Todo en esta vida es una ilusión, son átomos vibrando; el tema es quién lo está viendo y observando. Definitivamente hay hilos que están tejiendo esta experiencia.

A: ¿Y quién está sufriendo?

R: Es la mente que se cree separada de Dios.

A: Repíteme, ¿cuáles son los cuerpos?, según la expositora de tu curso.

R: Sí.

1. Tenemos primero nuestro cuerpo físico, que se ve negro, y en el centro la chispa divina que te une con la mente de Dios.

2. Después, hacia fuera tenemos uno etéreo, que no vemos.

3. El que sigue es el cuerpo emocional, que es más diluido y donde se ven pedazos de pensamientos o bloqueos.

4. Luego el cuerpo mental más claro, aunque también con bloqueos.

5. Y al final una raya de luz que es el comienzo de la dimensión, donde ya se le olvidó a la mente lo que realmente era. Esa chispa divina unida con Dios.

Al final, comprendí que todo es Dios, pero vibrando en diferente frecuencia. Por eso Dios está en todas partes.

La vida simplemente es. No hay polaridades; sólo en el sueño parece que sí, y lo aparenta de manera muy real. Está muy bien hecho este sueño. No hay met*a*: estamos aquí, en este cuerpo, con el propósito de recordar el amor que somos.

A: Alguna vez leí que pedimos a Dios algo que no era posible: condenarnos, no amarnos. Es imposible que Dios atente contra sí mismo. Y como era algo imposible, surgió esta ilusión de separación. Nos sentimos culpables de haber generado esta ilusión y, por ello, nos rehusamos a regresar a la verdad del amor. Le tememos al amor de Dios porque creemos que hemos cometido algo catastrófico. Lo que no entendemos es que, en realidad, esta separación o ilusión nunca ocurrió.

¿Para qué estoy aquí?

Rous: Ari, ¿por qué crees que estamos aquí en esta experiencia?

Ari: Estamos para no aburrirnos.

R: Esa respuesta es con base en la información que ya tienes, pero ¿cuál sería tu respuesta si te la hubiera preguntado antes del 2017? Justo fue cuando te llegó el conocimiento que te hace ver las cosas de una forma diferente, ¿qué me hubieras dicho?

A: Híjole, antes del 2017 nunca me lo había preguntado. Desde que llegué a esta experiencia humana, siempre me han dicho qué hacer y no cuestionaba nada de eso. Simplemente sabía que tenía que ir a primaria, luego a secundaria y así sucesivamente. Y una vez terminando de estudiar, debía casarme y tener hijos. En realidad, nunca me pregunté por qué estoy aquí, porque ya estaba dado lo que me tocaba hacer. Me vi envuelta en las pautas sociales sin cuestionar, porque todo marchaba en orden. Puedo decir que todo iba bien, hasta que llegué al momento donde ya tocaba casarme.

El tema de casarme fue un concepto que me vendieron en la tele y muy esperado y deseado también por mi mamá, al grado que se volvió mi sueño. En las novelas era superpadre ver el final donde se casaban y eran felices para siempre. No te imaginas cómo hacíamos fiesta mi prima hermana y yo en el final de la novela Marimar (por ejemplo). Era una emoción tan maravillosa, que aún puedo sentirla.

El tema era tan importante que llegó a preocuparme a temprana edad. Cuando estaba a finales de 6to de primaria, no me sentía tan atractiva al sexo opuesto y me preguntaba quién querría casarse conmigo. En aquel entonces tenía un vecino gordito al que le gustaba y recuerdo que pensaba: "Bueno, si nadie quisiera casarse conmigo, al menos tengo al vecino de enfrente".

Y así llegué a la edad donde ya tocaba casarme. Recién egresada y después de varios fracasos amorosos, decidí dejar el tema de pareja a un lado. Pero todo se dio para conocer a un chico, al que no hice mucho caso porque no quería ya involucrarme emocionalmente con ninguno; pero después de 2 meses me volví su novia con mi corazón cerrado porque pensé en amarlo hasta que estuviera casada con él; si ese fuera el caso.

Y así fue. Me enamoré, pero no de él, sino de la idea de estar con un hombre que teóricamente cumplía con lo que había escrito en una lista; y al presentárselo a mi mamá, ella también le pareció. Así que a los 6 meses nos casamos. Mucho por mi mamá, quien seguramente pensó: "Ahora es cuando, antes de que se arrepienta".

R: Oye, ¿y tu mamá te dijo que pensaba eso?

A: No, no me dijo.

R: ¡Claro que no, Ariadna! Eso lo pensabas tú de ti. Es lo que te está permitiendo ver.

A: Ja, ja, ja, tienes razón.

Pues el chiste es que sentí que la boda la hizo más mi mamá que nosotros, porque yo sólo puse las invitaciones que compramos en una papelería ya prehechas para sólo ponerles el nombre.

El primer día que amanecí ya casada, recuerdo que pensaba: "Tanto show, tanta espera, para esto". No veo nada diferente. Y con el transcurrir de los días, el amor y la dulzura duraron poco. La persona con la que contraje matrimonio sólo por lo civil, cambió muchísimo. Me había convertido en una criada de la noche a la mañana, cuando se supone que sería el evento más importante de mi vida.

Él ni siquiera quería ayudarme a sacar la basura de nuestro departamento y lo único que teníamos en común era una novela que, al terminarse, lloré porque sentía que era lo único que nos unía. Al final duré 3 años casada y mucho gracias a que nos mudamos a México y por nuestros trabajos casi no nos veíamos. Además, que ni siquiera me atrevía a divorciarme, era demasiada presión social. No podía romper lo que mi familia esperaba de mí. Si se supone que nací para cumplir también ese compromiso. Incluso cuando me separé, mi mamá me dejó de hablar como 3 meses.

R: Órale, ¿y cómo te experimentabas con ese hecho de que tu mamá te dejó de hablar?

A: Pues yo dije: "Ni modo".

Ella siempre decía: "Si hay un problema con la relación, es por culpa de Ari. Ari es la que debe ser mejor".

Entonces, regresando al punto de la plática, cuando me preguntas qué pensaba acerca de por qué estoy aquí, realmente no pensaba nada. Sólo vivía mi historia, que ya estaba previamente acomodada a lo que se esperaba de mí. Pero, obviamente, conforme la voy viviendo, me doy cuenta de que no era como me la habían contado y también que hay cosas que no me gusta vivir.

Y tú, Rous, ¿por qué crees que estamos aquí? ¿Cuál es nuestra función?

Desde el punto de vista de antes y de ahora que tienes la nueva información.

R: Antes, pensaba igual que tú. Es una pregunta tan profunda que no tenía ese nivel de consciencia como para preguntármela.

Simplemente sabía que nací de mi mamá, que fue gracias a un óvulo y un esperma, y a darle. Porque naciste para estudiar, para trabajar y lograr el éxito. Ser mejor. Y para casarme y vivir. En realidad, podría ponerle como nombre: vivía la vida desde un piloto automático. Me vivía desde un agobio, tristeza, depresión. Escucho otras historias y algunos cuentan que su niñez fue bonita, pero en mi caso no. Y digo: "¡Órale, qué padre!", pero no fue la mía.

Y esta oscuridad con la que he vivido es lo que me ha llevado a buscar la luz (a modo de contraste). Porque eso que me tocó ser, y digo que me tocó porque yo no pedí tener miedo, al menos no, que yo recuerde. Ni tampoco pedí tener agobio o angustia.

Y me preguntab*a*: "¿Por qué me experimento así?". No es agradable, no es funcional. Es ir a marcha forzada. No tenía energía ni chispa vital. Sólo quería estar dormida, como estar escondida o como si no quisiera que la vida me viera.

Y si regreso a la pregunta de por qué estoy aquí, te diría que fue porque así tocaba. Por el óvulo y el esperma. Y si me preguntas ahora, con mayor consciencia, yo te diría primero: "¿Qué es la consciencia?". Para mí la consciencia es "eso que observa lo que está aconteciendo". Que no está en la forma de Rosa. Porque si fuera así, hubiera nacido ya con la consciencia que tengo ahora. Consciencia es la forma en la que voy entendiendo la vida. Ahora mi consciencia me lleva a tener paz. Entonces creo que tengo más consciencia. Aunque a veces se me olvida. Entro y salgo.

A: ¡Qué chistoso, verdad! Ahorita puedo estar muy consciente de la paz que soy, pero al siguiente minuto ya estoy sintiéndome triste por equis situación. ¿Sabes por qué creo que pasa eso? Porque estamos confundiendo la consciencia con el conocimiento. Ya que tú consideras que tu nivel de consciencia cambia con el tiempo, que a veces lo olvidas. Para mí, consciencia no es el conocimiento. Consciencia, coincido contigo, sí es "eso que observa lo que está ocurriendo", pero hasta ahí. No más. Esa consciencia no es ni más ni menos con el tiempo, porque no está sujeta al tiempo. Sino, más bien, siempre ES. Eterna, silenciosa y amorosa. Y gracias a que no tiene cambio o movimiento, es que podemos presenciar el movimiento de los pensamientos y emociones.

¿Me explico? Entonces no hay niveles de consciencia, sino niveles de conocimiento, por lo que no es lo mismo.

R: Okay. Regresando a la pregunta original, de ¿por qué crees que estás aquí? Sería muy soberbio de mi parte decir la respuesta. Porque han pasado millones de años en el que todas las personas se han preguntado eso. Así que te diré mi respuesta desde mi experiencia. Y para comenzar, con el ¿por qué crees? Eso viene de mis creencias, de mis ideas; y puedo mañana pensar diferente a lo que creo hoy. Como ahorita, que pienso diferente a cuando era niña.

A: Tienes razón. Yo me he cachado en mis conversaciones conmigo, que algunos pensamientos son de la niña que era antes. ¡Y que mis reacciones emocionales también! Entonces muchas veces me ha tocado hablar con esa parte de mí que se siente abandonada, como cuando era niña; y decirle que ya crecí y que estamos bien. Es curioso, como si me trasladara con el pensamiento en el tiempo en la imaginación. Pero curioso porque lo siento aquí en el presente; sin embargo, estoy interactuando con una imagen del pasado: ¡un recuerdo! Me pregunto: "¿Por qué, si se supone que tengo más conocimiento y experiencia, me siento como esa niña que era?". Y mi respuesta sería que se debe a que vivo con base en mis recuerdos, como ya lo habíamos platicado, o que no existe el tiempo realmente. Todos los tiempos están confluyendo aquí mismo. Entonces los traigo al presente para corregir el recuerdo. Pero no lo traigo conscientemente, porque son reacciones automáticas a lo que está ocurriendo. Entonces, cada que ocurre una situación en mi presente que me hace sentir mal, es por un recuerdo que sale a la luz en forma de emoción, que se quedó grabado con la tristeza de hace muchos años y que ahora me toca corregir.

R: Lo que pasa es que, desde mi experiencia, la mente se está experimentando. Y el hecho de experimentarse requiere olvidar lo que sabemos que somos. Porque gracias a lo que no somos, podemos recordar lo que sí somos.

Si lo bajas a lo sencillo, es un contraste entre la luz y la sombra. Pero la sombra no existe, sólo son opuestos aparentes. El todo requiere del contraste para que se pueda experimentar. Me pregunto: "Oye, Rous, ¿por qué se le olvidó a la mente?, ¿por qué se puso a soñar?, ¿por qué andamos en esta sufridera?". Y te diré la respuesta que siempre me llega: "PORQUE SÍ". ¿Qué hay de respuesta cuando alguien te dice eso? Entonces, ¿cómo es posible que hasta la fecha toda la humanidad traiga la misma pregunta?

A: Oye, ¿no se te haría padre un escenario digital, como una reunión de Zoom, donde nos reuniéramos todos para...?

R: Ariadna, ¿cuáles "todos"?

A: Yo sé que está muy impresionante la ilusión, porque es muy real. Y es tan real porque así lo cree la mente y está hipnotizada. Como cuando te hipnotizan en un show. Que les preguntan a los que fueron hipnotizados si se acuerdan lo que hicieron, y ellos no se acuerdan de nada. Porque los duermen, les ordenan y luego los despiertan. Es hasta que les enseñan el video que se sorprenden de lo que hicieron. Y lo digo por la experiencia que tuvimos juntas hace un mes, que fue con nuestros propios compañeros. No eran paleros.

Nos hipnotiza la mente

R: ¿A quién hipnotiza?

A: Ja, ja, ja.

R: La mente está hipnotizada creyendo que hay Rous, Ariadna y "todos", creyendo que está separada, fragmentada, abandonada, sola, triste y alejada de Dios. Yo que viví con mucha sombra toda mi vid*a:* agobiada, mucho miedo, cero paz, perfección, estructura, bla, bla... Y la gente me dice que era muy inteligente, pero yo ni lo veía. Yo me sentía mal y por eso comencé una búsqueda. Después de venir en automático, viene una búsqueda y te voy a deci*r:* nadie tiene la respuesta. La respuesta está en ti. Si después de escuchar esto dices: "Sí, es cierto", y volteas a ver tu vida de una forma diferente, yo expando el amor de Dios a través de compartir esta información. La consciencia recibe esta información y como que se despierta y dice: "¡A caray!, esto me suena que se siente como real y verdad. Y que se me había olvidado y que estoy recordando en este instante". Todo tiene que ver con el olvido y el recuerdo, porque somos una mente.

Y me preguntarás: "Oye, Rous, ¿pero en qué momento yo elijo recordar lo que me hace sufrir?". Y yo te diré: "La vida está ocurriendo". Y tú me dirás: "Pero ¿cómo? ¿Yo no pienso por mi propia voluntad? ¿Soy un títere de la vida?". Y yo te diré: "Sí".

Si tú quieres pensar que no, entonces hasta que no te rindas, conectes con tu ser y te des cuenta de que todo es una ilusión, encontrarás la paz.

Y me preguntarás: "Oye, pero ¿cómo? ¿Soltando el control? Si a mí me enseñaron que si hacía de la A a la J, llegaría a donde quiero llegar.

Todo lo que me han enseñado en la vida para tener paz y ser feliz; y todas las cosas que se me van ahí... ¿Cómo voy a ganar dinero? ¿Cómo voy a llegar a la meta? Si no fuera tan

chingona, no podría tener los grandes cierres que deseo".
Y yo te diré: "Ari... la vida me ha dado unas cachetadas. Si
te dijera cómo he cerrado las pólizas más grandes, con una
facilidad que se te cae la baba. De las más sencillas, donde
no le explicas la gran cosa y te dicen: 'Sí, lo hacemos'".
Que cuando sales de ahí, dices: "¡Qué onda!". Y tú lo sabes, Ariadna, porque tú también lo has experimentado igual.

A: Sí, totalmente, cuando más he vendido es cuando
menos he trabajado. Todas las condiciones se dan de forma milagrosa.

R: Normalmente los colegas me buscan para que les diga
el cómo llegar a la meta, y yo sólo les digo: "Sólo sé tú desde
tu esencia". Y seguramente ellos piensan que no quieres darles el secreto porque buscan una respuesta con una receta y
un cómo.

Y te voy a decir algo: ¿No sería desesperante o imposible
que se te salga de las manos, que hasta que todos despertemos, vamos a salir de este sueño? Por lo que te refieres sobre
hacer el zoom. Así falte uno de tus hermanos, no se va a poder
despertar. Dices: "¡Úchale!, de aquí a que todos despierten".
Pero cuando comprendo que no hay otros, que somos átomos
vibrando, que no hay tiempo... Cuando nos reconocemos a
nosotros mismos, como decía el hindú: "Todos los cuerpos
son cadáveres caminando... nacen-mueren, nacen-mueren".
En esta consciencia de decir: "Oye, qué difícil es, que hasta
que todos quieran". También por mi mente ha pasado hacer
una conexión por internet, para decir esta información y despertemos todos. Quizás ese sea el plan de Dios, no sé. Pero
por lo pronto voy a pedir corrección, porque mi mente me
está diciendo que los de afuera son los inconscientes.

Y tú me dirás: "Oye, Rous, ¿y esta película que estás viendo es la tuya o es la mía? Porque ya me perdí, ¿quién está viviendo esto?". La mente. No te metas a entenderla. Te vas a volver más loca de lo que estás. No busques más respuestas. La respuesta es que no hay respuesta.

A: Y el lector podría deci*r:* "Qué fácil se lavan las manos Ariadna y Rosa, simplemente diciendo que dejemos de buscar respuestas, que no las encontraremos y que sólo creamos con fe lo que les decimos". Aquí es cuando regresamos a la pregunt*a:* ¿Qué prefieres tener razón o tener paz?

Yo muchas veces me pasé horas pensando, analizando, queriendo saber ciertas respuestas, saber cuál era la mejor decisión; hasta que comprendí que la paz es más valiosa que todo el enjambre de pensamientos que genera la mente, que no llevan a ninguna parte. De nada sirve pensar el porqué, ya que cuando tienes la respuesta, igual te quedas donde mismo. Comprender que no te sientes amada porque tus papás no te amaron de la manera que tú quisieras, o porque los papás de los papás no supieron; pero al final, en tu corazón hay desolación. No sirvió de nada saber el porqué. Simplemente ES.

Entonces comprendí que hay un camino corto para llegar a donde deseo, y es el camino de la paz interior.

R: Yo te digo lo que a mí me llena el alma en esta experiencia y que me resuena hasta los zapatos. A lo mejor me va a cambiar la información dentro de 8 años, que dicho sea de paso, no existe el tiempo, y me recordarás esta plática. Y quizás te diga algo diferente.

A: Así me pasó cuando quise explicar el tema de la voluntad en mi blog, al querer explicar el porqué sucede lo que sucede. Yo decía que es por la voluntad de Dios que es la mía, pero de ahí me perdía. Hice y deshice el documento como 5 veces y ninguno fue igual. Y yo decía: "¡Qué onda!".

R: Es que no hay respuesta. De hecho, cuando pusiste el tema de la voluntad en tu grupo de WhatsApp, sólo contestó una persona con muchas preguntas. Porque todos buscamos lo mismo. Y aquí va... el porqué creo que estoy aquí. No creas que me pierdo. La mente cree que está separada de Dios y por eso nos experimentamos así: en esta soledad, con dolor, etc. ¿Qué puedes creer? Lo que quieras.

El otro día leí que en la antigua Grecia había obras de teatro donde no había bocinas para que los espectadores lograran escuchar los diálogos, entonces las personas no alcanzaban a oírlos. En aquellos momentos se hacían construcciones circulares y se usaban unas caretas que hacían eco con la voz de las personas para que así ya pudieran escucharlos mejor. ¿Sabes cómo se llamaban esas caretas? Las llamaban personas. Esa careta se llamaba persona.

"¡Me voy a poner una persona para que me escuchen mejor!". Y se ponían la careta.

Ya en la vida diaria cuando te preguntas "¿Quién soy?", puede existir 3 respuestas: soy el personaje, soy la persona o soy quien está viendo esa obra de teatro, como un testigo, observándola desde afuera.

A: Es impresionante cómo estamos en las 3 respuestas al mismo tiempo. Que siempre estamos viviendo desde un personaje, en un cuerpo físico (persona) y además observándome. Pero ¿cuál es la real?, la que no cambia, que sería la observadora.

R: Es una mente que se está experimentando en una ilusión. Todo está en un recuerdo. Todo en lo sutil. A ver: ¿me das un pedazo de recuerdo? Todos tus problemas están en un recuerdo. Y siendo así, ¿qué te gustaría hacer ahorita?

A: ¡Ir a Monte Coxala (un spa en Ajijic)!

R: Ja, ja, ja, eso lo dices desde el cuerpo. Pero cuando estás super triste, llorando, si yo te dijera que estás sufriendo sólo por lo que recuerdas, tus problemas están en los recuerdos.

A: Observar el drama que no está aquí y ahora.

R: Okay, tu respuesta denota más consciencia. Y si fueras una niña con drama total y me dices: "Estos problemas ya no los quiero", y me lo dices enojada y llorando. Y luego yo te digo: "Tus problemas están en tus recuerdos". Entonces si tus problemas están en los recuerdos, ¿qué harías? Repito: todos tus problemas están en tus recuerdos, ¿qué harías?

A: Bueno, si soy una niña que no quiere los problemas y ya detecté que el problema está en mis recuerdos, le diría a mi mamá: "Mamá, ayúdame a quitarme estos pensamientos".

R: Okay, entonces tu problema es que estás teniendo recuerdos y no sabes cómo quitarlos. ¿Y cómo sabes que no sabes quitarlos?

A: Porque si supiera quitarlos, ya me los hubiera quitado.

R: Okay, pues esa es la razón por la que pedimos a nuestro Ser Superior que corrija la mente. Perdonar la ilusión que he creído real y pedir corrección. Esa es precisamente nuestra única función.

Tu única función es que hagas consciencia de que no eres un cuerpo, que eres la esencia divina de Dios en lo sutil, que se está experimentando a través de muchos cuerpos. A esa esencia que se está experimentando le llegan recuerdos de un aparente pasado y angustias de imaginaciones de un aparente futuro: que es una locura psíquica. Una ilusión óptica.

Y, si el problema son mis recuerdos, y esos recuerdos yo no los pido, porque simplemente llegan, y no hay un tema de que tú los estás pidiendo. Simplemente le llegan a la aparente Ariadna. Y si, por estar pensando eso del pasado o futuro, te quita la paz:

- Primero observas que no es tu voluntad que esté ocurriendo.
- Que reconozcas que tú no te los puedes quitar sola.
- Que hables con tu ser superior y le digas: "Te entrego esto en donde no tengo control y no tengo paz".

Debe existir otra forma de ver las cosas. Y ese ser superior es el que corregirá ese sueño loco inventado.

A: Cuando hablas de "mí misma", realmente no es "mi cuerpo" o "mi Ariadna".

No. Sino más bien es la misma mente. Ya nos hemos dado cuenta de que en realidad no hay un cuerpo físico, porque somos átomos vibrando, y que lo único diferente entre el cuerpo de un perro y una persona es la consciencia.

Y tú me dirás: "Oye, Rous, quiero 3 kilos de consciencia". No, no se puede comprar eso.

¿La consciencia la puedes tocar? No. ¿La puedes morder?, no.

No se puede porque es sutil.

No somos estas botargas.

Y sé que mi función en esta experiencia es observarme.

Y si veo que algo me quita la paz porque me siento sola, abandonada y que no me aman, es porque estoy recordando lo que no soy. Gracias a que conozco lo que no soy puedo recordar quién soy. Todo lo que no soy, se lo doy a mi ser superior para que lo corrija y me regrese a la unidad de donde no he dejado de estar.

Y la respuesta del porqué estamos aquí, es que no hay respuesta.

5ª
Parte

REFLEXIONES Y APRENDIZAJES DESPUÉS DE 3 AÑOS

A: Escribimos el libro en el 2022, y en el 2023 lo revisé completamente. Hice este apartado para compartir los aprendizajes obtenidos durante la revisión.

Como bien saben, mi profesión como agente de seguros me exige la disciplina, constancia y reconocer que no existe el fracaso, a menos que lo deje de intentar.

El tema que más me ha costado trabajo en mi vida ha sido el sueño de que existe el amor de mi vida. De entrada porque creía que existía una persona perfecta para mí, y en mi afán de no estar sola, buscaba amor y fantasías relacionadas al amor fantástico.

¿Recuerdan a los susodichos? Terminamos el libro hablando del susodicho 3, con quien, se supone, ya estaba superrendida y convencida de que jamás iba a caer en la trampa de creer que una persona que apenas conozco pudiera ser el amor de mi vida. Se supone que desde el susodicho 2 yo lloraba en rendición; pero luego caí en el olvido y di entrada a las fantasías con el susodicho 3. Donde nuevamente comentaba que ya había aprendido la lección y que ahora sí, estaba bien rendida.

¿Pues qué creen? Este jueguito al que hemos llamado "vida" es tan aparentemente real, que en verdad se te olvida una y otra vez que sólo es una proyección de tus creencias. Mientras no cambiemos la raíz, siempre estaremos viendo afuera en lugar de adentro.

R: Es que en realidad no hay nada que cambiar. Es pedir el deshacimiento de las creencias.

A: Así es, pero a finales del 2022, ya con el libro terminado, me fui un fin de semana a Puebla y ahí, cuando menos pensé, ya estaba conociendo al nuevo y mejorado susodicho 4, y mi amiga Rous se moría de la risa. Un chico con quien terminé agarrada de la mano y unos cuantos besos. A la semana de estar platicando y saliendo con él, yo ya me veía con él: casada, con hijos, un proyecto profesional y todo. ¡Ja, ja! Y no sólo quedó en el pensamiento, sino que se lo dije; y claro que el chico salió corriendo. Ya me lo había dicho Rous, que expusiera la locura de mi pensamiento.

A él lo extrañé 2 días porque pude reconocer la locura de mi mente.

Un mes después, como ya lo habíamos comentado antes, algo sucede que se me olvida, e iniciando el 2023 llegó el quinto susodicho. Según yo, ya había renunciado al sueño de tener a ese chico bachatero con quien viajar y hacer mil planes. Pero iniciando el año, conocí a este susodicho 5 con quien conecté increíblemente cuando bailé con él. Así como el susodicho 2 y 3; pero como se me olvida, yo juré que fue la conexión más increíble de mi vida. A pesar de que así lo sentí, esta vez no hice nada. Y él fue el que me buscó.

Así que a los 2 meses nos hicimos novios formalmente; y puedo decir que con él viví el sueño que tanto había anhelado mi corazón, ya que encontré el amor y la aceptación que buscaba. Sin embargo, yo sentía que estaba pagando por tener esta fantasía, ya que existía un desequilibrio económico, como con el susodicho 3, pero esta vez, él no me pedía nada. Yo todo se lo daba porque veía su interés de estar conmigo, algo que no había encontrado, al menos no de forma congruente; porque con el susodicho 3 decía una cosa, pero hacía otra.

Entonces, en mi afán de querer vivir esta relación, estuve dispuesta a pagar lo que fuera con tal de tenerlo a mi lado. Con él, no sólo le compraba todo, sino que estaba dispuesta a mantenerlo a él y a su hermana. Yo lo veía como mi esposo, donde yo sólo lo quería que estuviera para mí y mi agenda. Así que soñamos juntos durante 3 meses; y de repente, algo sucede que mi mente comenzó a quejarse de la diferencia económica, y una parte de mí prefería terminar la relación. Por no lastimarlo y no saber manejar la locura de mi mente donde; primero no me importaba el dinero y luego resulta que sí. Pues decidí dejar este asunto en manos de mi Ser Superior. A los días, él me comenta que me sentía desilusionada de la relación y lejana. Así que comenzó a distanciarse y a meterse 100 % a su trabajo, dejándome como un cero a la izquierda. En ese momento mi mente no comprendía qué estaba pasando, si era el amor de mi vida. Me dedicó muchas canciones maravillosas de amor eterno, nos derretíamos uno por el otro cuando nos veíamos, bailábamos y besábamos. Era otro rollo. Ambos nos vimos a futuro, nuestro sueño era vivir juntos. Bueno, todo lo que siempre hubiera querido, en él lo había encontrado. Y así conforme los días pasaron, de repente un día sus "buenos días" me llegaron a la 1 p. m., otro día a las 5 p. m. y finalmente no supe de él en un día entero. Luego una semana sin saber de él, después 15 días y finalmente un mes para volver a saber de él. En dos meses jamás se dio 5 minutos para hablar conmigo.

Obviamente, después del mes, supuse que ya no andábamos, ya que, a buen entendedor, pocas palabras. Fue un verdadero shock, llanto y dolor. Mi mente no dejaba de señalarlo a él como el culpable del dolor que sentía; quería exigirle atención y amor; mas yo sabía que afuera no había nadie, pero me costó muchísimo salir de la pesadilla. Puedo decir que nunca había pasado por un verdadero duelo. Casi siempre dejaba a mis parejas con algo de culpa, y ya. Pero esta vez fue diferente porque no podía dejar de pensar en él. Yo pensaba: "Ari, jamás habías amado a nadie así en tu vida; y ahora que decidiste amarlo, mira nada más qué desastre. ¡Si tan sólo viviera en la misma ciudad! Yo creo que ese fue el problema", pensaba. Como de costumbre, la mente busca soluciones afuera; así que detecté el pensamiento de: "Quiero alguien como él, pero que viva en la misma ciudad que yo". En cuanto vi este pensamiento de petición, y ya con más consciencia, dije en mi interior: "No, por favor, Diosito, te entrego esta petición. Te lo entrego, por favor, para tu corrección".

¿Por qué? He comprendido, después de tantos susodichos, que no sé qué es lo que más me conviene.

Repito: No sé qué es lo que más me conviene.

Cada que he pedido algo, parece todo muy bien, pero luego se vuelve una pesadilla. Lo que pido sólo me trae sufrimiento.

Ahora comprendo que pedir algo en el mundo sólo hace que te apegues más a las ilusiones del mundo. ¿Porqué? Porque pido lo imposible: pedía una persona para llenar un vacío inexistente.

Antes mi propósito era encontrar al bachatero con tiempo y dinero, pero ahora mi propósito no es encontrar la pareja ideal, sino simplemente:

Servir al Espíritu Santo
No tomando ninguna decisión por mi cuenta
Aceptando la voluntad de mi Padre
Perdonando la ilusión
Eligiendo la visión de amor
Aceptando mi verdadera identidad

Porque ya comprendí que no sé qué es lo que más me conviene. Si juzgo y elijo desde mi pasado descompuesto, lo único que pasará es lo mismo y lo mismo.

Ya todo deseo lo entrego. Mi único enfoque es ser feliz, pero con consciencia, no desde la ilusión. Porque si disfruto y soy feliz con base en la ilusión, dormida en el automático, siempre habrá un caos: con muchos altibajos. Ser feliz desde la consciencia de lo que soy es lo más importante para no caer en la trampa de que afuera "me hace feliz". Así no funciona.

Funciona recordando el amor que soy, sintiendo la presencia de Dios, sabiendo que soy su hija amada y todo se me ha dado ya. Ser una con Dios, que es fuente de todo y está en mi interior.

Y bueno, a pesar de que pedí a Dios corrección de mi pensamiento de petición, por arte de magia apareció el 6to susodicho, y esta vez, mucho más guapo que el anterior y viviendo en la misma ciudad. Tal como lo había pedido mi automático. Nos gustamos desde el primer momento en que nos vimos. Sólo que esta vez, al ver mi deseo hecho carne (manifestado), dije: "Dios, quítame el deseo de esta ilusión. No me dejes caer en la tentación de creer que es real. Es una ilusión el pensar que alguien fuera de mí me dará lo que ya tengo y soy".

Afuera sólo es una proyección. No es real. No hay nada que me dé algo, ni nadie que me dé algo, porque sólo es una proyección. Yo soy la fuente.

Así que pude ver y sentir el deseo, pero aun sintiendo esas ganas de estar con él, pude decir: "No voy a caer en la ilusión". Sí, mi corazón lo quiere y se emociona. Lo veo, lo siento y hasta agradecí a Dios por la oportunidad de estar con él y ver su interés en mí, pero yo más consciente de la ilusión; ya sólo veía la emoción y agradecimiento con compasión y amor. Porque pensaba: "Ay, Ari, cómo te emocionas con una proyección". En fin. Me perdono por pensar que alguien me va a hacer feliz, así que lo entrego.

Entonces ya en nuestra primera cita, platicamos los dos y vimos que no buscábamos lo mismo, sin embargo, no quisimos quedarnos con la duda; por lo que, queriendo y no queriendo, pues vivimos 2-3 días increíbles y con eso tuve para decirle que siempre no.

Y pensé: "Ay, Ari, le sacaste la vuelta porque viste que la persona ya estaba muy interesada en ti. Si le hubieras seguido, termina estando a tu lado". Sin embargo, yo no quise porque él me dijo que no se iba a sentir a gusto, pues realmente no quería ninguna relación; y de mi parte, yo ya no quería una relación con desequilibrio económico y menos con una persona atada a un trabajo de 8 horas con pocas vacaciones. Así que pudimos terminar la relación exprés sin que saliéramos lastimados y siendo buenos amigos.

Esto con el último susodicho 6.

Resumiendo, los susodichos: con todos me vi a futuro, con todos quería estar por siempre, a todos los deseé. ¿Cuál fue la diferencia entonces?

- Susodicho 1: Nadie salió lastimado, yo viví la fantasía en mi interior.
- Susodicho 2: Viví 2 meses de amargo dolor, pagando por amor y atención. Él me decía que sí, pero me dejaba plantada.
- Susodicho 3: Le gusté, pero no pasó a más. No quiso meterse al sueño de dolor que implicaba una relación a distancia.
- Susodicho 4: Caí en la ilusión, viví el mejor sueño, pero también la peor pesadilla.
- Susodicho 5: Me dolió que no buscara lo mismo que yo, pero caché la ilusión y en dos días se me pasó.
- Susodicho 6: Viví todo, pero perdonando y entregando. Quedamos como buenos amigos.

Después de estas lecciones, pude tomarme un mes conmigo misma, algo que nunca había logrado. Sí sentía ansiedad de vez en cuando, pero atendiendo mi interior, salí adelante y en paz. Sin planes de ningún tipo. Simplemente reconociendo la fuente de amor que soy.

Y me pasó algo curioso. Como a las 3 semanas de estar conmigo sin buscar a ningún nuevo susodicho, de repente me llega una notificación de Instagram. Una persona que hace años me conoció y que me vio bailando bachata. Me comentó que él también bailaba, que le iba muy bien en su trabajo, que le gustaría conocerme. Y que igual hasta podría irme a vivir con él, en una ciudad de Estados Unidos.

Cuando lo leí, sólo pensaba: "Es Ari que aún tiene la ilusión". Pero la verdad es que no me movió nada. Simplemente le dije: "No, gracias, aquí estoy bien. No quiero una relación a distancia".

La Ari de antes hubiera dicho: "¡Wow!, este sí tiene dinero, baila, trabaja en el sector financiero, egresado de una excelente universidad e interés de estar conmigo. Por supuesto que le entro". Pero la verdad es que ahora sí ya no me mueve la ilusión de que afuera me darán el amor que soy. Y ya con esto en mente, puedo elegir lo que deseo.

¿Por qué repetía tanto el patrón? Porque no entendía realmente la lección que estaba detrás.

Lo que sucedía es que me atrapaba la ilusión de que esta vez sí podía ser diferente y volvía a caer en la trampa de que algo fuera de mí me dará aquello que me falta.

Pero con el tiempo, logré ver esos pensamientos de deseo por los chicos, perdonarlos sin emitir juicio y sin querer que fuera diferente. Sino más bien, perdonar con la plena certeza de que nada afuera me dará lo que yo quiero. Perdonar mis pensamientos de locura. Locura es creer que el de enfrente me dará el amor y felicidad que busco. Cuando esos atributos del ser es lo que SOY YO. Esos pensamientos de deseo son producto de la ilusión de separación y vacío.

No es nada fácil aceptar que soy amor y dicha eterna, porque toda la vida me vendieron la idea de encontrar la felicidad en una pareja para toda la vida.

Entonces, con tantas repeticiones del patrón que he tenido, es que tengo mayor claridad en el propósito (mostrarme la ilusión), el origen (pensamiento erróneo de separación) y la solución (perdonar la ilusión que he creído real).

Principales aprendizajes en esta etapa personal-pareja:

- La única fuente de amor está en mí
- Afuera nada ni nadie me dará el amor que ya soy
- Afuera sólo es un reflejo de mi interior
- Lo que veo son mis propios pensamientos
- No tengo nada que hacer, salvo perdonar la ilusión y entregarla para su corrección
- Ser feliz desde la consciencia de que soy dicha, es mi única función, junto con perdonar ilusiones

Ahora veo la importancia de perdonar las imágenes y pensamientos que vienen a mi consciencia, porque son el origen de la ilusión de separación. Ahí es donde puedo evitar el meterme en situaciones dolorosas o no deseadas.

R: Si detectamos que nuestra mente nos engaña al creer que el de afuera me está haciendo daño, es porque hemos dejado de comprender que, en realidad, el de afuera solamente me ayuda a ver mi contenido mental.

A: El de enfrente literal me está haciendo ver el ataque que estoy llevando contra mí misma, y que, al no poderlo ver en mí, lo proyecto y lo veo afuera.

Ahora que ha pasado un año, que ya superé el sueño ilusorio de encontrar al amor de mi vida buscando el amor fuera de mí, me llegó una emoción de pesadez, como si nada me hiciera feliz. Tanto tiempo busqué la felicidad en la realización de ese sueño, y ahora que lo había quitado, mi mente egoica quedó como: "¿Y ahora qué? Nada tiene sentido". Si todo está en mí, no me sentía feliz ni motivada por nada.

Gracias a Dios, ubico perfecto que mi única función es perdonar y ser feliz, y no lo estaba siendo. Mi mente está absorbida con pensamientos inconscientes, que son falsos.

¿Cómo no ser feliz y plena si soy la hija de Dios? Entonces, después de 3 días de no lograr muchos cambios en mi interior, me topé con un audio de Esther Hicks.

Ella decía lo siguiente:
Satisfacción e Insatisfacción
Mucho dinero es más satisfactorio.
No suficiente dinero es no satisfactorio.
La realidad no es, y nunca será, tan satisfactoria que "más de algo..." Y... SIEMPRE VA A SER ASÍ.
Lo que quieres alcanzar siempre será más satisfactorio que donde estás. Simplemente es así. De eso se trata la evolución.
MÁS siempre se siente mejor que MENOS.
Siempre se siente mejor MÁS, porque tu ser interior está en ello y componentes cooperadores están siendo reunidos para ir hacia MÁS. Y cuando no vas, hay resistencia.

Entonces, cuando leí esto, comprendí que esta pesadez se debía a mi resistencia. Mi ser interior, Dios, la divinidad (como queramos decirlo) es MÁS, es EXPANSIÓN, es ETERNIDAD. Es TODO. Y mi ser quiere ir ahí, a ese punto de MÁS; si yo me resisto, me siento mal.

Así que decidí dejar de poner resistencia. Y pensé: "Ari, eres hija de Dios. Eres espíritu unida a él. Él te ama, quiere todo lo mejor para ti. Deja de resistirte, sólo permítelo. Ábrete a todo lo maravilloso". Y entonces todo cambió en mi interior. Sentí cómo mi vibración pesada se desvanecía, y logré sentirme mejor.

Después de que logré estar sola un mes en Estados Unidos, regresé a mi ciudad para ser recibida por una de mis parejas del pasado que siempre estuvo presente, a quien siempre he querido. Platicando acordamos irme a vivir con él para estar más cerca de la nueva escuela de nuestra hija, ser amigos, y ¿por qué no?, ver la posibilidad de regresar.

Así estuve 3 meses, durmiendo en el cuarto de visitas por ser amigos, hasta que decidimos formalizar la relación y entonces decidí mudarme a vivir con él y nuestra hija.

Pasó un mes y me di cuenta de una situación bastante delicada acerca de él y que también me afectaba directamente. La situación más desafiante que haya vivido en mi vida. Era como un infierno, del cual no quería salir corriendo como de costumbre; sino que lo tomé de la mejor manera pensando: "Okay, por alguna razón estoy aquí viviendo esto. Si mi felicidad no está afuera, no tengo por qué salir huyendo. Vamos a aprender de la situación, fortalecer mi espíritu y ser feliz independientemente de lo que suceda afuera. Si afuera es un reflejo de mi interior y mi función es perdonar lo que veo que me quita la paz; pues hagamos mi función y listo".

Así lo pensé. Al principio me tomó como 2 semanas aceptar la situación, pero después algo ocurrió que me entró la locura, la ansiedad, desesperación, el culpar al de enfrente. Todo. Me vi envuelta en el sueño de dolor que veían mis ojos físicos, al punto que necesité dos terapeutas que me ayudaran a comprender qué estaba pasando y por qué. Con su ayuda pude identificar perfectamente los pensamientos que estaban generando las situaciones. Y todo esto lo cuento porque estando en el campo de batalla, pude identificar los pasos por los que pasé para llegar a la paz.

» **Paso 1: Darte cuenta**

Me di cuenta de que todo lo que hacía, elegía y pensaba me llevaba al sufrimiento. Es importante reconocer que era incapaz de dejar de hacer lo mismo y pensar: "Debe de existir otra manera de hacer las cosas", que en este caso sería: "Debe de existir otra manera de VER lo que está pasando".

» **Paso 2: Ubicas el conocimiento que te sacará del problema.**

Una cosa es la teoría y otra la práctica. Sabes lo que debes hacer y pensar, pero piensas y haces lo opuesto. A veces lo aplicas bien y otras no. Piensas lo que debes hacer, pero no lo haces a la hora en el que sucede la batalla o la situación. Y luego te arrepientes o te sientes mal porque ya sabías, pero no hiciste lo correcto.

Aquí fueron varios intentos de hacer, pero hasta que no cambias el origen (las creencias), la conducta no cambia. En medio de los intentos, hay retrocesos a la mentalidad dualista. En este paso es superimportante recordar que no puedes obedecer a dos amos al mismo tiempo. O ves espíritu, o ves carne. No puedes ver ambos porque son opuestos.

Yo quería solucionar viendo el problema, cuando en realidad, el único problema era la creencia de que existía un problema.

» Paso 3: Aprender a diferenciar las voces en ti.
Por voces me refiero a pensamientos. Recuerda que hay dos tipos de pensamiento: el que te acerca a la paz de Dios y el que te aleja.

Cuando estás en medio del sueño de dolor, es complicadísimo "ubicar la voz del ego". No la ves porque crees que tú eres esa voz. La escuchas como parte de ti, como si fueras tú. Justo cuando está ocurriendo no la ves claramente como algo diferente a ti, no te das cuenta de que tú eres el observador y no la voz (el pensamiento). Con la práctica vas cachando los pensamientos egoicos y entonces puedes detenerte para elegir diferente. Paras, y dejas de empujar, fabricar o impulsar más el pensamiento egoico.

» Paso 4: El perdón
Ya que ubicas perfecto los pensamientos del ego, en lugar de seguirle la corriente o creerlo, simplemente los perdono y entrego al Espíritu Santo para su corrección.

¿Cómo son los pensamientos del ego? Cualquier pensamiento no amoroso, que te quite la paz, los pensamientos relacionados a cuerpos físicos, o conversaciones entre dos personas.

Ante estos pensamientos, yo me digo a mí misma: "Me perdono por pensar que hay alguien diferente de mí allá afuera. Me perdono por pensar que ellos son diferentes de mí. Me perdono por desear algo, cuando ya lo tengo todo.

Perdono estas fantasías, porque sólo Dios sabe lo que es mejor para mí".

Otros pensamientos que me llevaron a la luz y a la paz fueron:

- Lo que ocurre está bien. Me está mostrando mi contenido mental para perdonarlo.
- Lo que veo sólo es el pasado, no he de juzgarlo. Es demente, no quieras entenderlo, sino sólo perdonarlo y entregarlo para su corrección.
- La voluntad de Dios es la mía, así que, pase lo que pase, he de aprovecharlo amorosamente a beneficio de la verdad.
  - » Con esto me refiero a que, cada que sucedía algo que no me gustaba, en lugar de quedarme atorada en la ansiedad, el miedo, o ir a pedirle algo al de enfrente, mejor aprovechaba para meditar y encontrar el origen en mí. Porque afuera sólo es un espejo.
  - » Esto no fue fácil. Siempre tuve presente lo que sugiere UCDM: Describe tu día ideal y luego afirma que no tomaré ninguna decisión por mi cuenta. Este ejercicio, uuuuuuuuufffffffff no saben que difícil fue hacerlo porque no podía confiar, no podía soltar, era un querer controlar, pedir, hacer. Pero, poco a poco, y después de muchos, muchísimos intentos, pude hacerlo. Y ese día descansé.

» **Paso 5: Llega la paz**

Todo lo que buscaba llega a mí. Todo el amor, toda la paz, toda la dicha; al fin llega. Siempre estuvo. Pensaba que estaba en una figura fuera de mí, pero no. Siempre estuvo conmigo, pero no la veía porque mi mente fabricaba mil pensamientos y situaciones, porque según me prometieron que sólo así obtendría lo que quería. Pero no. Nada fuera de mí me dará nunca lo que ya soy.

A veces, pareciera que no avanzamos, pero todo suma. Y de esta manera, después de tanta práctica, ya por fin en automático, cada que cacho mi mente haciendo planes, elijo entregarlos al Espíritu Santo, porque Él sabe más que yo. Porque son planes relacionados a personas. Y ya no quiero seguir creyendo en lo que me muestran mis ojos físicos. No más figuras que me hagan pensar que estoy separada de mi ser (la Filiación).

Lo que más me ha ayudado es comprender que no soy yo quien debo juzgar lo que veo, sino el Espíritu Santo. El dolor proviene de mis juicios, de querer que sea diferente. Pero si está pasando, es por voluntad de Dios. Pensar que hay conflicto afuera es pensar en contradicción a Dios. Por eso, en lugar de querer cambiar afuera, mejor entrego mis juicios y pensamientos. Pienso: "Espíritu Santo, juzga Tú por mí esta situación. Yo no entiendo nada de lo que sucede, ni sé lo que más me conviene. Sé Tú quien examine y juzgue por mí". Cuando me hago a un lado y recuerdo que no soy Ari, sino que soy Hija de Dios; que no necesita pensar o juzgar, porque ya hay quien lo hace por mí. Y sólo así llega la paz.

Quizás sea un remedio raro, pero siempre recuerda preguntarte ante cada situación tormentos*a*: ¿Qué prefiero?

¿Tener paz o tener la razón?

Yo elijo la paz. Ya no me meto con la creación de Dios. La respeto y pido la visión de Cristo ante aquello que no entiendo o me causa dolor. Porque comprendo que el error no está afuera, sino en mi percepción, al proyectar mis pensamientos o el pasado.

Todos estos susodichos, más la experiencia que pasé con el papá de mi hija, me ayudaron a practicar todos los conocimientos expuestos en este libro.

Cómo dicen, echando a perder se aprende; no hay de otra. Si no practicamos el conocimiento, no corregimos nuestra mente y seguimos repitiendo los mismos patrones. Mismos que yo llevaba años sin poderlos corregir, pero que cuando decidí aplicar el conocimiento, en meses logré transformarlos y por fin estar en paz conmigo. Ya sin necesidad de buscar amor o aprobación, sino disfrutando de mi propia compañía y, desde ahí, poder elegir la clase de experiencia que quiero vivir.

Me siento como Gladiador, de tantas cosas que tuve que pasar, al final aprendí a escucharme sin juzgarme, amarme tal y como soy, para poder elegir una mejor vida.

Al final terminé la relación con el papá de mi hija, ya sin culpa, en paz y lista para elegir la dicha y el amor en lugar del sufrimiento.

Ahora puedo ubicar rapidísimo cuando no me siento bien, y corregirlo en mi interior antes de que se manifiesten esos pensamientos no amorosos.

Valió la pena.

Notas extras

A: Cuando recién se nos ocurrió escribir un libro, el primer título que se nos ocurrió fue "La charla que nunca existió". "¿Cómo que nunca existió?", se preguntarán nuestros lectores.

R: Sí. Cuando les he dicho a personas de confianza que estoy escribiendo el libro, al decirles el título se quedan con cara de duda y me dicen: "¿Cómo? ¿Cómo que nunca existió?". Esta pregunta es muy profunda para contestar y, en realidad, para mí no tiene respuesta.

A: ¡Claro! ¿Qué es el pasado? Un recuerdo. ¿Qué es un recuerdo? Nada. ¿La nada existe? Mi respuesta es no. Si no puedes acceder a ese evento, en este presente, que es lo único que existe, entonces no existió. Accedes al pensamiento, pero ¿qué es el pensamiento? Nada. ¿Existe la nada? Pues no.

De cualquier manera, cualquier respuesta que demos está basada en lo que sabemos, en lo que hemos aprendido o escuchado en un pasado que realmente no está en ninguna parte. ¿Qué fundamento tiene entonces? Como la frase que te compartí:

"El pasado no muere nunca. Ni siquiera ha pasado" - William Faulkner, Requiem por una monja.

Mi comprensión sobre la charla que nunca existió es que sólo fue un pensamiento que nadie puede corroborar, salvo yo. Pero ¿quién me garantiza que ocurrió?, si no hay ningún otro testigo. Podrían decir los lectores que tú fuiste testigo (tú, Rosa), pero ¿qué garantía tengo de que fue real tu papel en mi experiencia? Si yo quiero ir al pasado a corroborarlo, ya no está. Se esfumó.

R: Si yo no tengo algo en mi mente, en este instante, no está existiendo. Por ejemplo, ahorita se me viene a la mente Natalia, mi hija. Si no la estoy pensando, para mí no existe, no me afecta. No la tengo en mi contenido mental en este instante. Quizás ahorita mi esposo abre la puerta de forma rápida para darme una noticia, porque quizás ya pasó algo, pero como no me ha dicho, para mí no existe. Hasta que él me dice, la traigo a mi existencia. ¿Qué existe entonces? ¿Esta plática existe para Ari y para mí?

Sólo existe para quien la lee, pero en realidad nunca existió, porque si no la lee nadie, entonces no tiene existencia.

Algo que he detectado es que hacernos preguntas es la clave. Porque si no nos hacemos preguntas, si no te cuestionas por qué sucede lo que sucede, o por qué me sucede esto que no me gusta, te quedas en lo mismo. Y pienso: "Si estoy haciendo todo lo que me dijeron, ¿por qué no me siento feliz entonces? Debería estar al 100 %, gustosa y sin sufrimiento, ya que soy atenta con las personas, responsable, dedicada, buena persona; ¿por qué entonces no soy feliz?".

Hago un alto en mi vida, como si estuviera en una plaza de toros, viendo desde arriba, observando lo que acontece en la obra de teatro de mi vida. Porque no puedo ver la obra de teatro de nadie más. Cada quien ve su vida como la ve. Cada uno cree algo diferente. ¿Nos cuestionamos por qué creemos lo que creemos?

Yo llevo tiempo investigando y me doy cuenta de que cada uno tiene su perspectiva de las cosas. Y entonces lo veo como una locura. Si quieres comprender de dónde vienes y adónde vas; de entrada, no vas a ningún lado porque sólo existe este instante presente. *Un Curso de Milagros* te dice:

"Esto nunca existió. Este sueño nunca existió. Dios no sabe de este sueño de guerras y dolor".

El aterrizaje es la aceptación de que es lo que es. Es una rendición a lo que es. Porque en la locura de no saber el porqué sucede lo que sucede, ves casos de personas muy deportivas que comen bien y resulta que tienen lupus, cáncer o alguna otra enfermedad. Te preguntas: "¿De qué se trata entonces esta vida?". Para la mente esto no correspondería. ¿Qué es lo que define cómo soy yo? ¿Acaso yo estoy decidiendo lo que yo soy en la experiencia humana? Por supuesto que no, es un condicionamiento. ¿Por qué a mí me gustan las naranjas y a otro la sandía? ¿Por qué uno no puede comer papaya y otros aborrecen la papa? Nadie sabe, nadie tiene la respuesta. Llega un momento donde mejor bajas las manos y dices: "Yo ya no entendí este cotorreo. Es una búsqueda y búsqueda". Muchos me dirán que son tus raíces generacionales, y que yo ya hice esa investigación, pero llega un momento donde te topas con pared. Porque luego escuchas a una tía que piensa otra cosa del mismo tío; y te preguntas: "¿Qué pasó? ¿Sí era o no era?". Entonces ya me perdí.

A: Sí. Yo recuerdo que le pregunté a mi papá por qué no funcionó la relación con mi mamá y me dijo una respuesta, que al preguntarle lo mismo a mi mamá, me dio otra totalmente diferente. En ese momento pensé: "Me están mintiendo. No me quieren decir la verdad". Pero ahora comprendo que cada uno vive su propia experiencia que para él es la verdad y la real.

Y nuevamente, ¿cómo lo compruebas, quién tenía razón, si ya pasó y no puedo ir al pasado a verlo?

R: Esta charla nunca existió, porque en realidad sólo existe este instante. Este instante en el que los lectores están leyendo estas palabras. En este mismo momento, pero en realidad no pueden confirmar si existió o no existió entre Rous y Ari. ¿Dónde está el pasado? En los recuerdos. ¿Y el futuro? En lo imaginario. Todo es pensamientos. Es una locura. Todo es una locura.

¿Cuál es la verdad? No es lo que yo crea, sino lo que a mí me ha servido y por eso escribo este libro; con el corazón expongo mi testimonio a capa abierta. Como me venía experimentando con infelicidad, ansiedad, el no poder sentirme plena, que nunca era suficiente... Hoy ya puedo tener esa paz, y he comprendido que es la aceptación de lo que sucede. Que claro que, en el momento en el que acontece, te duele. Yo no me considero iluminada para nada.

A: Yo la primera vez que leí que esto que vivo realmente nunca existió, lo creí por fe. Porque no hay forma de comprobarlo. Lo creí por fe. Luego leí que: "Lo que nunca existió, no tiene causa, por lo tanto, no tiene efectos".

Esta frase se me hizo muy profunda.

R: Como todo es un pensamiento, que está y no está. ¡Me la ponen difícil!

Y luego si te dicen que lo único que existe es el presente, entonces digo: "¡Ah, caray!, pero ¿qué es el presente?". Porque justo cuando acabo de escribir esta palabra, ya se me fue el presente y ahora llegó otro instante presente, pero luego otra vez se me fue. O sea, ¿qué rollo?

Nunca está, pero sí está. Es como muy incongruente. Si nunca está, pero siempre está, pero ¿cómo va a estar siempre si cuando está, luego ya no está? Entonces ahí es cuando ya no entiendo. Me han dicho que cada presente es nuevo. Es un regalo porque es una oportunidad donde se reinicia todo, ya que el pasado no está. Y que cada instante presente es fresco, lleno, completo y nuevo. ¿Pero entonces, cómo vivir en un estado presente que se renueva a cada instante?

Mi comprensión es que se vive sin pensamiento. El pensamiento genera la ilusión del tiempo y de la separación. Si dejas de pensar, el tiempo colapsa y desaparece. Como cuando meditas y llega un punto donde te fuiste 20 minutos, no supiste qué pasó, pero regresaste.

Pero bueno, el punto es que, si sólo está este presente, lo demás nunca existió, porque no puedes comprobarlo, no está en ningún lugar el evento. Es una ilusión solamente.

A: Como si fuera una película de rollo con muchas fotitos. Pero ya no están esas fotitos. ¿O dónde están? ¿A dónde se fueron? No, pues quién sabe. No hay nada. Lo poco que comprendo es con una metáfora de cuando te vas a dormir, soñaste varios días, pero cuando despiertas, sólo había pasado un minuto.

R: Sí, y despiertas con el corazón alterado y sudando de tan real que se ve. Yo he soñado que se muere mi mamá y yo lloré y lloré, le hablo por teléfono. Pero sólo fue un sueño. Algo que no lo puedes tocar, una ilusión. Todo lo que ocurre, ya no lo puedes tocar, porque ya pasó. ¿Cómo te metiste en el sueño?

Es un avatar en el sueño. Porque la que está acostada no puede tocar a la que está en el sueño, siendo el sueño como algo ilusorio y real. Sin embargo, yo me veo en el sueño muy real.

Que ojo, yo no tengo la respuesta. Lo que comparto es con el corazón en la mano, por un acto de fe y que a mí me ha llevado a los atisbos de paz. Porque el miedo llevaba el control de mi vida a galope total.

Pero de esto se trata el juego de la vida. Como cuando juegas el Turista, sin saber las reglas, y ahora desde esta aceptación, siendo un acto de fe.

BIOGRAFÍA

Rosa Orozco Mojica y Ariadna Salazar León, son dos asesoras de seguros con más de diez años de experiencia que han buscado lograr las más altas metas en su giro. Han superado historias de abandono y agresión, y han aprendido que hay otra manera de lograr aquello que tanto anhelan. Y, una vez que lo logran, descubren cómo encontrar la felicidad que permanece en el tiempo.

Ambas dedicadas, estudiadas y disciplinadas, desafían el conocimiento convencional para dar paso a una nueva manera de ver las cosas. Las ideas que promueven podrían parecer una locura, pero su discurso demuestra lo contrario: la percepción que han aprendido del mundo es la demente. Hay algo más allá de las formas físicas, al alcance de todos, que se puede disfrutar en cada instante.